Anja Nunyola Glover
Was ich dir nicht sage

Was ich dir nicht sage

Anja Nunyola Glover

Was ich dir nicht sage

3. Auflage
© 2024 Anja Nunyola Glover, Agentur Nunyola GmbH

Lektorat: Svenja Gräfen, svenjagraefen.de
Korrektorat: Wissenschaftslektorat Kelly GmbH
Umschlag: Favoritbüro, München
Buchsatz: Juliana Fabula | Grafikdesign – julianafabula.de/grafikdesign

Impressum
Verlag: BoD · Books on Demand GmbH, In de Tarpen 42,
22848 Norderstedt, bod@bod.de
Druck: Libri Plureos GmbH, Friedensallee 273,
22763 Hamburg

Bibliografische Information der Deutschen Nationalbibliothek:
Die Deutsche Nationalbibliothek verzeichnet diese Publikation in der Deutschen
Nationalbibliografie; detaillierte bibliografische Daten sind im Internet über
dnb.dnb.de abrufbar.

ISBN: 978-3-7693-0753-5

Für das Kind, das ich mal war.
Und an dich, die es gut meint.

Inhalt

»I write to find myself.
While I write, I am not ‹the other› but the self.
Not the object, but the subject.
I become the describer, and not the described.
I become the author, and the authority on my own history.«[1]
(Grada Kilomba)

»Ich schreibe, um mich selber zu finden. Wenn ich schreibe, bin ich nicht ‹die Andere›, sondern ich selbst. Nicht das Objekt, sondern das Subjekt. Ich werde die Beschreibende, nicht die Beschriebene. Ich werde die Autorin, diejenige, die Macht über meine eigene Geschichte hat.« (Übers. v. ANG)

Der Text beschreibt schmerzhafte Situationen, vor allem für Menschen, die Rassismus direkt und täglich ausgesetzt sind. Trage dir Sorge beim Lesen.

»Du kannst ja eigentlich froh sein, dass es Rassismus gibt. Ist ja dein Job und du verdienst Geld damit.« – *Du*

Gäbe es Rassismus nicht,
hätte ich dieses Buch vielleicht nicht selbst herausgeben müssen.
Gäbe es Rassismus nicht,
wäre ich Moderatorin und nicht nur dann, wenn das Thema Diversität ist.
Gäbe es Rassismus nicht,
würde ich forschen, ohne meinen Forschungsinhalt rechtfertigen zu müssen.
Gäbe es Rassismus nicht,
hätte ich mir nicht alles dazu im Selbststudium beibringen müssen.
Gäbe es Rassismus nicht,
wäre ich Journalistin bei einem Medium.
Gäbe es Rassismus nicht,
würde ich schreiben, aber nicht über Rassismus.

Aber gäbe es Rassismus und Sexismus tatsächlich nicht, wärst du dann noch die bestqualifizierte Person für deinen Job?

PROLOG:
DER NERV DER ZEIT

Du sagst, das sei bombastisch. Mit meinem Konzept hätte ich ins Schwarze getroffen und den Nerv der Zeit. Du sitzt vor mir, lehnst dich zurück in deinem ergonomischen Bürostuhl, klatschst deine Hände zusammen und richtest dein Lob mehr an dich selbst als an mich: Das müssen wir tun, sagst du. Das müssen wir tun, das tun wir! Du müsstest jetzt noch einige Gespräche führen, du könnest zwar viel entscheiden, aber eben nicht alles. Doch endlich eine perspektivenvielfältige Sendung, das ist es, was die Schweiz jetzt braucht! Und ich sei dafür bestens geeignet. Du bist der Multimediamensch, du musst es wissen.

Deine Euphorie wirkt auf mich nicht vertrauenserweckend. Tatsächlich habe ich mein Konzept nur eingereicht, weil mein Umfeld mich dazu überredet hat. Sie waren der Meinung, dass ich für meine Arbeit ein grösseres Publikum bräuchte. Tagein, tagaus erkläre ich Menschen wie dir Rassismus. Das geht jetzt schon eine ganze Weile so.

Ich rutsche angespannt auf dem Stuhl hin und her; mein Rücken schmerzt. Dein Büro bietet alles, was ein moderner Arbeitsplatz im Sinne von ‹New Work› braucht: viele Pflanzen, verstellbare Schreibtische und Bürostühle, sogar Gymnastikbälle sind vorhanden, es gibt zahlreiche Ruhe- und Pausenzonen sowie Einzelboxen für wichtige Telefongespräche. Es hat alles – ausser Menschen wie mich. Wir werden nur selten eingeladen, nämlich dann, wenn die Öffentlichkeit es fordert. Aber das soll sich jetzt ändern. Mit meinem Format sollen mehr diverse Stimmen zu Wort kommen. Was das jetzt konkret heisse, will ich wissen.

Welches Format genau, das müsse jetzt noch abgeklärt werden, aber du hättest da ein wirklich gutes Gefühl. Es sei dir selbst gerade erst aufgefallen, wie wenig durchmischt dieser Schuppen eigentlich ist und das, obwohl ihr ein Diversity-Team habt. Aber man könne schliesslich nicht alles auf einmal verlangen, das müsse Schritt für Schritt gehen. Alles zu seiner Zeit. Du stehst ruckartig auf, möchtest mir noch einen Hug geben – so sei das hier, alles ganz freundschaftlich und hierarchisch flach, und dann sagst du, dass du dich melden wirst. Falls ich noch Kaffee wolle, Tee oder was auch immer: »Einfach bedienen in der Ecke!« Dann schiebst du mich mit einem breiten Lächeln zur Tür hinaus. Ich ziehe meinen Koffer den Gang entlang und schaue im Gehen in Richtung der sehr beschäftigt wirkenden Arbeitenden. In der Kaffee-Ecke steht eine Nespresso-Kapselmaschine. Ich nehme keinen Kaffee, auch keinen Tee, sondern den Zug nach Hause.

EINE EINLADUNG

Der Frühling ist angebrochen. Ich giesse heisses Wasser über die Kräuter in meiner Teekanne und setze mich auf die Liege auf meinem blühenden Balkon. Kurz spüre ich in meine Schultern, bewege den Kopf im Halbkreis, um die Verspannung zu lösen, dann lasse ich meine Hand über den unteren Rücken gleiten. Alles fühlt sich in Ordnung an. Heute steht ‹Erholtag› in meinem Kalender. Vor genau einem Jahr liess mich mein Rücken zusammenbrechen. Ich lag damals auf dem Balkon und weinte, unfähig, mich zu bewegen. Heute sitze ich hier, umgeben von Blüten, über mir ein blauer Himmel, und treffe eine Entscheidung: Ich werde dieses Buch veröffentlichen, auch wenn kein Verlag es will. Die Rückmeldungen besagen, es sei gut geschrieben und ich als Autorin interessant, aber es passe nicht ins Programm. *Das Programm.* Ich und meine Worte passen nur in meiner Geburtstagswoche ins Programm – nicht wegen meines Geburtstages, sondern weil in dieser Woche auch der Internationale Tag gegen Rassismus ist. Da soll ich dann bitte reden, schreiben, antworten, reagieren, erklären, da passe ich ins Programm. Da muss ich ins Programm, da *bin* ich das Programm. Doch jetzt ist diese Woche vorbei. Zu meinem Buch habe ich heute Morgen die letzte Absage erhalten. Der Verlag schreibt unter anderem, dass sie bereits kürzlich ein Buch einer Schwarzen Frau veröffentlicht haben.

Was soll ich dazu noch sagen? Fragen, wie viele Bücher von *weissen*[2] Männern sie bereits veröffentlicht haben? Ich antworte nicht. Stattdessen scrolle ich durch Instagram. Gestern war die Verleihung eines Podcast-Awards. Zu solchen Anlässen werde ich zwar gefragt, in der Jury zu sitzen, aber selbst nominiert würde ich nicht. Es ist ja kein Diversity-Event, und es ist eben auch nicht mehr die Woche gegen Rassismus. Ich öffne den

Browser und gebe ein: *Buch selbst veröffentlichen.* Ich atme tief ein
und aus. Für mich ist es nicht neu, alles selbst machen zu müssen. So here we go: Nochmals Selbststudium. Obwohl ich weiss,
dass Rassismus immer und überall Teil der Hindernisse ist,
schwirren Selbstzweifel in meinem Kopf umher. Der Psychologe Kenneth V. Hardy beschreibt das ewige Infragestellen des
eigenen Seins als Schwarze Person als emotional und psychologisch destabilisierend. Unter anderem müssen wir ständig
darüber nachdenken, ob Rassismus eine Rolle bei einer negativen Entscheidung gespielt hat – sei es bei der Ablehnung eines
Jobs, einer Beförderung, eines Kredits, einer Wohnung oder in
unzähligen anderen Situationen.[3]

Dieses Buch sollte zuerst ein autofiktionaler Roman werden.
Jetzt gehört es womöglich in die Kategorie Sachbuch, wer auch
immer diese Kategorien definiert. Vielleicht nenne ich es einen
Essay oder einen langen Brief. Vielleicht muss auch die Form
gesprengt werden, um die Dinge sagen zu können, von denen
wir gelernt haben, sie zu verschweigen. Ob ich mir schon mal
überlegt habe, ob das Buch einfach nicht gut genug wäre? Natürlich habe ich das. Aber es ist ja nicht so, dass alle veröffentlichten Bücher da draussen gut wären.

Ich schliesse die Augen, spüre die Brille auf meiner Nase, lehne
mich zurück und atme tief aus. Die Sonne wärmt mein Gesicht.
Mein Frust ist inzwischen abgeflacht, die Schmerzen sind es
auch. Und dann beginne ich zu schreiben.

In den letzten fünf Jahren bin ich in der Schweiz zu einer
Antirassismus-Expertin geworden. Ich war an unzähligen
Diskussionen in der Öffentlichkeit beteiligt, informierte Universitäten, Studierende, Professor*innen, Schüler*innen und
zahlreiche Mitarbeiter*innen unterschiedlicher Firmen über
das Thema Rassismus; ich schrieb Dutzende Artikel als Jour-

nalistin, Kulturwissenschaftlerin und Soziologin. Ich bin eine light-skinned Schwarze Frau und lebe hauptsächlich in der Schweiz. Die mir am häufigsten gestellte Frage lautet »Gibt es denn überhaupt Rassismus in der Schweiz?« Die Antwort ist, dass wohl kaum ein Alltagsbereich *ohne* Rassismus existiert. Er ist überall in unseren gesellschaftlichen und kulturellen Tiefenstrukturen verankert. Oft wurde mir schon vorgeworfen, dass ich, wenn ich immer und überall nach Rassismus suchen würde, ihn auch überall finden würde. Genau so ist es, »[w]o auch immer wir nach Rassismus suchen, werden wir etwas finden«[4], schreibt der Soziologe Aladin El-Mafaalani mit der Begründung, dass sich ohne die systematische Auseinandersetzung mit der Geschichte von Rassismus und Kolonialismus die Welt(un)ordnung, also die Gegenwart von Globalisierung und Weltgesellschaft, gar nicht begreifen liesse. Der Mehrheit ist längst klar, dass es keine menschlichen »Rassen« gibt, was nicht selten als Argument dafür genommen wird, dass auch Rassismus nicht mehr wirklich existiere. Somit sei es mein Fehler, wenn ich Rassismus erfahre oder benenne. Vor allem ist es in deinen Augen eine harte Anschuldigung: Wie kann ich es nur wagen? Für dich sind »alle Menschen gleich«, du siehst weder Farben noch sonstige Unterschiede, somit kann es sich auch nicht um Rassismus handeln. Du bist überzeugt, damit absolut nichts zu tun zu haben. Für dich ist nur rassistisch, wer mit böser Absicht handelt. Ich behaupte jedoch, dass genau in diesem Gedanken der grösste Irrtum im Verständnis von Rassismus liegt. Viele Menschen glauben, Rassismus müsse von einer ignoranten Person mit böswilliger Absicht ausgehen, und dass entsprechend alle, die rassistische Aussagen oder Handlungen reproduzieren, schlechte Menschen seien. Dem ist nicht so – ohne auf ‹gut› und ‹schlecht› genauer einzugehen. Ich habe inzwischen verstanden, dass jegliche Diskussion und auch dieses Buch unverständlich bleiben, solange du in diesem Glauben steckst. Wenn du aus diesen Zeilen also eines mitnimmst, dann lass es Folgendes sein: Um rassistisch zu handeln, braucht es keine böswillige Absicht.

In diesem Buch nehme ich dich mit auf eine Reise durch das komplexe Gewebe von Rassismus, durchzogen von meinen persönlichen Erfahrungen und einer Rückenverletzung, die mich dazu zwang, meinen eigenen Weg der inneren Heilung zu finden. Zu benennen, was nie angemessen benannt wurde, aber dringend angesprochen werden muss, ist keine einfache Aufgabe. Diese Zeilen erheben keinen Anspruch auf Vollständigkeit und Objektivität, denn ich glaube weder an das eine noch an das andere. Sie decken auch nicht alle möglichen Erfahrungen und Formen von Rassismus ab, sondern zeigen einen ausgewählten Teil meiner Erfahrungen als light-skinned Schwarze Frau in der Schweiz. Obwohl ich dieses Buch jetzt auf meinem Balkon zu schreiben beginne, verfasse ich die einzelnen Teile bereits mein ganzes Leben lang in meinem Kopf und meinem Körper. Sie zusammenzutragen und mich in all dem, in all diesen Worten zu erkennen, ist Teil meiner Heilung.

Jedes Kapitel erzählt von einer konkreten, persönlichen Situation, die ins Geflecht von Rassismus eingebettet ist. Nichts davon ist neu; alles wurde schon von so vielen Menschen vor mir erlebt, gesagt, beschrieben und erklärt. An dieser Stelle möchte ich all denjenigen, auf deren Schultern ich stehe, für ihre Arbeit und ihr Durchhaltevermögen danken. Dennoch begegne ich jeden Tag Personen, die sagen, dass sie zum ersten Mal davon hören. Dieses Buch nimmt inhaltlich und formal vielfältige Facetten an und fordert dazu auf, Perspektiven zu überdenken.

Auf den folgenden Seiten werde ich dir viel über die Hintergründe erklären, während ich dich auch einlade, einfach meinen Gedanken zu folgen und mir zuzuhören. Ich bin müde, weil das ständige Nicht-gesehen- und Nicht-gehört-Werden, das Ignoriert-Werden und zugleich Hyper-sichtbar-gemacht-Werden unglaublich ermüdend ist. Rassismus ist nicht nur das, was ist, sondern auch das, was *nicht* ist, sowie die Trauer darüber, was sein könnte, was hätte sein können. In den letzten Jahren habe ich die Fähigkeit entwickelt, erlebten Rassismus strukturell einzuordnen. Und genau darum geht es: um eine Struktur, nicht um Einzelpersonen.

Ich spreche in diesem Buch ein *Du* an. Dieses *Du* ist nicht immer dieselbe Person. Aber *du* machst immer dasselbe in allen Bereichen meines und deines Lebens. Du reproduzierst Rassismus und bewahrst dir dabei die Selbstwahrnehmung eines guten Menschen. Dieses *Du* mag dir vielleicht zu persönlich vorkommen. Wenn du dich angesprochen fühlst, dann ist das weder absichtlich noch rein zufällig. Es ist weder schlecht noch gut, es *ist* einfach. Mit demselben Wort – *Du* –, mit dem ich dir die ganzen Themen näherbringe, entpersonalisiere ich sie auch. Es ist nicht relevant, wer genau meine Gesprächspartner*innen, Lehrer*innen, Freund*innen, Therapeut*innen oder Ärzt*innen waren oder sind. Alle hätten es sein können, *du* hättest es sein können. Das mag an einzelnen Stellen verwirrend sein, versuche, dich dann daran zu erinnern: Es spielt keine Rolle, wer dieses *Du* ist.

In diesem Buch werde ich nicht erklären, was Rassismus ist, sondern was Rassismus macht. Wenn dich das irritiert oder wütend macht, dann empfehle ich dir, eines der zahlreichen Bücher als Vorlektüre[5] zu nehmen, die dir helfen, mit diesen Gefühlen umzugehen, und die Rassismus definieren. In den Prozess des Schreibens und Benennens ist eine Einladung eingebettet, sowohl für dich als auch für mich selbst: Mir zuzuhören und zu erkennen, was bisher zwar gefühlt, aber nicht ausgesprochen wurde. Es mag nun etwas schwierig werden. Auf den nächsten Seiten dränge ich dich in die Kategorie ‹Du›.

Das könnte unangenehm sein, weil du das Recht auf Individualisierung gewöhnt bist. Weil du eben nicht dein Leben lang in eine Gruppe gezwängt wurdest. Versuche, es auszuhalten.

PART I:
DIE VERLETZUNG(EN)

DIAGNOSEN

Der Tag, an dem mein Rücken versagt, kündigt sich schon Wochen im Voraus durch Schmerzen an. An jenem Tag beschliesse ich, mich hinzulegen, um einige Dehnübungen zu machen. Als ich mich vom Rücken auf die Seite drehen will, durchzuckt mich ein Schmerz, der so stark sticht, dass mir ein Schrei entfährt. Mein Partner, der zufälligerweise zu Hause ist, eilt aufgeregt herbei. Da liege ich: Auf dem Balkon, Tränen laufen über meine Wangen, und ich spüre, dass ich nicht mehr aufstehen kann.

In den letzten drei Wochen bin ich bei über 20 Veranstaltungen zum Thema Rassismus präsent gewesen. Heute Abend steht eine weitere Veranstaltung an. Verzweifelt nehme ich die Schmerzmittel, die mein Partner mir reicht, während er mich drängt, den Termin abzusagen und mich untersuchen zu lassen. »Du bist krank!«, sagt er eindringlich. Mein Schmerz spiegelt sich in seinen Augen wider. Doch ich will das nicht wahrhaben – ich rede mir ein, einfach zu wenig Sport gemacht und mich in den letzten Wochen nicht ausreichend erholt zu haben, abgesehen von meinem Rücken geht es mir doch gut. Und nächste Woche werde ich mich dann auch untersuchen lassen, ich habe bereits einen Termin. An diesem Tag schaffe ich es jedoch nicht mehr, richtig aufzustehen. Ich schleppe mich geradeso bis ins Bett, schlafe unter schrecklichen Schmerzen irgendwann ein, bloss um alle paar Stunden wieder aufzuwachen. Was ist los mit mir? Wie kann mein Körper mir das antun? Ich war doch immer sehr achtsam. Warum jetzt? Warum ich?

Was ich damals ahne, aber erst in den kommenden Monaten richtig fassen werde, ist, dass meine Verletzung sehr tief liegt. Dass es nicht einfach eine physische Rückenverletzung ist. Die Verletzung ist auch nicht das Resultat dieser drei intensiven Wochen, sie ist viel älter, sogar älter als ich selbst. Meine Würde, die meiner Eltern und die ihrer Eltern wurde verletzt, lange bevor mein Rücken zusammenbricht. Die Schmerzen werden in den kommenden Wochen nicht verschwinden, sie sind von nun an meine stetige Begleitung, genauso wie die Schmerzmittel, die mich schläfrig machen. Die unausweichliche, unübersehbare Verletzung zwingt mich dazu, richtig hinzuschauen, richtig hinzufühlen.

Ein paar schmerzhafte Wochen später erhalte ich endlich eine Diagnose: ein doppelter Bandscheibenvorfall, eine angerissene Bandscheibe und Ansätze von Arthrose. Ausserdem ADHS und Burnout-Risiko. Du, meine Ärztin, wirkst überrascht.

»Da haben Sie allen Grund zu den Schmerzen, die Sie beschreiben.«

»Ja«, sage ich. Ich rutsche auf dem Stuhl hin und her und finde keine Position, in der mein Rücken nicht schreit. Anders als du war ich mir sehr sicher, dass die MRI (Magnetresonanztomographie) eine Verletzung zeigen würde. Du siehst von deinem Computer auf und sagst: »Gab es denn wirklich keinen Sturz, keinen Unfall? Keine sehr starke Bewegung, an die Sie sich erinnern?«

In meinem Kopf gehe ich erneut die Tage vor dem ersten Schmerzmoment durch. Da ist nichts. Das heisst, da ist schon viel, sehr viel sogar. Aber kein Unfall.

»Nein, es war einfach gerade viel los.«

In deinem Blick liegt Mitleid und endlich auch Verständnis.

»Sie können so nicht weiterarbeiten, das ist eine starke Verletzung.«

»Ich weiss«, erwidere ich und denke, dass ich so auch nicht weiterarbeiten *will*. Ich bin müde. Ich will mich hinlegen und schlafen, am liebsten zwei Wochen am Stück.

An diesem Tag werde ich krankgeschrieben. Das bedeutet im System, dass ich aus medizinischen Gründen nicht mehr arbeiten kann. Als Selbständige bedeutet es auch, dass ich jetzt schauen muss, wie ich meine Rechnungen bezahle: 30 Tage ohne Einkommen. Statt mich zu erholen, muss ich mich erstmal darum kümmern, dass meine Kund*innen nicht wütend werden und danach trotzdem noch wollen, dass ich ihnen aus dem Rassismus-Schlamassel helfe. Krankgeschrieben zu sein funktioniert nur für Systemmenschen. Die rufen morgens bei der Arbeit an, sagen, dass sie krank sind und müssen sich über alles Weitere – in Bezug auf die Lohnarbeit – keine Gedanken machen. Sie dürfen krank sein. Ich zögere, merke aber bei jedem schmerzhaften Atemzug, dass ich keine andere Wahl habe: Ich muss absagen, ein Workshop in Präsenz ist unmöglich. Ich biete der NGO des bevorstehenden Events an, den Workshop online zu geben, und sie melden zurück, dass ich mich erholen solle, dass sie mein Angebot annehmen, das aber gerne schon früher gewusst hätten. »Ich auch. Ich hätte es auch gerne früher gewusst«, sage ich. Ich muss da irgendeine Notiz übersehen haben: Achtung, in zwei Wochen kannst du nicht mehr gehen.

In derselben Woche beginnt meine Behandlung in der Rückenklinik. Die Klinik liegt ganz oben in der Stadt, bei der letzten Metrostation. Die Wände glänzen in blendendem Weiss, die Flure sind makellos und steril. Ein grosser Empfangstresen aus glattem Holz erstreckt sich entlang einer Wand, dahinter steht eine Empfangsperson in einem weissen Kittel und mit ebenso weissen Zähnen. Sie empfängt mich mit einem warmen Lächeln und einem freundlichen »Willkommen«. Hier soll ich in den nächsten drei Monaten zweimal wöchentlich herkommen, um begleitet von Physio- und Ergotherapeut*innen gesund zu werden. Die Rückenklinik versteht sich als Ort der Reise zur Heilung, hier wird mit Geduld gearbeitet, erklärt man mir.

Du bist meine Ergotherapeutin, wir sehen uns heute zum ersten Mal.

»Wie viele Muskeln hat der Rücken, was denken Sie?«, fragst du mich.

Ich frage mich, ob ich hier in einer Unterrichtsstunde gelandet bin. »Ungefähr 200?«, antworte ich schliesslich.

»Ja, genau, bravo«, sagst du, »viele Menschen wissen das nicht.«

»Ich habe eine Anatomie-Ausbildung absolviert und mache viel Sport«, erwidere ich.

»Ja, genau, das weiss ich aus deinem Dossier«, sagst du, wobei ich mir nicht sicher bin, ob du mein Dossier tatsächlich gelesen hast. Ich bin keine 83-jährige Frau, die sich in ihrem Leben nicht viel bewegt hat. Ich bin eine 30-jährige, sportliche, sich gesund ernährende Frau. Vielleicht können wir zum nächsten Schritt dieser Therapie übergehen und du hörst auf, mit mir zu sprechen wie mit einem Kind.

Alle Übungen führe ich vorbildlich aus, zum grossen Überraschen des Klinik-Teams, dem es jedoch nicht gelingt, am richtigen Ort hinzusehen. Du, meine Ergotherapeutin, fragst mich, was Schmerz sei. Ich antworte, dass er ein Warnsignal des Körpers sei. Mein Körper schreit geradezu, und ja, körperliche Übungen sind wichtig und gesundheitsfördernd, doch hier liegt nicht das Problem. Zumindest nicht nur. Aber das sage ich dir nicht. Ich sage dir auch nicht, dass ich längst ahne, dass es nicht ausreichen wird, drei Monate lang physische Übungen zu machen. Dass ich etwas Grösseres in meinem Inneren zu behandeln habe, und etwas an meiner Lebens- und vor allem Arbeitsweise ändern muss. Es geht um mehr als die Art, wie ich einen Stift vom Boden aufhebe oder einen Tisch putze. Diese zwei Dinge bringst du mir nämlich in dieser Sitzung ausgiebig bei: beim Stiftaufheben immer schön Ausfallschritt, beim Tischputzen gerne auch mal mit einer Hand aufstützen, um den Rücken zu entlasten. Und in den öffentlichen Verkehrsmitteln eher breitbeinig stehen, damit ich gut ausbalancieren kann. Danke.

Du klatschst in die Hände und schlägst vor, dass wir hier erstmal aufhören, wir seien weit gekommen. Bis zum Tischputzen und Metro-Fahren? Ist das dein Ernst? Nach der dritten Sitzung? In der Physio bei deinem Kollegen habe ich gerade die Plank-Pose und Rumpfbeugen geübt, auch wirklich sehr hilfreich. Aber die Krankenkasse hält das für den richtigen Weg.

Als ich aufstehe, fragst du, – und ich spüre, dass dies nichts mit dem Programm zu tun hat: »Darf ich Ihnen eine Frage stellen?«
»Ja«, sage ich, bereit den Raum und die Klinik zu verlassen.
Du fragst: »Sind Sie sicher, dass Sie genügend Distanz zu Ihrer Arbeit bewahren?«

Du hast mein Dossier also doch gelesen, denke ich.

Es wäre gelogen, zu sagen, dass ich genügend Distanz zu meiner Arbeit bewahre. Ich *bin* meine Arbeit. Mein Körper, meine Geschichte, meine Präsenz ist Teil meiner Arbeit. Es gibt kein Aussen mehr, alles ist Arbeit, und sie hört nie auf. Es ist nie ruhig. Ich weiss, dass ich Distanz brauche, doch gleichzeitig muss ich ganz genau hinhören und hinsehen, um Rassismus in einer Gesellschaft zu erkennen, die ihn seit Jahrhunderten negiert. Sollte ich damit aufhören? *Kann* ich damit aufhören? Wenn ich ehrlich bin, glaube ich, dass es kein Zurück mehr gibt.

Ich habe inzwischen gelernt, den Schmerz zuzuordnen, ihm einen Namen zu geben. Aber die Erfahrungen, die ich mit mir herumtrage, sind nicht einfach nur meine, sie sind kollektiv. Ich kann sie nicht ignorieren. Und ich kann mich nicht mehr an die Zeit vor dem ständigen Analysieren erinnern.

»Ich versuche es. Ich werde mir eine Auszeit nehmen müssen«, antworte ich dir.

Du öffnest mir die Tür und sagst: »Ja, tun Sie das. Es ist wirklich wichtig, dass Sie Ruhe kriegen.«

Zu Hause angekommen, krame ich die mit getrockneten Blumen verzierte Kiste aus meiner Bettschublade. Diese Kiste habe ich in der Primarschule gebastelt und sie irgendwann zu meinem kleinen Privattresor gemacht. Darin befinden sich alte Tagebücher, Notizen, Fotos und Texte, sehr dramatische Liebesbriefe und Kleinigkeiten wie der Volleyballvereinsausweis meines ersten Partners, Kinotickets und ein voller Reisepass, von dem ich geglaubt habe, ich hätte ihn verloren. Ich lege mich auf den Boden, weil Sitzen kaum geht, und beginne, in den Tagebüchern zu lesen. Ich verbringe Stunden damit, die Gedanken meines jüngeren Ichs mit meinen gegenwärtigen in Verbindung zu bringen.

Die Tage vergehen. Ich versuche, wann immer möglich, zu gehen, in Bewegung zu sein, ich nehme viele Tabletten und versuche, mich für meine Auszeit zu rechtfertigen. Ich schreibe auf Instagram, dass ich gerade nicht laufen kann, und erhalte viele liebe Nachrichten. Und dann setze ich mich an meinen Schreibtisch, scrolle in dem offenen Dokument zurück zum Anfang und tippe den Titel: *Was ich dir nicht sage.*

Dein System, deine Werte, deine Vorherrschaft haben viel von mir abverlangt. Aber meinen Hass habe ich nie gegeben. Auch

Scham hast du von mir nicht bekommen. Ich weiss nicht genau weshalb, aber ich habe mich tatsächlich nie geschämt. Nicht für meine Herkunft, nicht für mein Aussehen, nicht für meinen Geschmack, nicht für unsere kleine Wohnung, nicht für meine Eltern, nicht dafür, dass wir für die Schweiz viel zu wenig Geld hatten. Wenn ich mich schämte, dann vielmehr für dich, weil du so viel Energie darauf verwendest, die Welt immer und immer wieder so zu drehen und zu erklären, dass sie mit deinen (unbewussten) rassistischen Mustern übereinstimmt. Weil du es nicht schaffst, über deinen eigenen Schatten zu springen, um dazuzulernen. In meiner Arbeit habe ich ständig mit dir zu tun. Fast ist es so, als wäre ich immer noch die Schwarze, die dich unterhält und bedient, die verständnisvoll und empathisch deine Sorgen antizipiert. Aber ich tue das nicht für dich. Meine Arbeit ist Teil einer Aussöhnung mit dem Teil von mir, den ich nie ganz kennenlernen durfte, weil ich viel zu beschäftigt damit war, mich dir und deinem System anzupassen, reinzupassen.

Während ich schreibe, frage ich mich, wer du bist. Bist du alle? Bin ich alleine?

Für mein Erleben habe ich lange keine Worte gefunden, auch habe ich keine Diagnose erhalten – bis ich sie mir selbst geben konnte: Ich habe ein Racial Trauma. Kenneth V. Hardy beschreibt dieses als die Folge ständiger Überexposition gegenüber rassistischer Unterdrückung, was eine alles verzehrende und schwächende Bedingung sei.[6]

WUT

>»To be a Negro in this country and to be relatively conscious is to be in a state of rage almost all of the time.«[7]
(James Baldwin)

Ich liege in der Praxis meiner Lieblings-Osteopathin, seit meinem Totalausfall sind zwei Wochen verstrichen. Sie spricht gerne und ich mag es, bei ihr zu sein. Ich spüre ihre Hände an meinem Rücken und bin unglaublich dankbar, dass sie erkennt, wo sich meine Schmerzen befinden. Sie ist bekannt dafür, eher grob zu sein. Sie drückt ihre Finger mit Kraft in die viel zu verspannten Muskeln, genau da, wo ich es kaum aushalten kann. Und obwohl ich fast schreien oder weinen möchte, will ich auch, dass sie weiter macht. Genau da. Sie fährt mit ihrem Daumen meinen Psoas entlang, mein ganzer Körper zuckt, und eine Träne schiesst mir ins Auge. Ich mag es nicht, wenn meine Heilung sanft ist. Meine Schmerzen und Verletzungen sind stark, also möchte ich auch auf eine starke Art geheilt werden. Ich will, dass die Heilung dieselbe Kraft, dieselbe Gewalt hat. Ich hasse es, wenn ich zu sanft angefasst werde. Ob ich aus diesem Grund auch eisbade? Ist das eine Art Droge? Die Osteopathin drückt erneut zu und mir entfährt ein kleiner Schrei. Sie kann es nicht fassen, schüttelt immer wieder den Kopf. Wie so oft fragt sie mich, was ich bloss mache, dass ich so verspannt bin. Ich lächle schief, gebe keine Antwort, versuche darüber nachzudenken.

Ich denke an verschiedene Konversationen in meinem Alltag, an die vielen *Du*, an all die Gewalt. Du fragst mich ständig, warum ich nicht wütend bin. Wie ich alles einfach so hinnehmen und als die Ruhe in Person immer und immer wieder allen dasselbe erklären kann. Ich würde dir gern sagen: Wütend zu sein ist ein Privileg, das ich nicht habe. Lange spürte ich sie gar nicht, die Wut. Ich nahm an, das sei mein Charakter, ich sei einfach eine ruhige, nicht-wütende Person. Ausserdem dachte ich, die Wut hätte ohnehin keinen Zweck. Sie würde nur dazu führen, dass du mir nicht weiter zuhören würdest. Inzwischen weiss ich, meine Wut wäre immer legitim gewesen. Sie *ist* legitim. Und ich spüre sie. Sie ist da, ist immer da gewesen. Teile von ihr fliessen in diese Zeilen ein. Wobei: Es sind eher Tröpfchen. Denn noch immer fällt es mir schwer, die Wut hervorzuholen. Sie rauszulassen. Ich habe ihren Platz lokalisiert, sie sitzt gleich unter meinem Brustkorb. Da hat sie sich tief eingenistet, und von dort schlängelt sie sich in meinen ganzen Körper, vor allem in den unteren Rücken. Je mehr ich sie zulasse, desto grösser wird sie. Sie treibt mich an, zwingt mich, weiterzumachen, nicht aufzugeben. Sie schreit nach meiner Aufmerksamkeit, indem sie sich in mich hineinfrisst. In meine Lungen. So habe ich auch bemerkt, dass sie überhaupt da ist: Seit sie mir den Atem nimmt.

Es ist ein Teufelskreis. Wenn ich aufhöre, dir Dinge zu erklären, dann wird meine Wut grösser. Doch sie wächst auch dann, wenn ich damit weitermache. Mit jedem ignoranten Wort von dir wird sie grösser, mit jedem Wegsehen, mit jedem Kommentar. Meine Wut drückt Gedanken und Konzepte aus, die du nicht kennst. Sie kann für dich entsprechend nur falsch sein.

Ich habe früh gelernt, dass meine Wut keinen Platz hat. An einen Moment kann ich mich gut erinnern, ich muss ungefähr sechs Jahre alt gewesen sein. Ich fühlte mich unfair behandelt und schlug wütend die Tür unseres Kinderzimmers zu. Bald hörte ich die stampfenden Schritte meines Vaters. Ich bereute meinen kleinen Ausbruch und fürchtete mich. Ich sollte nicht wütend sein, das wusste ich. Sollte mich benehmen, ansonsten wurde nämlich mein Vater wütend. Ich öffnete die Tür und tat so, als sei nichts gewesen. Ich hopste an ihm vorbei und ging zu meiner Mutter. Es war einer dieser Tage, an denen sonst alles so gut war: Die Stimmung war optimistisch, mein Vater hatte gerade einen Dolmetsch-Auftrag erhalten, meine Mutter war zu Hause, die Sonne schien. Das Überspielen meiner Wut funktionierte. Ich lernte in vielen weiteren Situationen, dass meine Wut mir nur schaden würde. Auseinandersetzungen: ja, Diskussionen: ja, aber schäumende Wut, von der gab es bereits genügend in der Welt.

Dieser Glaubenssatz bestätigte sich in meinem Leben immer wieder: Die wütende Schwarze hat wenig bis keine Möglichkeiten, die beeindruckend ruhige Schwarze hingegen schon. Wenn selbst Nelson Mandela kein Recht auf Wut und Rache hatte, wie könnte meine kleine Wut je als legitim betrachtet werden? Obwohl ich aufgrund von Rassismus jedes Recht der Welt hätte, ständig und dauerhaft wütend zu sein, versuche ich es nicht zu sein. Ich weiss, würde ich meine Wut zeigen, wäre ich schnell die ‹Angry Black Woman› (wütende Schwarze Frau). Mit diesem Konzept wird Schwarzen Frauen die Freiheit genommen, ihre Wut zu zeigen und auszuleben. Die Angry Black Woman ist ein Stereotyp, das Schwarze Frauen als übermässig aggressiv, aufbrausend und zu emotional darstellt. Es ist ein rassistisches Klischee, das sie in ein negatives Licht rückt und ihre Gefühle und Meinungen abwertet. Oft wird dieses Klischee verwendet, um Schwarze Frauen zu diskreditieren oder zu entwerten, wenn sie sich gegen Ungerechtigkeiten aussprechen oder für ihre Rechte einstehen. Wäre ich also wütend, würde ich die Beherrschung verlieren, dann würde ich diese Prophezeiung erfüllen. Mein Nicht-wütend-Sein ist meine stärkste Waffe. Je ruhiger ich bleibe, desto mehr Raum gestehst du mir zu. Würde ich in der Öffentlichkeit angemessen empört reagieren, würdest du mich darauf hinweisen, doch bitte in einem anderen Ton zu sprechen: Das nennt sich Tone Policing und schiebt den Fokus vom eigentlichen Thema weg. Ich habe jahrelange Übung darin, ruhig und freundlich zu bleiben. Das

Problem ist nur: Die Wut ist trotzdem da. Und inzwischen bewegt sie sich wie ein wildes Tier in mir drin. Der Psychologe Kenneth V. Hardy schreibt, dass der innere emotionale Behälter, der dazu diene, den blockierten und nicht ausgedrückten Schmerz, die Erniedrigung und die Frustration aufzubewahren und zu speichern, begrenzt sei.[8]

Ich muss an deine Aussage von neulich denken: »Ach, mir sind die jungen Aktivist*innen immer viel zu aggressiv drauf.« Doch wütend zu sein, bedeutet nicht automatisch aggressiv zu sein. Nur weil du mit Anspannung nicht umgehen kannst, bedeutet deine trügerische zwischenmenschliche Ruhe noch lange nichts Gutes. Eine Diskussion ist kein Angriff, sondern eine Auseinandersetzung. Aus Konfrontation entsteht Neues, sie zwingt uns dazu, unsere Argumente zu überdenken. Aber das ist für dich schwierig. Du bezeichnest dich gern als »neutral«. Als politisch weder links noch rechts oder zumindest nicht extrem, wie es in deinen Augen heutzutage viele sind. Deine Neutralität besteht jedoch vor allem aus Passivität. Du akzeptierst den Status quo, weil es dir selbst darin ganz gut geht. Und darum sprichst du weder über Geld noch über Politik noch über Gefühle. Deine Ruhe, dein Schweigen ist ein Privileg, das ich nicht habe.

> »When they speak it is scientific, when we speak it is unscientific;
> When they speak it is universal, when we speak it is specific;
> When they speak it is objective, when we speak it is subjective;
> When they speak it is neutral, when we speak it is personal;
> When they speak it is rational, when we speak it is emotional;
> When they speak it is impartial, when we speak it is partial.
> They have facts, we have opinions;
> They have knowledge, we have experience.«[9]
> (Grada Kilomba)

Ich gelte also nicht als Angry Black Woman, weil ich noch nie ausgerastet bin. Weil ich alles, was ich sage, pervers genau abwäge. Wer keine Angry Black Woman ist, gilt oft als Strong Black Woman. Als Superwoman. Der Strong Black Woman werden ihre Gefühle gleich komplett entzogen. Als Strong Black Women müssen wir Übermenschliches leisten, was letztlich nichts anderes bedeutet, als dass wir erneut entmenschlicht werden.

Betrachtet man aktuell beliebte TV-Serien, fällt auf, dass dieser Typ Superwoman auffallend häufig vorkommt. Damit hat sich die übliche Darstellung der Schwarzen Frau in populären TV-Serien in den letzten paar Jahren verändert – auf konkrete Beispiele werde ich später noch eingehen. Die Strong Black Woman ist in ihrer Rolle dazu verpflichtet, positiv zu sein. Sie ist in ihrer ganzen Figur überdurchschnittlich und bildet einen Gegenpol zu den negativen Darstellungen von Schwarzen Frauen, die bisher in der westlichen Kultur verankert waren. Die Schwarze Frau hat, grob gesagt, den Wandel von der versklavten Person über die Haushälterin und die wütende Aggressive zur übernatürlichen Powerfrau durchgemacht. Sie muss die *weissen* Mitmenschen in ihrer Urtugend übertreffen, sie muss besser sein als alle anderen. Es findet eine Art Verfremdung in eine auf den ersten Blick positive Richtung statt. Diese neue Art der Darstellung ist aber nicht weniger diskriminierend: Verfremdung bleibt Verfremdung, das Markieren des ‹Andersseins› bleibt bestehen.

Ein rassifizierter Mensch zu sein und damit direkt, ständig und negativ von Rassismus betroffen zu sein[10], ist bereits enorm anstrengend, kräfte- und zeitraubend. Mein Körper ist in ständiger Alarmbereitschaft, er befindet sich im Dauerstress. Die Wut darüber ständig für mich behalten zu müssen, verschlimmert das Ganze. Die US-amerikanische Emotionsforscherin Brené

Brown schreibt, dass Wut ein Katalysator sei, der erschöpfe und krank mache, wenn wir zu sehr daran festhalten würden.[11]

Meine Wut ist für dich politisch. Sie hat keinen Platz, keinen Raum, ausser in mir drin. Meine Wut ist eine Bedrohung für deine vermeintliche Norm. Statt wütend zu sein, soll ich lieber dafür sorgen, dass du dich wieder besser fühlen kannst. Während deine eigene Wut für dich berechtigt ist, deklarierst du meine als zu emotional, unprofessionell und hysterisch. »Es geht nicht immer um Rassismus«, sagst du oft. Dein Verständnis ist so reduziert, dass du die strukturelle Verankerung im öffentlichen Raum nicht erkennst. Das macht es für mich unmöglich, meine Wut auszudrücken, solange ich in deiner Welt existieren will. Die Philosophin Amani Abuzahra verbringt ebenfalls viel Zeit damit, Rassismus zu erklären, und beschreibt, dass von uns in dieser Gesellschaft verlangt wird, demütig und dankbar zugleich zu sein.[12]

Mein linkes Augenlid beginnt zu zucken. Es flimmert wie eine alte Glühbirne. Von innen betrachtet flackert die Welt vor meinem Auge. Ob man mir das ansieht? Wie müde ich bin? Meine Osteopathin legt ihre Hände auf meine Schultern und reibt sie liebevoll.

»Du darfst dich anziehen.« Ich stehe von der Liege auf, ziehe mich an, bedanke mich und verlasse den Therapieraum. Mein Körper fühlt sich nach der Therapiesession weicher, durchgeknetet und entspannter an. Ob ich den Zugang zu meiner Wut im Verlauf meines Lebens verloren habe? Warum fällt es mir schwer, auszurasten? Zu schreien? Warum schäume ich nie vor Wut? Warum verspüre ich nie das Bedürfnis, einen Gegenstand umzuwerfen oder kaputtzumachen? Ich weiss, dass sie da ist, meine Wut. In mir drin. Doch ich muss mich konzentrieren, um ihr meine Schmerzen zuzuordnen, und ich habe sie bisher nie rausgelassen. Ich glaube immer eher, enttäuscht zu sein. Enttäuscht von meinem Körper. Nicht weil er mir nicht gefällt, sondern weil er nicht mithält. Kenneth V. Hardy beschreibt, dass Überleben oft bedeute, eine gerechtfertigte Wut in sich zu tragen, die aus zahllosen Erfahrungen rassistischer Diskriminierung und Demütigung entspringe – und dass man dennoch gezwungen sei, diese Wut zu verbergen, um den Komfort *weisser* Menschen nicht zu stören.[13]

Du als Workshopteilnehmende*r möchtest oft von mir lernen, in Diskussionen über Rassismus sachlich zu reagieren. Du ärgerst dich darüber, dass du, wie du es nennst, schnell die Beherrschung verlierst. Anfänglich konzentriere ich mich darauf, dir das »beherrschte« Argumentieren beizubringen, dir Tipps zu geben. Bis ich realisiere, dass ich neidisch auf dich bin. Es ist nur menschlich und gesund, einen direkten Zugang zu den eigenen Emotionen zu haben. Inzwischen erkenne ich genau in der Abwesenheit von Emotionalität und Betroffenheit die Abwesenheit von Menschlichkeit. Wird es nicht enorm gefährlich, wenn wir unsere Emotionen nicht mehr spüren? Ich habe es zwar perfektioniert, nicht emotional zu werden, wenn wir über Rassismus sprechen, aber Emotionen sind nicht falsch. Wut ist nicht falsch. Sie zeigt uns, dass etwas nicht stimmt. Vielleicht sollten wir weniger versuchen, sie zu kontrollieren, und mehr darauf hören, was sie uns mitteilt. Wut ist nicht nur ein Ausdruck von Schmerz, sie ist auch eine Kraftquelle. Wenn wir ihr Raum geben, kann sie uns helfen, Grenzen zu setzen, Veränderungen einzufordern und Verletzungen zu heilen, die tief in uns liegen.

VERSTEIFUNG –
GESUNDHEIT UND SCHMERZ

»Wir sollten über eine Operation nachdenken«, sagt meine Ärztin nach einigen Monaten am Telefon. Mit diesen Schmerzen könne ich unmöglich so weitermachen.

Ich habe früh gelernt, dass das Gesundheitssystem nicht wirklich dazu da ist, mir zu helfen, sondern eher dazu dient, mich systemfähig zu machen. Die vorgeschlagene Operation wäre eine Versteifung der Wirbelsäule, auch Spinalfusion genannt. Mit der Operation würden dauerhaft zwei Wirbel miteinander verbunden werden, um Stabilität zu schaffen und Schmerzen zu lindern. Mir gefällt diese Vorstellung ganz und gar nicht, und ich sage, dass eine Operation für mich nicht in Frage kommt.

Ich frage mich, warum sich niemand für die Ursachen interessiert. Warum niemand zu verstehen scheint, dass ich nicht einfach nur einen schmerzenden Körper *habe,* sondern mein Körper *bin.* Wird er versteift, versteife ich. Wie soll ich dann noch atmen? Ich habe meinen Schmerz verkörpert. Das lässt sich nicht einfach wegoperieren.

An diesem Morgen hake ich gleich all meine gesundheitlichen Termine ab. Im Anschluss folgt ein Zoom-Gespräch mit dir, einer neuen Psychotherapeutin. Wie immer in einem Erstgespräch erzähle ich zunächst ein wenig von mir. Du sagst: »Es muss schwierig gewesen sein, als braunes Mädchen in diesem Dorf aufzuwachsen. Hast du da auch Rassismus erfahren?« Dein Blick zeigt ernsthaftes Interesse. Ich schweige und denke darüber nach, eine Internet-Verbindungsstörung vorzutäuschen. Du bist nicht die Erste, bei der ich versuche, zu finden, wonach ich schon lange suche: Eine Person, die mich tragen, die meine Emotionen auffangen kann, ohne selbst emotional betroffen zu sein, wie es bei meinem privaten Umfeld der Fall ist.

Ich atme aus und schaue zum Fenster über dem Laptop. Weisst du nicht, dass es triggern kann, eine nicht-*weisse* Person zu fragen, ob sie Rassismus erlebt (hat)? Vielleicht denkst du ernsthaft, dass es eine ganz tolle Frage ist, dass du damit ins Schwarze getroffen hast. Hast du, du hast *die* Schwarze getroffen.

»Klar habe ich Rassismus erlebt. Das tun wir alle täglich. Viele erkennen ihn nur nicht immer, ob er nun die eigene Person betrifft oder andere.« Du nickst langsam, leicht verwirrt, und fragst dann: »Wie meinst du das?« Und schon bin ich mitten in meinem Job angekommen, nur dass ich heute eigentlich gar nicht arbeite und auch noch teuer dafür bezahlen werde. Ob ich ihr einfach ein Buch empfehlen kann? Ich lenke das Gespräch auf ein anderes Thema und bin nur noch halb anwesend. Nach einer Stunde verabschiede ich mich und weiss, dass es keinen weiteren Termin geben wird.

Psychotherapeut*innen in der Schweiz haben in den allermeisten Fällen kaum Erfahrung im Umgang mit Rassismus. In den vergangenen drei Jahren habe ich 52 Anfragen von Psycholog*innen erhalten, die sich eine Weiterbildung zum Thema wünschten. Alle berichteten, dass es in ihrer Ausbildung nicht vorgekommen ist. Grund dafür ist auch der im Gesundheitssystem selbst verankerte Rassismus. Konkret zeigt sich das dadurch, dass Diagnoseinstrumente, Therapieverfahren und Medikamente lange ausschliesslich an *weissen* Cis-Männern (cis heisst, die Person identifiziert sich mit dem Geschlecht, das ihr bei Geburt zugewiesen wurde) erforscht wurden, um dann aber alle Menschen mit diesen Verfahren zu behandeln. Kenneth V. Hardy und M. E. Qureshi schreiben, dass selten die Behandlung der verborgenen Wunden des Racial Traumas

Schwerpunkt ist. Stattdessen konzentrieren sich konventionelle Ansätze auf familiäre oder individuelle psychologische Probleme, Affektstörungen und den Missbrauch von Substanzen.[14] Racial Trauma, so Hardy, sei eine Art Hybrid aus chronischem und toxischem Stress. Er nennt folgende Organisationsprinzipien, die sowohl Bewältigungsstrategien als auch Symptome eines Racial Traumas sind: Leben in einem ständigen Zustand der Wachsamkeit, intergenerationale Übertragung des historischen Traumas, direkte und indirekte Erfahrungen mit Rassismus, wiederkehrende und aufdringliche race-basierte Gedanken und Vorstellungen, ein generalisierter Zustand von Ängsten in Bezug auf Rassismus und Verdächtigungen.[15]

All diese Punkte beobachte ich seit Jahren nicht nur bei mir, sondern auch bei allen BIPoC[16], die ich coache und begleite.

Nach dem Zoom-Call mit der Therapeutin stehe ich auf und schleppe mich in die Küche. Ich schalte den Wasserkocher ein und mache mir einen Tee. Plötzlich beginne ich zu weinen. Ich schluchze und weiss, dass mich hier zwar niemand hören wird, doch trotzdem schäme ich mich. Ich gehe ins Badezimmer und stelle mich unter die warme Dusche. Das soll angeblich einen ähnlichen Effekt wie eine Umarmung haben. Das Wasser ist meine Therapie.

In der Schule haben wir Descartes' ‹Cogito Ergo Sum› – ich denke, also bin ich – gelernt. Aber was, wenn wir vor lauter Denken verlernt haben, zu fühlen? Audre Lorde schreibt in ihrer Sammlung von Essays und Reden *Sister Outsider*: »The white fathers told us: I think, therefore I am. The Black mother within each of us – the poet – whispers in our dreams: I feel, therefore I can be free.«[17]

Die Schmerzen von nicht-*weissen* Menschen werden oft nicht ernstgenommen, was zu unzureichender Schmerztherapie führen kann. Bei Schwarzen Frauen in den USA werden beispielsweise Herzinfarkte sehr häufig übersehen. »Rassismus wird von der Gesellschaft getragen, obwohl wir wissen, dass er krank macht. Meine Klient*innen sind aus meiner Sicht also nicht krank, sondern Symptomträger*innen«, erklärt die Psychotherapeutin Lucía Muriel.[18] Ein weiteres Beispiel ist die im Vergleich zu *weissen* Müttern fünfmal höhere Sterblichkeit Schwarzer Mütter in Grossbritannien.[19] In der Schweiz fehlen diesbezüglich Untersuchungen und Zahlen. Aber auch hier gibt es die Begriffe ‹Mamma-Mia-Syndrom› und ‹Morbus Mediterraneus›, die im Spitalalltag gängige Bezeichnungen für die Symptomwahrnehmung von Menschen mit Rassismuserfahrungen sind. Dahinter steckt die im Gesundheitswesen weit verbreitete Annahme, dass diese Menschen bei der Schmerzangabe übertreiben würden. Ein trauriges Paradox – für ohnehin schon strukturell benachteiligte Menschen gibt es weniger Möglichkeiten zur Heilung.

Nach ein paar Minuten unter der warmen Dusche fühle ich mich tatsächlich besser. Ich nehme das Tuch von der Bambusleiter und wickle mich ein. Dann setze ich mich mit meinem Tee wieder an den Schreibtisch.

Rassismus ist in der Medizin auch daran erkennbar, dass nicht-*weisse* Menschen im Arbeitsalltag und in der Forschung zu wenig vertreten sind. Oftmals sind ältere Generationen von Ärzt*innen und vorwiegend *weisse* Männer vertreten, in jüngeren Generationen sind es viele *weisse* Personen. Vorurteile und vermeintliche genetische Unterschiede sind nach wie vor Bestandteil der akademischen Lehre. Im Jahr 2021 ging eine Illustration des nigerianischen Medizinstudenten Chidiebere Ibe viral, die einen Schwarzen Fötus im Mutterleib zeigt. Ich erinnere mich daran, wie erstaunt ich war, zuvor nie die Illustration einer Schwarzen Mutter mit einem Fötus gesehen zu haben.

Rassismusbetroffene, die sich gegen Rassismus einsetzen, sind zudem einem grösseren gesundheitlichen Risiko ausgesetzt, was insbesondere Krebserkrankungen betrifft. Viele bekannte Antirassismus-Aktivist*innen starben relativ jung und auffallend oft an Krebs: Frantz Fanon, Audre Lorde, James Baldwin, Kwame Ture, Chadwick Boseman. Das zeigt sehr eindrücklich, welchen Einfluss Rassismuserfahrungen und der Kampf für Gerechtigkeit auf die Gesundheit haben. Die Autopsie von Dr. Martin Luther King zeigte, dass er das Herz eines 60-Jährigen hatte, obwohl er gerade einmal 39 Jahre alt war. Rassismus selbst kann schwere gesundheitliche Folgen haben, die in vielen Bereichen noch zu selten diagnostiziert, analysiert und behandelt werden. Zudem hat Rassismus auch indirekte Auswirkungen auf die Gesundheit der Betroffenen. In den USA wurde inzwischen erkannt, dass obwohl Schwarze Menschen einer grossen Gefahr für die mentale Gesundheit ausgesetzt sind, sie weitaus seltener psychosoziale Unterstützung erhalten als *weisse* Menschen.

Rassifizierte Menschen neigen oft dazu, still zu leiden, anstatt sich Hilfe zu suchen. Selbst in den USA wurde Rassismus von der American Medical Association erst im November 2020 als eine akute Gefahr für die öffentliche Gesundheit anerkannt. In der Schweiz beschränken sich die meisten Daten von gesundheitlichen Folgen aufgrund von Rassismus auf physische Folgen von rechts- und rassistisch motivierten Angriffen. Das heisst, Angriffen von Menschen, die es auch *wirklich* böse meinen. Wenn du mir also rätst, Unterstützung zu suchen, um all das Erlebte zu verarbeiten, mag das durchaus gut gemeint sein. Was dabei aber vergessen wird: Ich muss meine Unterstützer*innen erst einmal coachen und weiterbilden, bevor sie mir helfen können. Der Psychologe Kenneth V. Hardy schreibt, dass ‹Race› schon immer ein wirksames organisatorisches Prinzip in praktisch allen Dimensionen unserer alltäglichen Erfahrungen war. Es bestimme auf sehr konkrete Weise, ob die Menschlichkeit einer Person wertgeschätzt oder abgewertet wird, und zudem, wie man lebt, wo und wie lange man lebt. Es beeinflusse jede Phase des menschlichen Lebenszyklus.[20] Ändert es etwas, das auszusprechen? Für mich zumindest hat dieses Benennen eine befreiende Kraft.

Trauma kann sich im menschlichen Körper auf ganz unterschiedliche Weise ausdrücken. Chronischer Stress ist eines der meistverbreiteten Symptome. Körperlich reagieren wir auf Stress, wenn unser Gehirn merkt, dass wir nicht über die notwendigen Ressourcen verfügen, um eine Bedrohung oder ein Hindernis zu bewältigen. Es gibt verschiedene Möglichkeiten, damit umzugehen. Ich zum Beispiel dissoziiere dann häufig: Ich verlasse meinen Körper, und wenn ich zurückkomme, schmerzt er. Traumata sind Teil des Lebens, es beginnt womöglich bereits mit einem. Aber das bedeutet nicht, dass wir ständig und für immer unter ihnen leiden müssen. Wir können unsere Erfahrungen verarbeiten, lernen, mit ihnen zu leben, und teilweise auch heilen. Daran glaube ich zumindest fest.

Die meisten in diesem Buch beschriebenen Situationen sind keine offensichtlich rassistisch motivierten physischen Angriffe, sondern Mikroaggressionen. Die Wirkung von Mikroaggressionen lässt sich beschreiben wie die Last von Schneeflocken auf einem Ast. Eine einzelne Schneeflocke ist verkraftbar, aber in der Masse führen sie dazu, dass der Ast irgendwann abbricht, weil die Last zu schwer wird. Genauso mögen auch Mikroaggressionen einzeln betrachtet nicht schlimm erscheinen, doch das Problem ist, dass sie ständig da sind, nie aufhören und immer mehr werden. Wenn mein Rücken der Baum ist, dann ist meine Bandscheibe der Ast, der die Last nicht mehr länger halten konnte.

MÖGEN ES *WEISSE*?

Mein Rücken drückt, doch es ist Freitag und ich habe keine Lust, meine Medikamente zu nehmen, die mich schläfrig machen würden. Stattdessen gehe mit meiner Freundin aus. Ich trinke einen Gin Tonic, worauf ich nicht stolz bin, aber sowohl mein Kopf als auch mein Rücken entspannen sich. Wir besuchen eine Afrobeat- und Funk-Party, die Freund*innen von uns organisiert haben. In der Menschenmenge treffe ich meine Geschwister und weitere Freund*innen. Ich gebe mich voll und ganz den Klängen hin, dem Licht, der Bewegung.

Afrobeat ist ein Genre, das in den 1960er-Jahren in Nigeria unter der Leitung des inzwischen verstorbenen Fela Kuti entwickelt wurde und Aspekte des Jazz, des Soul und des ghanaischen Highlifes mit dem polyrhythmischen Trommeln der Yoruba-, Ewe- und Ga-Stämme verbindet. In den vergangenen Jahren hat Afrobeat den Weg in den Mainstream gefunden, die grössten Stars füllen Stadien und werden inzwischen auch im europäischen wie US-amerikanischen Radio gespielt.

Nach zwei durchtanzten Stunden gehe ich raus. Vor dem Club stehen meine Freund*innen Flora, Mona und Manuel, rauchend. Ich versuche, meinen viel zu verspannten Körper zu strecken und beuge mich über meine Beine. Mona beugt sich zu mir hinab und sieht mich direkt an. »Flora hat uns alles erzählt. Du musst dieses Buch schreiben und es rausbringen.«

Ein paar Wochen zuvor hatte ich mit Flora darüber gesprochen, dass ich gerne ein Buch schreiben würde, in dem ich all das sagen kann, was ich sonst verschweige. Ich halte beide Hände an meinen schmerzenden Rücken und schaue Flora vorwurfsvoll an.

Manuel pustet den Zigarettenrauch aus. »Chatton, sie haben recht, ich bin voll ihrer Meinung. Schau dich doch mal an.«

»Leute, heute ist Freitag, lasst uns doch über was anderes reden«, sage ich.

»Warum?«, drängt Flora, »warum willst du das nicht?«

»Warum willst *du* das eigentlich so dringend?«, frage ich genervt.

»Ich denke, dass es für dich gut wäre«, sagt Flora.

»Sie hat recht«, sagt Mona.

»Ja, aber ihr versteht das nicht.«

»Was verstehe ich nicht?«, sagt Mona und zieht die Augenbrauen hoch.

Ich sage, was ich auch Flora schon gesagt hatte: »Wenn die ein Buch von mir wollen, dann eines, das alles haargenau erklärt. Was darf ich noch sagen, wie soll ich reagieren, ich meine es ja nicht böse und so weiter.«

»Und was ist mit uns?«, fragt Mona und zieht an ihrer Zigarette. »Warum geht es eigentlich immer nur um die? Seriously, vielleicht wäre dieses Buch einfach mal auch für uns? Für uns, die sich alle immer wieder dieselbe Scheisse anhören müssen. Du schreibst das nicht für die, du schreibst das für dich und für uns.«

Mona wirft den Zigarettenstummel auf den Boden und verschränkt entschlossen die Arme. Ich schaue hilfesuchend zu Manuel.

»She's right«, sagt er und wirft Mona einen kritischen Blick zu, die daraufhin den Zigarettenstummel wieder aufhebt.

Eine Stunde später bin ich, bei Flora eingehakt, auf dem Nachhauseweg.

»Mein Gott, war das gut«, sagt sie.

»Ja, das war es.«

»Und ich will dich nicht damit nerven, aber ich glaube immer noch, dass ich recht habe, was das Buch betrifft«, sagt Flora.

Ich denke eigentlich auch, dass sie recht hat, doch ich sage: »Du verstehst das nicht.«

»Hör mal, ich weiss, dass ich vieles nicht verstehe und dass ich als *weisse* Person noch viel lernen muss. Aber hier verstehst *du* etwas nicht. Mona hat recht, sie hat gesagt ...«

»Flora«, unterbreche ich sie. »Natürlich wäre dieses Buch legitim. Aber wenn ich ein Buch schreiben will, das auch veröffentlicht und gelesen wird, dann muss es den *weissen* Feminist*innen gefallen. Ich müsste es für sie schreiben.«

»Warum das denn?«

»Es muss *weissen* Menschen gefallen, denn sie entscheiden darüber, ob etwas relevant ist oder nicht. Ob etwas veröffentlicht werden soll. Und ich weiss nun mal, wie sie ticken. Das ist mein Job, ich bin jeden Tag mit ihren Sorgen beschäftigt. Ich weiss, welche Art Buch sie von mir wollen. Funktionieren würde es, wenn ich schreiben würde, *was man mir alles Schlimmes gesagt hat*. So wie in den ganzen Dokus. Klassische Betroffenheitsperspektive. Keine Expert*innen-Stimmen, kein historischer Kontext, keine Forschung. Und warum? Sie wollen Rassismus nur als etwas sehen, das von bösartigen Menschen ausgeübt wird. Sie wollen Geschichten, bei denen sie denken können: Ah, wie schlimm, zum Glück bin ich nicht so.«

Flora bleibt stehen und schaut mich eindringlich an. »Es sind doch nicht alle so. Und du kannst dich nicht ewig selbst zensieren, nur um andere nicht zu verstören. Vielleicht ist es genau das, was du brauchen würdest – und viele andere auch.«

Wir gehen weiter, ich antworte nicht sofort. Die Stille zwischen uns fühlt sich schwer an. Mein Rücken schmerzt immer noch, es ist ein Schmerz, der durch Medikamente und Tanz höchstens aufgeschoben, nicht aber geheilt werden kann.

»Ja, ich weiss«, sage ich schliesslich leise, »aber ich muss noch herausfinden, ob ich wirklich bereit bin, das alles loszulassen.

Das alles zu sagen. Und damit zu rechnen, dass es keine*r hören will.«

Flora zieht mich näher zu sich. »Du wirst es herausfinden, wenn du es schreibst.« Wir gehen weiter, schweigend und müde.

Zu Hause im Bett kann ich nicht einschlafen und denke an das Buch. Der Wunsch, alles einfach mal rauszulassen, ist gross, aber das Risiko auch. Den Titel hätte ich zumindest schon.

SIMPLY THE BEST

Eine Schwarze junge Frau zu sein, bedeutet für mich in der Schweizer Businesswelt oft: die Einzige zu sein, die Ausnahme. Einerseits motiviert mich diese Position stets, weil ich weiss, dass ich die Dinge, die ich tue, beherrsche und damit beweisen kann, dass diese Welt mit ihren Ansichten falschliegt. Andererseits geht sie aber auch mit einem Druck einher, mit der Angst, Stereotypen zu bestätigen. Jeder Anlass, jeder Auftritt fühlt sich an wie ein gesellschaftlicher Test, und in diesem Test stehe ich nicht für mich selbst, sondern stellvertretend für alle Frauen, alle Schwarzen und alle jungen Personen. Individualität ist ein Privileg von *weissen* (Norm-)Menschen.

Ich wuchs, so wie viele BIPoC Kinder, mit dem Narrativ ‹Work Harder, Be Smarter› auf. Nur so würde ich all jenen widersprechen können, die nicht an mich und damit an uns alle glaubten. Meine Mutter sagte oft zu meinem Vater: »Sei einfach erfolgreich mit dem, was du tust, das ist die grösste Revanche.« Mein Vater sagte zu mir: »Du musst einfach die Beste sein.« Dasselbe hatte sein Vater schon zu ihm gesagt. Als Kind lernte ich also, dass ich die Wahl hatte zwischen ‹die Beste sein› und ‹nicht existieren›.

Um es zu beweisen, sei es seinem Vater, der *weissen* Schweiz oder vielleicht der ganzen Welt, entschied sich mein Vater dazu, in Ghana ein nachhaltiges, biologisches und faires Kakao-Unternehmen aufzubauen, das es in dieser Form bisher noch nicht gab. Er liess uns, seine Familie, zurück, als ich 14 Jahre alt war, um gerade ihretwegen zu reüssieren und zu beweisen, dass wir *es können*. Die Psychologin Guilaine Kinouani bringt es auf den Punkt, wenn sie schreibt, ‹Black Excellence› propagiere, dass nur das unaufhörliche Streben danach, *es* zu schaffen, der richtige Weg sei. Eine Mentalität, die darauf beruhe, entweder reich oder beim Versuch es zu werden, zu sterben.[21] Im Jahr 2011 strahlte das Schweizer Fernsehen einen Dokumentarfilm namens *Zartbitter*[22] aus. Im Film werden das Unterfangen meines Vaters und die damit verbundenen Schwierigkeiten dargestellt. In einer kurzen Sequenz ist zu sehen, wie wir – die zurückgebliebene Familie – mit ihm per Skype sprechen. Er fragt, wie es uns in der Schule geht. Ich erzähle ihm, dass ich gut in der Schule bin und vielleicht einen Preis für meine Maturaarbeit gewinnen werde. Ich spreche nicht darüber, wie es mir geht, was ich mir wünsche, sage ihm nicht, dass er mir fehlt. Der Titel meiner Maturaarbeit lautete: *Warum gibt es keine Schwarzen Superhelden?* Monatelang setzte ich mich mit dieser Frage auseinander, dabei hatte ich eigentlich bereits als Mädchen verstanden, dass ich selbst eine Superheldin werden musste, um in dieser Welt existieren zu können. »The idea that for us to be accepted as human we must become superhuman, is still a thing. Society tells us that to deserve to live, we must have some rare and incredible talent«[23], schreibt Kinouani. So würden Schwarze Menschen erzogen und sozialisiert, um zu beweisen, dass sie gut genug sind, um anerkannt und gesehen zu werden. Nur so können wir unser Schwarzsein ‹vergessen›. Diese Bemühungen sind nicht nur eine hohe psychologische Belastung, sie antworten auch auf die neoliberale, meritokratische Erzählung, dass wir alles schaffen können, wenn wir uns nur genügend fest anstrengen. Ich würde lügen, wenn ich sagen würde, dass ich nicht insgeheim daran glaube. Die Hoffnung, die ich habe, ist aber eher ein falsches Versprechen. Oder vielleicht eine Glaubensrichtung, die uns bereits in jungem Alter eingetrichtert wird. Der Glaube an die Meritokratie: Sie suggeriert, dass erfolgreiche Menschen ihren Erfolg durch Talent, Intelligenz und Fleiss verdienen, während diejenigen, die scheitern, einfach nicht genug geleistet haben. Unter der Vortäuschung von Gleichheit ermöglicht sie, Ungleichheiten zu ignorieren. Denn sie blendet die systematischen und historischen Faktoren aus, die unsere Lebenswege massgeblich beeinflussen. Die Meritokratie ist eine Illusion. Fleiss und Arbeit spielen zwar eine durchaus wichtige Rolle, aber wirklich entscheidend ist, welche Privilegien wir haben und welche eben nicht.

Die Journalistin Aurélie Louchart beschreibt, dass viele Menschen, die mit einem Verhalten konfrontiert werden, das ihre stereotypen Vorstellungen von Schwarzen Personen nicht bestätigt, es vorziehen würden, die Person als Ausnahme zu betrachten, anstatt ihre Überzeugungen zu hinterfragen.[24] Dieses Verhalten lässt sich etwa in der filmischen Darstellung der kompetenten, starken und überdurchschnittlich talentierten Schwarzen Frauen erkennen, aber auch in den Vorbildrollen von Schwarzen Frauen in der Öffentlichkeit. Wenn eine Schwarze Frau eine wichtige Rolle übernimmt, die nicht ihr Schwarzsein oder die Geschichte des Schwarzseins thematisiert, dann muss klargestellt werden, dass sie eine Ausnahme ist. Mit einem gelungenen Auftritt auf der Bühne meinerseits – etwa bei einer Moderation – bestätige ich also nicht, dass Schwarze Frauen genauso Moderator*innen sein können wie *weisse* Menschen, sondern ich werde zur Ausnahme. Gelingt mein Auftritt jedoch nicht, stehe ich repräsentativ für alle Schwarzen Menschen. Das sind die beiden *weissen* Erklärmuster: absolute Ausnahme oder Bestätigung des Stereotyps. In beiden Fällen findet ein ‹Othering›, also ein Andersmachen statt. Auffallend dabei ist, dass Schwarze Frauen in der Öffentlichkeit, wann immer es möglich ist, einer *weissen* Norm angepasst werden. Sie tragen beispielsweise oft nicht ihr natürliches Haar, sondern geglättete Frisuren oder gar Perücken. Die Schwarze Unsichtbarkeit hat also eine paradoxe Funktion der Hypervisibilität.

How to Get Away with Murder ist eine US-amerikanische TV-Serie, deren Erstausstrahlung im Jahr 2014 erfolgte. Die Hauptfigur ist Annalise Keating (gespielt von Viola Davis), eine mysteriöse

Professorin für Strafrecht, die auch als Strafverteidigerin tätig ist. Keating wird von Anfang an als starke, passionierte und gnadenlose Kämpferin dargestellt, die Fälle gewinnt, deren Herausforderungen ansonsten niemand anzunehmen wagt. Und darum geht es auch in der Serie: Fälle zu gewinnen. Keating ist eine Schwarze Frau und wird ganz deutlich als überdurchschnittlich begabt und kompetent dargestellt. Die Figur ist jene Person in der Serie, an die sich alle wenden, wenn sie Probleme haben, der alle mit Hochachtung begegnen und deren Preis, den sie an die besten ihrer Schüler*innen vergibt, das höchste Ziel ist.

Im Verlauf der Serie wird schnell klar, dass die ‹Powerfrau› zwar ohne Frage unschlagbar, aber eigentlich psychisch sehr labil ist. Beinahe rituell setzt sie sich jeden Abend vor den Spiegel und beginnt zu weinen, was im Widerspruch zu ihrem sonstigen Auftreten steht und deshalb von den anderen Figuren der Serie nicht wahrgenommen werden darf. Auffallend ist eine Szene in der vierten Episode der ersten Staffel, in der Annalise Keating an ihrem psychischen Tiefpunkt angelangt zu sein scheint. Einem Nervenzusammenbruch nahe, setzt sie sich vor den Spiegel und nimmt die Maske der ‹Strong Black Woman› ab. An ihrem Tiefpunkt verwandelt sie sich in eine von Elend gezeichnete Schwarze Frau. Die Kameraführung unterstreicht diese Szene, in der man Keating durch den Spiegel beobachtet: Sie nimmt ihre Perücke ab, und zum Vorschein kommt ihr krauses Schwarzes Haar. Dann zieht sie die künstlichen Wimpern ab und reibt sich die Schminke vom Gesicht. Zurück bleibt eine weinende, verzweifelte Schwarze Frau, die ihrem nackten Ich gegenübersteht. Die verwestlicht dargestellte starke Schwarze Frau verschwindet also, und das Menschliche der Figur kommt mit diesem Verschwinden erst zum Vorschein.

Auch in der Serie *Suits* findet sich deutlich eine starke Schwarze Frau, allerdings übernimmt sie in dieser Serie nicht die Hauptrolle. Jessica Pearson (gespielt von Gina Torres) ist die Firmenchefin und übernimmt damit zwar eine zentrale Rolle, bleibt aber bis zum Schluss eine der Figuren, über deren Privatleben man kaum etwas erfährt, wodurch dessen Existenz quasi verneint wird. In einem Interview über ihre Rolle sagt Gina Torres, dass das Schwierigste darin bestand, herauszufinden, wem diese Frau ihre Zeit schenken würde und was für ein Mann mutig genug sei, um auf die richtige Weise auf sie zuzugehen.[25]

Die Produzent*innen haben mit Jessica Pearson eine Figur geschaffen, zu der das Modell der romantischen Liebe – vielleicht etwas, das als eine Schwäche des Menschen gelesen werden kann – nicht passt. Die Regisseur*innen finden im Verlauf der Serie doch noch einen Partner für die Kanzleichefin. Er ist Schwarz und zeigt erstmals auf, wie schwierig Jessica Pearson es hatte, bis sie schliesslich auf der Karriereleiter ganz oben angelangt war. Gina Torres beschreibt ihre Rolle im Interview wie folgt: »She doesn't like to seem weak, possibly because of how hard it was for her to make her way up to where she is today.«[26] Alle Frauen in *Suits* werden als tough dargestellt, aber Jessica Pearson ist die Chefin all dieser toughen Frauen, die Chefin der powervollsten Anwaltskanzlei in New York City. Sie die einzige Figur, die während der ganzen Serie nie oder zumindest fast nie weint, die nie ungeschminkt oder schlafend zu sehen und die körperlich grösser als alle anderen Figuren ist. Letzteres liesse sich vielleicht ignorieren, doch wird es in den Dialogen auffallend oft erwähnt. Schwarzen Körpern ihre Menschlichkeit zu entziehen, ist eine kolonialistische Strategie, die tief in der Gesellschaft verankert ist. Das ständige Entmenschlichen, sei es durch bewusste Abwertung oder übertriebene Aufwertung, schreibt sich in eine Kontinuität ein, die Schwarze Menschen seit Jahrhunderten als *anders* darstellt. Durch diese Entmenschlichung wird ein abwertendes Behandeln erst möglich. Wir akzeptieren solches Verhalten genau dann, wenn wir insgeheim glauben, es handle sich nicht um gleichwertige Menschen. Die Historikerin Aurélia Michel beschreibt die Dehumanisierung der Schwarzen Menschen als Notwendigkeit für die Aufrechterhaltung der *weissen* Herrschaft über sie. Die Reproduktion des gewaltsamen Machtsystems der Sklavenhaltung konfrontiere *weisse* Menschen mit der Fiktion, die sie entwickelt haben, um die Inflation der Gewalt zu ertragen.[27]

Die erwähnten Serien machen das Unmögliche möglich und nutzen dazu jeweils eine Schwarze Frau. Ich gehe nur auf diese zwei Beispiele ein, aber es gibt natürlich unzählige weitere. Erst im Verlauf der jeweiligen Serie erkennt das Publikum den Grund, weshalb es die Schwarze Frau an die Spitze geschafft hat. Der Plot der Serie gestaltet sich meistens danach, dass die Zuschauenden eine Erklärung für die Entscheidungsposition der Schwarzen Frau verlangen und diese auch irgendwann bekommen. Es wird ein typisch für Schwarze übernatürliches Erklärungsmuster angewandt, das der Soziologe Elijah Anderson wie folgt beschreibt: »[...] the anonymous black [...], who must work hard to make others trust his common decency.«[28] Beide kaschieren eine schmerzhafte und schwierige Vergangenheit, aus der sie sich herausgekämpft haben. Meistens wird auf eine schwierige Vergangenheit hingewiesen, auf Unrecht, das der Schwarzen Frau angetan wurde. Der Soziologe Simon Parker beschreibt, dass auf diese Weise Schwarze Frauen in einer Rolle gefangen bleiben, die – trotz ihrer positiven Erscheinung – weiterhin ein Stereotyp ist: Sie sind eingeschlossen in der vorgefertigten Problematik öffentlicher Stereotype, die ihnen nur eingeschränkt Handlungsfreiheit lässt.[29]

Die Schweizer Schauspielerin Jennifer Mulinde-Schmid sagte gegenüber dem *Migros Magazin* bereits 2010: »Man teilte mir entschuldigend mit, dass eine Schwarze [...] beim Publikum Erklärungsbedarf auslöse.«[30] Mulinde-Schmid erklärt im Interview, dass die Rollen für Schwarze Schauspielerinnen begrenzt seien: »[...] Putzfrau, Adoptierte, Tänzerin, exotische Fremde, Asylantin [...].« Mehr als zehn Jahre später mag sich die Rollenpalette zwar erweitert haben, der Erklärungsbedarf scheint aber nach wie vor zu bestehen. So wies ein offener Brief – unterzeichnet von mehr als 60 Schwarzen Künstler*innen und Kulturschaffenden in der Schweiz und veröffentlicht am 9. Juni 2020 – darauf hin, dass Diversität in den vergangenen Jahren in der internationalen Kunst- und Kulturwelt zwar zu einem gängigen Begriff und erstrebenswerten Standard geworden, der Rassismus damit aber nicht abgeschafft worden sei.[31] Der offene Brief stellte ausserdem folgende Frage: »Wie viele Schwarze Künstler*innen und Kulturschaffende laden Sie zur Teilnahme an Ausstellungs- und Veranstaltungsprogrammen ein, die nicht von Themen wie Rassismus, Dekolonialität oder dem Schwarz-Sein handeln?«

Der Soziologe Erving Goffman stellte mit seinem Werk *Wir alle spielen Theater* die Theorie auf, dass wir im sozialen Kontakt alle Selbstdarstellung betreiben – oft unbewusst.[32] Weil die Rollen für Schwarze Frauen oft negativ konnotiert und sehr limitiert sind, verbringen wir umso mehr Energie damit, unser eigentliches Ich zu überspielen: Möglichst nicht wütend oder emotional wirken, möglichst nicht auffallen und trotzdem genügen, um diese eine Ausnahme zu verkörpern. Simply the best: Die Rolle der starken Schwarzen Frau lässt sich nicht nur in Serien erkennen. Auch Künstler*innen wie etwa die Sängerin Beyoncé oder politische Persönlichkeiten wie Kamala Harris oder Michelle Obama repräsentieren dieses Bild einer starken und erfolgreichen Schwarzen Frau.

ICH, DIE AKTIVISTIN

Ich muss an dich denken. Du sagst oft: »Zuerst die Umwelt«. Du sagst, dass soziale Kämpfe sowieso nichts nützen, wenn wir keine bewohnbare Erde mehr haben. Darum setzt du dich in erster Linie für Natur und Tiere ein. Du lebst ökologisch bewusst, gehst unverpackt einkaufen, nimmst nur Zug und Fahrrad, ausser es geht gar nicht anders, du kaufst lokal ein und verzichtest nicht nur auf Fleisch, sondern jetzt auch auf Avocado. Kaffee gibt's bei dir noch, der ist aber dann auch wirklich gut und fair hergestellt. Der wird sogar mit dem Segelschiff gebracht. Immobilien findest du doof, ausser die, die du geerbt hast oder irgendwann erben wirst, denn dafür haben deine Eltern immerhin hart gearbeitet.

In deinen Augen bin ich eine Aktivistin. Für mich fühlt es sich eher so an, als ob ich resistieren oder schlicht sprechen würde, als ob ich in Integrität mit meinen Werten versuchen würde, einfach zu *sein*. Selbst wenn ich nur meine natürliche Haarfrisur, einen Afro, trage, beschreibst und liest du mich als Aktivistin. Wann immer ich strukturellen Rassismus benenne, werde ich als Aktivistin bezeichnet. Aber auch mit meinem Schweigen oder Nicht-Auftreten werde ich zur Aktivistin. Ich habe oft darüber nachgedacht: Aktivismus ist eine Form der Resistenz. Oder vielmehr: Jedes Resistieren wird automatisch als Aktivismus gelesen. Das blosse Ich-Sein und Nicht-Akzeptieren der Welt, so wie sie ist, macht mich zur Aktivistin und damit zum Problem, zum Störfaktor. Solange ich von einem Problem spreche, *bin* ich das Problem, bin ich eine Aktivistin.

Im Sommer 2020 brodelte es im Zuge der Black-Lives-Matter-Proteste in vielen Städten weltweit, auch in der Schweiz, und das Thema Rassismus rückte plötzlich vermehrt ins Licht. Nicht, dass es zuvor nicht schon diskutiert worden wäre, aber nun schien es ein neues Bewusstsein zu geben. Die Aufmerksamkeit wuchs in bemerkenswertem Masse. Neu war dabei nicht die Thematisierung an sich, sondern die breite öffentliche Wahrnehmung und die Tatsache, dass sich *weisse* Menschen vermehrt dafür interessierten und damit auseinandersetzten.

Während das Thema vom Schweizer Fernsehen im Sommer 2020 aufgegriffen wurde, befanden sich viele von uns bereits seit Jahren im Kampf darum, gehört zu werden. Als Workshopleiterin für rassismuskritisches Denken und als eine von wenigen nicht-*weissen* Schweizer Journalist*innen erhielt ich im Sommer 2020 täglich Anrufe, E-Mails und Anfragen, ob ich mich äussern könne. Ob ich *helfen* könne. Dabei wurde keinerlei Sicherheit gewährleistet: Wenn ich nun alles stehen und liegen lasse, darf ich dann im Herbst – wenn die mediale Aufmerksamkeit wieder abebbt – auch noch für euch schreiben? Das Darüber-Sprechen bringt immer auch Gefahren mit sich. Was, wenn die Hassanrufe der Leser – es waren bei mir ausschliesslich Männer – zu viel werden?

Ich werde oft dafür gelobt oder gleich mit der Begründung eingeladen, dass ich das Thema so ruhig behandeln würde und viel Verständnis für andere Meinungen aufzubringen wisse. Was dabei nicht benannt wird, ist, dass ich gar keine andere Wahl habe. Dass Tone Policing, wie bereits erwähnt, bereits Teil der Anfrage ist. Dass ich nur unter der Bedingung der verständnisvollen Akzeptanz der Gewalt, die mir entgegengebracht wird, sprechen darf. Es wird uns nicht nur gesagt, worüber wir sprechen sollen, sondern auch wie. Und wenn wir das nicht auf eine liebe und verständnisvolle Art und Weise tun, dann werden wir für eine *neuartige* Spaltung der Gesellschaft, für eine scheinbare Polarisierung verantwortlich gemacht. Menschen sind jetzt – da wir vermehrt von unseren Erfahrungen erzählen – empört über die gesellschaftliche Spaltung, als ob sie etwas Neues wäre. Als ob sie von marginalisierten Gruppen nach 2020 erfunden worden wäre.

Die Erfahrungen werfen bei mir immer wieder Fragen auf: Bin ich nur dann Journalistin, wenn es niemand anderes sein kann? Nur dann Moderatorin, wenn es um Diversität geht? Bin ich das, was das rassistische Othering aus mir macht? Eigentlich bin ich gar keine Aktivistin. Du hast mich zur Aktivistin ernannt und möchtest mich damit einer scheinbar homogenen linken Gruppe zuordnen. Sowieso entscheidest hauptsächlich du über mich.

Ich könnte die Antirassismus-Arbeit auch einfach nicht machen. Ich verfüge zwar nicht über das Privileg, ohne Rassismuserfahrungen zu leben, aber immerhin über das, ihn nicht ständig bekämpfen zu müssen. Doch mit diesem Privileg trage ich auch eine gewisse Verantwortung, mich dort einzusetzen, wo es für andere Betroffene vielleicht weniger möglich ist. Wenn ich es nicht schaffe, die rassistische Unterdrückung zu erkennen, zu kritisieren und zu bekämpfen; wenn es mir nicht gelingt, diese Menschen als einen Teil von mir selbst zu sehen, dann trage ich zur Unterdrückung bei. Zu ihrer, aber auch zu meiner eigenen.

Was ist eigentlich die Bezeichnung für Menschen, die sich nie aktiv für Gerechtigkeit einsetzen? Die sich auf ihren Privilegien ausruhen?

Mein reduziertes Pensum aufgrund meines Rückens dauert inzwischen schon eine Weile. Es erreichen mich noch immer viele Anfragen. Das ist gut. Es bedeutet, dass ich noch existiere. Du erklärst mir deine Anfrage oft ausgiebig. Meist möchtest du mich kurz anrufen – diese Woche, morgen oder am besten heute Nachmittag, oder du willst mich gleich zu einem Kaffee treffen, damit wir uns etwas austauschen können. Du während deiner Lohnarbeitszeit und ich aus freien Stücken.

»Weisst du, das ist alles für einen guten Zweck. Wir sind ein Verein und setzen uns für solche Themen wie die deinen ein, das tun wir nebst unserer Arbeit alle ehrenamtlich«, sagst du, während du mich für einen Workshop anfragst. Ehrenamtlich. Aus Ehre. Mein Thema. Was soll das bitte heissen? Rassismus ist nicht *mein Thema*.

Du redest dir vielleicht ein, es aus Ehre zu tun. Du tust es jedoch vor allem aufgrund von Privilegien. Weil du es tun kannst. Für mich ist es keine Ehre, es ist Ausbeutung. Das erkläre ich dir nicht, weil du das als eine sehr pessimistische Sicht der Dinge sehen würdest. *Only good vibes* bei dir. Aber im Grunde würde es dich vor allem stören, dass da was dran ist.

Manchmal sagst du auch: »Ich tue es, weil es das Richtige ist. Weil ich möchte, dass meine Kinder in einer kulturell vielfältigen Welt aufwachsen. Weil ich anderen helfen möchte und weil ich glaube, dass alle Menschen gleich sind.« Daran ist grundsätzlich nichts falsch. Aber das reicht nicht, um tatsächlich etwas an unserem Zusammenleben zu ändern. Du tust es in erster Linie, weil du dich dabei gut fühlst. Du möchtest ein guter Mensch sein und von anderen als solcher wahrgenommen werden. Das ist dir ganz wichtig.

Veränderung passiert aber erst dann, wenn wir realisieren, dass wir es auch für uns selbst tun – auch du. Das ist kein Egoismus. Es bedeutet, dass du verstanden hast, dass Ungerechtigkeiten und unterdrückerische Systeme immer auch dir selbst schaden, nicht nur mir und allen anderen. Solange du es hauptsächlich für *die anderen* tust, verstehst du noch nicht, dass du nicht frei sein kannst, solange wir nicht alle frei sind. Dass du keinen echten inneren Frieden empfinden wirst, solange es Ungerechtigkeit gibt. Viele Denker*innen wie Audre Lorde, Nelson Mandela, Martin Luther King haben dies vor langer Zeit erkannt und gelehrt. Funktionieren kann es also nur dann, wenn es dein moralischer Imperativ ist. Weil du es tun *musst*, deinetwegen. Weil du deine eigene Welt, weil du *dich* retten willst.

All das weisst du aber noch nicht, weil du im Moment vor allem noch mich und alle anderen retten willst. Deshalb brauchst du ja meine Hilfe. Du aber nimmst an, dass du die Hilfe für deine Kolleg*innen brauchst. Weil die einfach echt noch im letzten Jahrhundert stecken.

»Sind Sie noch da?«, fragst du am anderen Ende der Leitung.

Ich bin noch da. Aber warum eigentlich? Ich hatte dir doch geschrieben, dass Anfragen nur per E-Mail entgegengenommen werden. Und jetzt bin ich da, weil du es auf diese Weise gerade einfacher fandest, mir persönlich zu erklären, was euch wichtig ist. Aber ich weiss längst, was euch wichtig ist. Ihr unterscheidet euch da nicht von all den anderen Unternehmen, die glauben, einen ganz spezifischen Schwerpunkt zu legen.

Ich höre dir trotzdem zu. Weil ich ja ohnehin schon am Hörer bin. Du arbeitest für eine der grössten Banken unseres Landes. Während du sprichst, denke ich, dass Banken nicht gerade mein Ding sind. Du klingst aufgeregt, auch glücklich irgendwie. Ich höre die Hoffnung in deiner Stimme, dass du nun diese eine Person sein könntest, die alles ändert und dass deine Bank vielleicht doch noch mein Ding werden wird. Wird sie nicht. Du erklärst, was ihr alle immer erklärt, nämlich, dass ihr im Team schon sehr aufgeklärt seid, bis auf einige Ausnahmen, bei denen es dringend nötig ist, etwas zu tun. Und auch dass ihr für solche Sachen eigentlich kein Budget habt, aber du dich trotzdem engagierst, weil du es wichtig findest. Dafür erwartest du nun Bewunderung und Unterstützung von mir. Mit meinem »Schön« gebe ich dir ein bisschen Bewunderung. Weil Menschen wie du tatsächlich wichtig sind. Irgendwann machst du eine Pause und erwartest, dass ich nun spreche.

Eigentlich möchte ich dir sagen, dass ich keine Ahnung habe, wie ihr euch aus dem rassistischen Schlamassel befreien könnt, den ihr seit Jahren veranstaltet. Es ist einfach unmöglich. Ausbeutung ist das Herzstück eurer Struktur. Wenn dir das also wirklich alles so wichtig ist, empfehle ich dir, den Job zu wechseln und dich sinnvolleren Dingen zu widmen. Die meisten Menschen, die an diesen eher freiwilligen internen Veranstaltungen teilnehmen, denken genau wie du. Sie sind fest davon überzeugt, dass sie auf der guten Seite des Unternehmens stehen. Sie wollen von innen heraus etwas verändern und dabei natürlich trotzdem viel Geld verdienen. Aber das ist Nebensache für dich, es geht dir ja schliesslich um den Wandel. Wenn du ehrlich bist, dann glaubst du auch, dass dein Gehalt irgendwie legitim ist und deinen Wert für das Unternehmen widerspiegelt. Ich glaube hingegen, dass an solchen Arbeitsplätzen jede*r ersetzbar ist. Du arbeitest nicht für dich selbst und auch nicht für die Welt, geschweige denn für Gerechtigkeit. Du arbeitest für eine Minderheit, die es selbst schon längst nicht mehr tut, weil du so fleissig bist, es für sie zu erledigen und sie dabei auch noch zu verteidigen.

All das sage ich dir nicht. Nach einem langen Gespräch, bei dem es sich eher um einen Monolog deinerseits handelt, einigen wir uns darauf, dass ich dich unterstützen und einen Workshop geben werde. Du freust dich sehr, auch ich habe einen kleinen Funken Hoffnung, dass irgendetwas daraus entstehen wird, dass die Teilnehmer*innen etwas aus dem Ganzen werden mitnehmen können. Die Monate vergehen und wir führen unnötig viele Vorbesprechungen mit mehreren Teilnehmer*innen. Ihr während der bezahlten Arbeitszeit und ich einfach so. Meetings sind in den allermeisten Fällen unnötig und unproduktiv, und trotzdem sitze ich mehrmals pro Woche in irgendeinem davon. Schliesslich erinnere ich mich nicht mehr genau, warum ich zugesagt habe. Vielleicht weil auch ich glaubte, von innen heraus Dinge verändern, den Konzern durchdringen und Einfluss ausüben zu können. Du schickst mir einen zehnseitigen Vertrag. Wütend überfliege ich die Seiten, die von mir verlangen, per Unterschrift alle Rechte an dem von mir über Jahre hinweg produzierten Inhalt der Weiterbildung abzugeben. Meine Weiterbildung soll nicht nur aufgezeichnet werden, sondern der Firma anschliessend zur freien Verfügung bereitstehen. Ich darf weder die Firma namentlich erwähnen noch die Vorfälle, die während der Weiterbildung gegebenenfalls aufkommen. Und dann die Höhe: Du und dein billionenschweres Bankunternehmen, ihr bittet mich um eine Honorarreduktion, weil diese Abteilung kein so hohes Budget hat und es ja immerhin um eine gute Sache geht.

Da sitze ich. Auf meinem albernen Büroball, der seit Wochen zu wenig Luft hat, weil die Pumpe im Keller ist und ich sie jedes Mal vergesse, wenn ich runtergehe. Ich rolle mich über den Ball und atme aus. Ich muss das absagen. Nach all den Wochen. Und ich muss diesen Ball aufpumpen, mein Rücken schmerzt schon wieder. Ich setze mich auf und schreibe. Meine Mail erreicht natürlich nicht die Personen, die ich gerne anbrüllen würde, sie erreicht dich, die sich seit Monaten darum bemüht, dass es zu dieser Weiterbildung kommt. Du rufst mich an und entschuldigst dich, zeigst dich ebenfalls empört über dein Unternehmen und versprichst mir, dass es einen anderen Vertrag geben wird. Es sei dir schliesslich so wichtig. Wirklich so, so wichtig. Ich lasse mich einmal mehr überreden und sage zu. Doch zwei Wochen vor der Weiterbildung wird sie abgesagt –

ihr habt euch für ein anderes Thema entschieden. *Ein anderes Thema.* Ein Thema. Das strukturelle Problem Rassismus ist für euch einfach ein Thema, eine von vielen Möglichkeiten.

Es macht mich fertig, mit Leuten wie dir verhandeln zu müssen, die währenddessen auf ihrem bezahlten Bürostuhl in ihrem bezahlten Büro sitzen, ihren bezahlten Kaffee trinken und mich anflehen, meine ohnehin schon viel zu niedrigen Preise noch anzupassen. Die meisten Menschen in diesem Land, die vor Publikum oder im Fernsehen auftreten, müssen sich nicht einmal selbst Gedanken zu ihrer Garderobe machen. Sie müssen die Kleidung nicht bezahlen, sie müssen auch keine Löhne verhandeln oder erklären, warum es so wichtig ist, dass sie ihre Arbeit machen können. Sie können sich auf ihre Inhalte konzentrieren.

Es folgt ein nächster Anruf. Ich höre nur halb zu, ich bin dabei, meinen Ball aufzupumpen. Du hattest mir eine Anfrage geschickt und möchtest jetzt nochmal über das Honorar sprechen. Warum bin ich schon wieder rangegangen? Ich möchte, dass du nie mehr mit mir über meine Preise verhandelst. Auch nicht, wenn es für einen guten Zweck ist. Ausser du schlägst mir mehr vor, das ist in jedem Fall okay. Meine Arbeit ist immer für einen guten Zweck, falls dir das noch nicht aufgefallen ist. Du lädst mich zu einem Podium ein, und während du das tust, wirst du dafür bezahlt, es zu tun, ich hingegen nicht. Und falls du mal nicht dafür bezahlt wirst, dann hast du einen Job, der dir ermöglicht, in deiner Freizeit ein guter Mensch zu sein. Und wenn das auch nicht der Fall ist, dann bezahlt sonst irgendwer dafür,

irgendjemand bezahlt immer.

In diesem Fall bin ich das. Dass ich mich für meine Preise noch rechtfertigen muss, ist nicht nur eine Zumutung, es ist frech. »Das Podium wird nur eine Stunde dauern und du musst dich auch nicht vorbereiten«, sagst du. Falsch. Ich habe mich 30 Jahre lang vorbereitet, sonst würdest du mich ja nicht anfragen, denke ich. »Und es ist für einen guten Zweck«, fügst du hinzu.

Seit wann ist es in Ordnung, für gute Gründe keine Löhne zu bezahlen? Wie wär's, wenn ihr mal mit eurem Telefonanbieter diskutieren und sagen würdet: Hey, hört mal, wir machen hier gute Sachen, wie wär's, wenn wir nicht fürs Abo bezahlen müssten?

»Und es ist einmalig«, sagst du, wahrscheinlich, weil ich immer noch nicht geantwortet habe.

Ich denke: nicht für mich. Es ist mein Beruf, es ist für mich alltäglich.

»Tut mir leid, aber das kann ich nicht machen«, antworte ich endlich.

»Okay. Kannst du wenigstens die Reisespesen weglassen?«, fragst du.

Wieso? Holst du mich ab? Denke ich.

»Wir sind eben eine NGO«, ergänzt du.

Ich bin auch non-governmental, ich mache auch keinen Profit. Der Unterschied zwischen uns ist nur, dass ihr Spenden- und Fördergelder erhaltet und ich nicht. Wenn es dir oder euch so wichtig ist, dann verzichtet doch ihr ein paar Stunden auf euren Lohn und bezahlt mich damit, denke ich und merke, einen Teil davon ausgesprochen zu haben.

Einige Tage später willigst du ein, zumindest etwas zu bezahlen. Einige Wochen später trete ich in den Saal – als die, die Geld dafür verlangt. Ich finde das auch nicht cool. Nicht, dass ich ein Minimum an Bezahlung erhalte, aber dass du das Gefühl hast, meine Gage sei hoch im Vergleich zu den anderen.

Schau dich doch mal um: Die anderen Podiumsteilnehmer*innen müsst ihr nicht bezahlen, weil sie schon verdammt viel Geld von ihren Arbeitgeber*innen erhalten, die teilweise von den Steuern bezahlt werden, die ich als Unternehmerin und Privatperson zahle.

Der Anlass geht los. Alle anderen Anwesenden sind Vertreter*innen irgendeines Unternehmens oder einer NGO. Wir sprechen vorsichtig und auf einer Metaebene, damit alle schön ihre Jobs behalten können. Sie sprechen nicht frei, sondern in einer Rolle, kündigen sogar an, worüber sie nicht sprechen werden. Da ich meinen Job ja schon freiwillig abgegeben habe, um sprechen zu können, bin ich die Einzige, die es frei tut und dabei auch kritisiert. Nach dem Gespräch sagt mir ein anderer Podiumsteilnehmer: »Ich war ja so deiner Meinung, aber das wurde ja alles aufgezeichnet, da konnte ich mich nicht noch mehr aus dem Fenster lehnen.«

»Nein, natürlich nicht. Ist für mich ja auch viel einfacher. Was habe ich schon zu verlieren?«

Das sage ich laut. Verwirrt schaust du mich an. Ich verabschiede mich und gehe.

WEISSER FEMINISMUS

Es ist Mitte Juni und ich soll, ja, will auch demonstrieren gehen. Aber ich kann nicht mehr laufen, nicht mehr stehen, nicht mehr sitzen. Mein Körper streikt. Er weigert sich, zu tun, was ich von ihm verlange. Dabei wäre es nur noch das eine Mal. Danach ruhe ich mich wieder aus.

Ich einige mich mit meinem Körper darauf, nur kurz hinzugehen. Der feministische Streik ist dein Reich. Ich bin trotzdem stolz darauf, weil meine Mütter und Grossmütter genauso dafür gekämpft haben. Weil ich selbst in ihm eine lila Hoffnung sehe. Lila, die Farbe des Innehaltens, des Mystischen, der tiefen Ruhe. *Die Farbe Lila*. Ich bin am Streik, und genau das mache ich, innehalten. Ich schreie nicht, ich singe nicht, ich bin ruhig. Solidarität liegt in der Luft. Wem gebührt sie? Du hast mich eingeladen, mit dir und deinen Freund*innen zu demonstrieren, aber ich bin zu müde, um mit deiner Gruppe zu gehen. In letzter Zeit habe ich oft das Bedürfnis, allein zu sein, auch wenn ich merke, wie ich mich dadurch isoliere. Einige Wochen später stosse ich auf die Worte des Psychologen Kenneth V. Hardy, der beschreibt, wie selbstgewählte Isolation zwar hilft, die Wunden rassistischer Traumata zu ‹schützen›, aber zugleich die tiefen Gefühle von Einsamkeit und Verlassenheit verstärkt, die zur psychologischen Heimatlosigkeit führen.[33]

Du bist heute auch kurz am Streik. Du bist, quasi seit gestern, auch Feministin. Du informierst dich zwar nicht wirklich über gesellschaftlich relevante Themen, aber die reine Tatsache, dass du eine Frau bist, gibt dir alle Erfahrung, die du brauchst, bereits mit. Und trotzdem, sagst du, müsse man es ja nicht gleich übertreiben, die Radikalen gehen dir ganz schön auf die Nerven. Feminismus ist für diesen einen Tag auch bei dir *in*. Du drehst eine kleine Runde und wirst anschliessend wieder deinem Alltag nachgehen. Beinah hättest du vom Streik auch gar nichts mitbekommen, es sei echt nicht gut darüber informiert worden. Dass du dich selbst hättest informieren, dass du hättest mitarbeiten können, daran denkst du nicht.

Und da bist auch du, ganz an vorderster Front. Noch gehört er dir, der Streik der *weissen* Feminist*in. Durch diesen Feminismus hast du inzwischen viele Freiheiten erlangt. Nicht, dass du der patriarchalen Unterdrückung nicht immer noch ausgesetzt wärst. Aber im Gegensatz zu mir bist du es längst gewohnt, (aus) sprechen zu dürfen, Räume zu betreten, das Tempo vorzugeben. Ich frage mich, ob du dich auch fragst, wer heute nicht hier sein kann und aus welchen Gründen? Die Geschichte deiner Befreiung ist historisch immer parallel zu der meiner Unterdrückung verlaufen. *Weisse* Frauen rechtfertigten die ihnen zustehende Freiheit mit dem Argument, dass sie an der Seite *weisser* Männer stünden, dass sie nicht mit nicht-*weissen* Menschen vergleichbar seien. Du schreist am feministischen Streik nach Lohngleichheit, während viele nicht-*weisse* Personen nicht mal den Hauch einer Chance auf deine berufliche Position haben, Ausbildung hin oder her.[34]

Dein Feminismus kann nur wirklich erfolgreich sein, wenn er die Vielfalt marginalisierter Menschen und deren Bedürfnisse miteinschliesst, wenn er die Unterschiede anerkennt und darauf abzielt, *weisse* Privilegien abzubauen, auch die deinen.

Ich sehe deine Privilegien und wünsche mir, deine Willenskraft würde über deinen eigenen Kampf hinausgehen. Wir brauchen einander, wir müssen uns verbünden und gegenseitig unterstützen, aber um zusammen zu kämpfen, müssen wir einander zunächst einmal erkennen. Doch du erkennst mich nicht. Du siehst und hörst mich nicht.

Und dann stupst du mich an. »Bist du Anja?«

»Ja«, sage ich. Wurde ich beim Beobachten beobachtet?

»Meine Freundin möchte dir was sagen.«

Deine Freundin steht lächelnd vor mir und sagt: »Ich bewundere dich für deine Arbeit. Danke!«

Ich lächle ebenfalls, bin berührt.

»Danke dir«, antworte ich, und ihr verschwindet in der Menschenmenge.

Ich drehe mich um, höre dem anarchistischen Chor zu, der spanische Lieder singt, sehe den violett-pinken Rauch, der in den abendlichen Himmel steigt, und gehe langsam nach Hause. Meinen Schmerz trage ich im Rücken, die Geräuschkulisse des Streiks in meinen Ohren, die Farbe Lila in meinen Gedanken.

Es gibt die kollektive Vorstellung einer ‹Normfrau› in unserer Gesellschaft. Sie ist *weiss*, cis-geschlechtlich, heterosexuell, weder behindert noch chronisch krank und aus der Mittelschicht. Die Autorin Sibel Schick beschreibt das Privileg dieser Normfrau in ihrem Buch *Weissen Feminismus canceln* sehr treffend. Die ‹Normfrau› kann man sich mit einem riesigen Schlüsselbund in der Hand vorstellen, der ihr Zugang zu vielen Türen gewährt. Und einige weitere Türen stehen ihr offen, ohne dass sie überhaupt einen Schlüssel dazu bräuchte. Der *weisse* Feminismus dreht sich um diese Frau. Er stellt ihre Bedürfnisse und Erfahrungen ins Zentrum und versucht, immer mehr Türen für diese Frau zu öffnen. Dieser Feminismus nennt sich selbst allerdings nicht *weiss*. Er nennt sich einfach Feminismus, weil es für ihn normal ist, sich um die ‹Normfrau› zu kümmern. Der *weisse* Feminismus wird auch nicht nur von *weissen* Menschen ausgeübt. Er ist ein System, ein Konzept, dessen sich viele Menschen bedienen – auch Frauen of Color können *weissen* Feminismus betreiben und letzten Endes dafür sorgen, dass Normfrauen weitere Privilegien gewinnen, während andere Frauen weiter unterdrückt werden. Viele Ansätze sind zwar *gut gemeint*, setzen sich jedoch ausschliesslich für die Wünsche, Rechte oder Förderung einer bereits privilegierten Gruppe von Frauen ein und marginalisieren auf diese Weise weniger privilegierte, von Sexismus betroffene Menschen weiter. Während dafür gekämpft wird, dass weiblich gelesene Personen gleich viel verdienen wie männliche an derselben Position, wird vergessen, dass Schwarze Frauen aufgrund von Rassismus oftmals gar nicht erst die Möglichkeit bekommen, eine entsprechende Stelle zu besetzen, wie die Wissenschaftlerin Natasha A. Kelly in einer Folge meines Podcasts *einfach LEBEN* berichtet hat. Wenn es um Schulabschlüsse geht, wird ignoriert, dass Bildung nicht für alle Menschen gleich zugänglich ist. Ein weiteres Beispiel ist, dass *weisse* Frauen aufgrund feministischer Bewegungen zwar mehr Möglichkeiten haben, höhere berufliche Positionen mit grösserer Verantwortung und Sichtbarkeit zu besetzen, dann aber oft zu Hause Frauen aus marginalisierten Gruppen anstellen, die sich um ihre Kinder oder den Haushalt kümmern.

Auch in meinem Leben als Schwarze Frau – aufgewachsen in einem Haushalt mit begrenzten finanziellen Möglichkeiten – hat es bisher viele Hürden und verschlossene Türen gegeben, es fehlte mir immer wieder an Schlüsseln. Manchmal wusste ich gar nicht, wo die Türen überhaupt sein sollten. Und wenn ich sie fand, waren da Türsteher*innen, die dafür sorgten, dass ich den Raum nicht betreten konnte. Einige Türen waren aus Glas. Ich konnte hineinsehen, beobachten, wie sich die Menschen dahinter unterhielten und amüsierten, wie sie einander weitere Türen öffneten und hinter ihnen verschwanden.

Räume sind oftmals schon deswegen für uns nicht zugänglich, weil rassistische (Mikro-)Aggressionen an der Tagesordnung sind, sodass der emotionale Aufwand des Widerstands schlichtweg zu gross ist. Für meine wissenschaftliche Arbeit etwa musste ich während der gesamten Laufbahn so viel Energie und Zeit dafür investieren, zu erklären, dass und auf welche

Weise Rassismus existiert, dass mir für die Forschung selbst nur sehr limitierte Ressourcen blieben. Viele Türen bleiben für mich als Schwarze Frau verschlossen, weil Schwarze Frauen nicht Teil der Vorstellung der dahinter liegenden Räume sind. Oder wie viele nicht-*weisse* Frauen waren an deinem letzten Business-Anlass vertreten? Wie viele nicht-*weisse* Frauen waren bei der letzten Preisverleihung nominiert, bei der du anwesend warst? Wie viele nicht-*weisse* Frauen waren an der letzten Geburtstagsparty, zu der du eingeladen warst? Wann hast du das letzte Mal ein Buch von einer nicht-*weissen* Person gelesen, die über etwas anderes als ihre Unterdrückung schreiben durfte? Es ist nicht so, dass es uns nicht gibt. Es gibt uns nur nicht in deiner Vorstellung.

Manchmal wurde mir eine Tür geöffnet – durch einen Akt der Solidarität oder das Erkennen meiner Fähigkeiten, manchmal per Zufall. In anderen Momenten habe ich Türen eingetreten. Nicht aus Wut, sondern aus Überzeugung, dass der Raum für alle zugänglich sein sollte. Wie ich auch hineingelangte: Sobald ich drin war, vergass ich wie die meisten anderen Menschen im Raum die Türen hinter mir. Sie wurden unsichtbar, es fühlte sich plötzlich normal an, mich im Inneren des Raumes zu befinden. Doch die Realität ist, dass diese Türen nach wie vor für viele Menschen verschlossen sind. Unsichtbare Barrieren, gesellschaftliche Strukturen und Vorurteile versperren den Zugang. Auf meinem Weg wurde mir bewusst, dass es nicht ausreicht, selbst durch diese Türen zu gehen – es ist meine Aufgabe, sie auch für andere zu öffnen, ihnen die Hand zu reichen und Zugänge zu schaffen.

Weisser Feminismus hat bedauerlicherweise die öffentliche Geschichte der feministischen Bewegung dominiert. Doch wir können dafür sorgen, dass die feministische Zukunft vielfältiger wird. Feminismus sollte mehr sein als der Aufstieg einiger weniger Frauen in privilegierte Positionen. Es ist an der Zeit, ihn so zu gestalten, dass er die tieferen Wurzeln der Unterdrückung beleuchtet und in Frage stellt.

Die Kritik am *weissen* Feminismus wird ungern gehört. Aber sie richtet sich nicht persönlich gegen einzelne Feminist*innen mit *weissen* Privilegien, sondern gegen ein System, gegen Ausschlüsse im feministischen Handeln. Anstatt den Vorwurf ablehnend zurückzuweisen, könntest du zuhören, reflektieren, dazulernen und dabei dem Drang widerstehen, dich selbst in den Mittelpunkt zu stellen. Du könntest Wissen teilen und dich daran erinnern, dass sich in einer Welt, die von Wettbewerb und Konkurrenz geprägt ist, Türen gemeinsam viel einfacher öffnen lassen und es zudem auch mehr Spass macht, gemeinsam in diversen Räumen zu sein. Du könntest damit beginnen, dich zu fragen: Wem hast du zuletzt eine Tür geöffnet?

DU, DER GUTE MENSCH

Ich werde so oft von dir beschrieben, lass mich dich nun auch mal ein bisschen beschreiben. Du glaubst von dir selbst, ein guter, offener und toleranter Mensch zu sein. Du hast die Fussball-Weltmeisterschaft in Katar bis zum Schluss boykottiert (streng genommen interessierst du dich aber ohnehin nicht für Fussball). Du wählst immer das Eco-Programm deiner Waschmaschine und hast sogar darüber nachgedacht, einen geflüchteten Menschen aus der Ukraine bei dir aufzunehmen. Letztlich hast du es doch nicht getan, da es in deinem Haushalt dann etwas eng geworden wäre. Du erledigst deine Einkäufe lokal, das ist dann auch wichtiger als Bio, weil du die Leute in deiner Umgebung unterstützen möchtest. Ausser du lebst in der Stadt, dann eben Bio, ausserdem verursachst du keinen Food-Waste. Du trägst einen violetten Pin des feministischen Streiks. Du gibst immer Trinkgeld, kaufst nie bei Zalando, Shein oder Amazon ein, ausser wenn es wirklich nicht anders geht. Du weisst, dass du nicht perfekt bist, aber du versuchst es immerhin, und darauf bist du stolz, dafür lobst du dich. Wenn du dich mal nicht gut fühlst, dann muss deinen Gefühlen viel Platz eingeräumt werden. Mensch muss dir dann zuhören und für dich da sein. Ich bin da nicht anders. Auch ich glaube irgendwie daran, die Welt zu verändern, wenn ich meinen Abfall trenne. 96 % meiner Workshopteilnehmer*innen bezeichnen sich als offene Menschen, und die restlichen 4 % tun dies wahrscheinlich nur deswegen nicht, weil sie ahnen, dass es sich um eine Fangfrage handelt.

Ich verbringe viel Zeit in Frankreich, wo viel häufiger von einer politisch extremen Mitte gesprochen wird. Ich weiss, dass der Gedanke schwierig sein mag. Wie kann die Mitte extrem sein? In Frankreich wie auch in der Schweiz halten sich Menschen in der Mitte für diejenigen, die Ruhe in den ganzen Extremismus von rechts und links bringen. Die dafür sorgen, dass einfach alle mal wieder ein bisschen runterkommen. Für mich ist diese Gelassenheit der Mitte eine starke Aggression. Was dir da nämlich entgeht: Deine Argumente sind oft nicht viel durchdachter als die einer rechtsextremen Person, sie sind meist verkürzt und konservativ angehaucht. Du möchtest, dass wir uns einig sind. Alles andere wäre dir unangenehm. Aber wir müssen uns nicht einig sein, wir sollten uns auch streiten können. Du sagst zwar, du liebst Diversität, bist voll dafür, aber dein Freund*innen-kreis, dein gesamtes Umfeld ist komplett homogen.

Du bist auch schon viel gereist, bezeichnest dich als weltoffen, gern auch als *Bürger*in dieser Welt*. Aber weisst du, du kannst auch wie ein Arschloch reisen, um danach von den Golfplätzen und Weinfarmen in Südafrika zu schwärmen. Ohnehin bestehen deine Afrikareisen entweder aus dem Besteigen des Kilimanjaro, einem Besuch bei den Massai oder einer richtigen Safari. Selbst wenn du schon mal ein Schwarzes Kind einer einheimischen Familie in den Armen gehalten hast – eine Familie, die trotz ihrer geringen Mittel so gastfreundlich und lebensfroh war! –, macht dich das nicht zum besseren Menschen. Du reist, um in deiner vollkommenen *weissen* Komfortzone zu bleiben. Und wenn du dann doch mal kurz aus ihr heraustrittst, behauptest du stolz, eben nicht die typischen Tourist*innen-Aktivitäten unternommen zu haben. Doch let's face it: Überall, wo wir nicht ständig leben, sind wir Tourist*innen, auch wenn du dich weigerst, unterwegs mit anderen Schweizer*innen zu sprechen.

Dann gibt es auch noch dich: Du magst *es* einfach mal von einer Betroffenen hören. Du willst wissen, wie das so für mich ist mit diesem Rassismus. Ich tue dir hier und jetzt also einen Gefallen. Ich sage es dir. Wie ich es sonst nie sage. Es gibt so vieles, das ich dir nicht sage. Aber hier werde ich es tun. Hauptsächlich für mich, aber auch für all die anderen, die es dir gerne sagen würden. Vielleicht tue ich es auch ein bisschen für dich. Umdenken kannst nur du selbst, aber vielleicht kann ich dich mit meinen Erzählungen dazu inspirieren.

Wichtiger, als tatsächlich ein guter Mensch zu *sein*, ist dir oft, um jeden Preis als guter Mensch wahrgenommen zu werden. Was du nicht weisst: *Gut* ist ein sich veränderndes Adjektiv, kein fixer Zustand, keine Identität. Die Frage ist nicht, ob du gut *bist*, sondern ob dein Handeln Gutes bewirkt. Das ist für dich schwierig, denn deine Welt besteht aus entweder-oder, aus alles oder nichts, aus richtig und falsch, aus gut und böse. Sie orientiert sich an der alles durchdringenden Scheinheiligkeit. Meine Welt besteht aus dem Zwischendrin, wo nichts so richtig sicher ist, wo alles ständig in Frage gestellt werden muss, aber auch darf. Wo auch Kreativität entsteht. Entstehen muss, weil wir nur das haben. Weil wir nicht ins Entweder-Oder passen. Du erkennst deine Privilegien inzwischen ein bisschen mehr, zumindest mehr als noch vor 2020. Aber dein Wille, etwas an der gesellschaftlichen Struktur zu ändern, dauert bloss ungefähr bis zum Mittagessen oder zur nächsten Abstimmung oder bis es wirklich ganz unangenehm wird, dann bist du erstmal wieder raus und möchtest über etwas anderes reden. Dann plädierst du wieder für die vernünftige, gemässigte Mitte, das Mittelmass, und das tust du auch dann, wenn du dich politisch links glaubst.

Deine Mitte ist für mich radikale Gleichgültigkeit. Anzunehmen, dass das, was du tust oder nicht tust, und wie du denkst, im Vergleich zu all den Extremen ausgeglichen, vernünftig oder neutral wäre, ist ein riesiges Privileg. Es stört dich, wenn ich dich *weiss* nenne, weil du es nicht gewohnt bist, überhaupt benannt zu werden. Du bist die Norm, die nicht benannt werden muss. Ausserdem geht dir das ganze Kategorisieren auf die Nerven. Für dich sind ohnehin alle Menschen gleich. Aber genau da liegt das Problem. Es gibt Differenzen, es gibt unterschiedliche Lebenserfahrungen und unterschiedliche Voraussetzungen. Keine*r ist gleich. Du möchtest keine Unterschiede sehen, weil du gelernt hast, diese als Grund unserer Trennung zu betrachten. Aber es sind nicht die Unterschiede, die uns trennen, sondern die Wertung, die wir diesen Unterschieden aufzwingen.

Wie gesagt: *Du* bist nicht immer dieselbe Person. Aber *du* machst immer dasselbe in allen Bereichen meines und deines Lebens. Du reproduzierst Rassismus und bewahrst dir dabei die Selbstwahrnehmung eines guten Menschen.

Nachdem du dich gestern kurz weitergebildet hast, sagst du mir jetzt, dass du ein Ally bist.

Ein Ally ist eine verbündete Person, die sich mit einer bestimmten Gruppe solidarisiert, oft in Bezug auf soziale Gerechtigkeit. Wenn du dich also etwa gegen Rassismus einsetzt und solidarisch mit von Rassismus betroffenen Gruppen zeigst, obwohl du selbst nicht direkt davon betroffen bist. Du fasst mir jetzt nicht mehr in die Haare und du hast neulich auch schon einen Roman einer Schwarzen Autorin gelesen. Aber auch ein Ally zu sein, ist kein Ist-Zustand, sondern ist ein ständiges Werden, ein konstantes Lernen.

KINDHEIT

Wenn ich an meine Kindheit denke, dann warst du schon immer da. Von Anfang an. Wahrscheinlich glaubst du deshalb, mich zu kennen. Das stimmt aber nicht ganz. Nur weil du immer da warst, kennst du mich nicht. Du warst zwar da, aber nicht genügend, um mich tatsächlich zu sehen, zu erkennen. Bis heute bist du das nicht. Ich sehe dich gerade vor mir. Wobei, eigentlich fällt es mir schwer, mir dich lesend vorzustellen. Dabei giltst du als die belesene, die allwissende Person. Darum nimmst du vielleicht an, du musst das hier nicht lesen. Du glaubst, den Inhalt schon zu kennen. Du bist eine Person im näheren Umfeld, die irgendwie glaubt, dass Kinder dich nicht wahrnehmen. Dass Kinder vergessen.

Du gehst davon aus, dass ich schreckliche Musik höre, das tat ich in deinen Ohren schon immer. Und deine Musik? Ist eigentlich gar nicht wirklich *deine*. Meist handelt es sich um afroamerikanische Musik, deren Ursprünge du nicht kennst oder meist nicht benennst. Ob Jazz, Blues oder sogar Rock ‚n‘ Roll – viele Musikstile wurden von afroamerikanischen Künstler*innen entwickelt und geprägt. Diese Musikstile haben ihre Wurzeln in den Erfahrungen und dem kulturellen Ausdruck Schwarzer Gemeinschaften, die oft von Sklaverei, Rassismus und Ausgrenzung geprägt waren. Oder du hörst Klassik, damit deine Kinder möglichst intelligent werden.

Deine soziale Inkompetenz ist deinem überhöhten IQ anzurechnen. Alles, was seltsam oder auch einfach frech erscheint, liegt nur an dieser ausserordentlichen Art zu denken, die wir Aussenstehenden nicht haben.

Bei mir zu Hause war das etwas anders mit der Musik. Ich kenne sämtliche Texte von Bob Marley, weil seine Musik die

Revolution meines Vaters befeuerte. Bob Marley singt davon, dass wir uns von geistiger Versklavung befreien sollen, dass nur wir selbst unseren Geist befreien können und dass wir für unsere Rechte einstehen müssen.

Bob Marley kannst du, glaube ich, auch akzeptieren, aber Reggae eher nicht. Nein, um Himmels Willen. Immer dieser gleiche Beat, der sich nur ertragen lässt, wenn Mensch komplett bekifft ist. Deshalb durfte ich in der Schule auch nie meine Red-gold-green-Mütze tragen. Mein Vater wollte nicht, dass ich unseriös wirke. Meine Mutter hat's mir trotzdem erlaubt, ich musste sie einfach immer, bevor ich nach Hause kam, ausziehen und verstecken. Aber mein Vater hatte recht, meine Mütze und meine Tasche – die meine Mutter extra in denselben Farben bestellt und mir zu Weihnachten geschenkt hatte – waren Grund genug für Spott in jenem Dorf im Herzen der Schweiz, in dem wir lebten, sie wurde als »Kiffer-Tasche« bezeichnet.

Niemand in der Schule wusste, was die Farben bedeuteten, obwohl ich es in einem Vortrag in der fünften Klasse erklärt hatte. Es sind die Farben der Flagge meiner zweiten Heimat, Ghana. Rot steht für das Blut, das beim Befreiungskampf floss, Gelb steht für Gold, was den Reichtum des ghanaischen Bodens repräsentiert, und Grün spiegelt die atemberaubende Vegetation wider.

Du und die Leute in der Schule habt mit den Farben dieser Flagge mehr zu tun, als ihr denkt. Das vergossene Blut klebt an euren Händen, das Gold liegt auf euren Konten und die Vegetation steckt in eurer Schokolade. Aber damit wollt ihr euch nicht auseinandersetzen. Man wird ja wohl noch Spass machen dürfen, heisst es dann, bevor das Thema gewechselt wird.

Ich liebte nicht nur Bob Marley, sondern auch Britney Spears, Alicia Keys, Lauryn Hill und vor allem Whitney Houston. Heute liebe ich sie noch immer, nichts berührt mich so sehr wie die Musik meiner Kindheit. Whitney war und ist immer da, vor jedem Anlass, bei jedem Erfolg, zu jeder schweren Stunde. Insgeheim war ich mir damals auch sehr sicher, dass wir verwandt waren. Erst heute ist mir bewusst, wie sehr ich durch all diese Songs auch gelernt habe, dass die romantische Liebe für eine Frau absolutes Leid bedeutet, und dass Sexismus ein Grundpfeiler dieser Branche war und ist. Diese Sänger*innen waren nicht etwa wenig intelligent. Sie wurden zu diesen Leidensobjekten gemacht – genauso wie deine *weissen* Stars, die nicht nur aufgrund ihrer eigenen Musik Ruhm und Bekanntheit erlangten, sondern aufgrund der von anderen – wie etwa Elvis Presley oder Eric Clapton. Du wertest aber nicht nur meine Musikwahl ab, sondern siehst auch andere Aspekte meines Lebens durch die Linse deiner Überlegenheit. Das Unverständnis für *meine* Musik, meine Art zu reden, zu singen, zu tanzen, zu sein, ist ein Symbol für dein Unverständnis für mich als Person und meine Identität. Wie die Musikindustrie *weisse* Künstler*innen auf Kosten Schwarzer Künstler*innen gross gemacht hat, so inszenierst du dich immer wieder selbst auf Kosten meines Selbstwerts. Warum hätte ich deine Anerkennung so gerne gehabt? Nun ja, ich habe früh gelernt, wie wichtig du bist. Und erst spät, dass du dieser Wichtigkeit selbst nie gerecht werden könntest. Dank deiner Nähe zum System hast du mit deinem gespielten Desinteresse alles, was nicht deinem Weltbild, entspricht, als bedeutungslos abgestempelt. Deine Überlegenheit bildete den Massstab für alles, was in meinem Leben wertvoll sein durfte.

Ich war damals ein Kind, und du hättest eine Bezugsperson sein können. Aber bis heute bitte ich dich selten um Hilfe, weil ich deine Hilfe nicht will. Ab und zu tue ich es doch, denn du bist nun mal näher am System, du bist das System. Deine Antwort ist dann jeweils eine komplette Selbstinszenierung. Ich hasse es. Und bereue jedes Mal, es wieder versucht zu haben. Siehst du nicht, dass du mich nicht siehst? Du fragst mich nie etwas, weil du alles über mich zu wissen glaubst. Warum bekämpfst du mich eigentlich? Woher rührt dieses enorme Desinteresse? Warum gibt's du mir seit jeher das Gefühl, eine Bedrohung für dich und deine scheinbar heile Welt zu sein? Ich glaube fest daran, dass Menschen so handeln, wie es ihnen bestmöglich ist. Ich glaube, dass du in deiner Haltung ebenso eingeschlossen bist, wie mein kindlicher Wunsch nach deiner Anerkennung es einst war. Ich glaube, dass dein verinnerlichter Drang, das System und seine Werte und Regeln aufrechtzuerhalten, dir genauso schadet wie mir. Ich wünsche mir, mich mit meiner inneren Arbeit davon lösen zu können – und ich wünsche es auch dir.

All das sage ich dir nicht. Stattdessen trinken wir – selten und in grösseren Gruppen – Kaffee zusammen und lächeln über das Nicht-Gesagte hinweg.

»Ui, nein, wir haben bereits viel zu viel zu tun. Wenn wir jetzt für jedes Thema immer noch jemanden einladen müssten, würden wir uns ja selbst abschaffen«, lachst du, eine jüngere Lehrperson, und nimmst noch einen Schluck Kaffee.

Ich befinde mich im Lehrpersonenzimmer irgendeiner Schule. In deine Klasse wurde ich offensichtlich nicht eingeladen, sondern in die deines Kollegen. Es hängt immer von der Motivation der Lehrperson ab, ob eine Klasse einen Antirassismus-Input erhält oder nicht. Deine Aussagen haben einen grossen Einfluss auf all deine Schüler*innen und sind zudem psychologisch höchst problematisch für Rassismusbetroffene. Lehrer*innen gelten immer als Vorbilder. Es geht also um mehr als bloss deine Entscheidung, ob du dich jetzt auch noch damit beschäftigen möchtest oder nicht. Eigentlich ist es ein Muss, weil in der Schweiz jedes Kind das Recht auf einen diskriminierungsfreien Zugang zu Bildung hat.

»Wollen wir?«, fragt mich die Lehrperson, die mich eingeladen hat. Er kann es kaum abwarten, aus diesem Lehrpersonenzimmer zu stürmen.

»Kann ich den mitnehmen?«, frage ich, auf den viel zu heissen Tee deutend.

»Ja, klar.«

Im Gang schüttelt er den Kopf und spielt nervös mit dem Schlüssel in der Hand. Ich gehe eilig neben ihm und versuche, den Tee nicht zu verschütten.

»Das tut mir echt leid, das ist einfach nicht zu fassen. Gerade sie hätte so einen Workshop dringend nötig«, sagt er. »Da bist du ein bisschen in einem Nest gelandet.«

»Das ist kein Nest – das ist einfach eine Schule wie jede andere auch«, antworte ich.

»Ist es wirklich immer so schlimm?«, fragt er überrascht – und vielleicht auch ein bisschen erleichtert.

»Ja, wirklich immer. In jedem Lehrpersonenzimmer gibt es dieselbe Diskussion, wenn ich da bin.«

Im Herbst 2014 wurde die Vorlage des Lehrplans 21 von den Deutschschweizer Erziehungsdirektor*innen freigegeben. Mit dem ersten gemeinsamen Lehrplan für die Volksschule setzten die 21 deutsch- und mehrsprachigen Kantone den Artikel 62 der Bundesverfassung um und harmonisierten die Ziele der Schule. Jeder Kanton hat gemäss den eigenen Rechtsgrundlagen über die Einführung entschieden. Vom Lehrplan 21 gibt es eine Vorlage sowie die kantonalen Versionen. In dem 510-seitigen Dokument kommt das Wort ‹Rassismus› nicht ein einziges Mal vor. Wie soll etwas erkannt werden, wenn es nicht benannt wird?

Im Klassenzimmer angekommen, schaue ich mich um. Europa ist auf Weltkarten bis heute das Zentrum der Welt, obwohl diese Karten massiv verzerrt sind. Ich blättere durch ein Geschichtsbuch und muss an meines von damals denken. Unsere Schulunterlagen waren durchdrungen von einem *weissen* Blick, einer *weissen* Nostalgie. Schnell erkenne ich, dass sich diesbezüglich nicht viel verändert hat. Das fällt nicht nur mir auf: Die eidgenössische Kommission gegen Rassismus listete 2021 Bildung und Schule als die Bereiche mit der zweithäufigsten Beratungstätigkeit auf. Drei Jahre später, im Jahr 2024, veröffentlichten sie einen Bericht, der zeigt, dass die meisten gemeldeten Rassismusvorfälle an Schulen passieren. Aktuelle Bildungsmaterialien enthalten nach wie vor verharmlosende und einseitige Darstellungen der Kolonialzeit. Zudem wird die Geschichte Afrikas oder seiner Diaspora nach wie vor kaum thematisiert. Stereotype Bilder und Texte werden immer noch unkritisch behandelt.

Nach dem Schul-Workshop fahre ich mit dem Zug zurück nach Hause. Tage mit Kindern und Jugendlichen sind zwar immer anstrengend, aber auch hoffnungsvoll. Es hat noch keine Klasse gegeben, die nicht die vollen vier Stunden interessiert mitgemacht hat.

Auf meinem Handy habe ich mehrere Anrufe in Abwesenheit, viele Mails und WhatsApp-Nachrichten, aber ich ignoriere sie alle. Mein Rücken macht sich bemerkbar. Mühsam versuche ich, die Hüfte nach vorn zu schieben, sodass ich beinahe auf meinem Sitz liege. Was würden die Leute wohl denken, wenn ich mich einfach auf den Boden legen würde? Als ich endlich eine einigermassen bequeme Position gefunden habe, schaue ich nochmal in meine Mails. Die Absage eines Verlags: Meine Liste für Lehrpersonen zum Thema Antirassismus wird nicht veröffentlicht. Ich drücke mir die AirPods in die Ohren und lasse Whitney Houston mit *Step by Step* die Geräusche im Zug übertönen.

Ein paar Monate zuvor hatte mich ein renommierter Schweizer Lehrbuchverlag damit beauftragt, als Expertin eine Liste zu erstellen, die Lehrer*innen bei der Gestaltung eines antirassistischen Unterrichts helfen soll. Ich habe diese Liste gemeinsam mit einem Sekundar- und Gymnasiallehrer erarbeitet und von weiteren pädagogischen Fachkräften gegenlesen lassen. Der Verlag sagte daraufhin, der Text enthalte zu viel ‹politischen Sprengstoff›, dass Lehrpersonen sich angegriffen fühlen und dass Leser*innen denken könnten: »In welcher Welt lebt denn Frau Glover?« Dass die in Auftrag gegebene Liste von einem Lehrmittelverlag mit dieser Begründung abgelehnt wird, ist für die Untersuchung von Rassismus in der Schweiz mindestens so relevant und aussagekräftig wie der Text an sich.

Ein paar Tage später findet das geplante Zoom-Meeting mit einigen Verlagsmenschen statt. Der Call verläuft so, wie Zoom-

Calls eben verlaufen: Mit viel Verständnis auf beiden Seiten, wir sagen nicht das, was wir sagen wollen, sondern das, was wir sollen, um dann gemeinsam sicher keine Lösung zu finden, sondern nur so zu tun, als würden wir überhaupt eine suchen. Mir gegenüber sitzen mehrere Personen, ich bin auf meiner Seite des Bildschirms allein. Das Gespräch kostet mich viel Energie. Ich bleibe freundlich und verständnisvoll. Als ich endlich das Fenster wegklicken kann, atme ich aus und spüre Trauer in mir aufsteigen. Ich ziehe mir den Badeanzug an, schlüpfe in meine Schlappen und gehe hinunter zum See. Unter Wasser schreie ich, so laut ich kann.

Der Verlag entlohnt den vereinbarten Aufwand. Ich sage, dass ich es weiterhin für notwendig halte, über die Nicht-Veröffentlichung zu sprechen, und dass ich die Liste gern selbst veröffentlichen würde. Daraufhin erhalte ich einen persönlichen Anruf von dir, dem Geschäftsführer.

In einem freundlichen, aber leicht bevormundenden Ton legst du mir nahe, die Liste nicht eigenständig zu veröffentlichen, sondern eine Zusammenarbeit mit dem Verlag in Form eines Workshops anzustreben. Du betonst, dass ich dadurch mehr erreichen könne. Ich stimme zu, bestehe aber darauf, dass die Veröffentlichung der Liste für mich von grosser Bedeutung ist. Ich schlage vor, sie nochmal etwas abzuändern. Aber der Entscheid des Verlags steht: Die Liste wird nicht veröffentlicht. Es wird angenommen, dass Rassismus an Schulen kein Problem mehr sei, was ich vehement bestreite. Als ich darauf hinweise, dass die Liste umso dringlicher sei, wenn man glaube, dass es keinen Rassismus mehr gäbe, ändert sich der Ton unseres Gesprächs. Es scheint, als ob der Plan, mich vom Veröffentlichen abzuhalten und stattdessen zu vertrösten, nicht aufgeht.

Ich betone, dass ich über genau diese Art von Rassismus sprechen möchte. Die Art, die im System verankert ist, die für viele nicht sichtbar ist. Dass ich die Liste veröffentlichen und die Ablehnung des Verlags thematisieren würde, weil genau darin die systematische Ebene erkennbar sei. Du, der Geschäftsführer, gehst nicht weiter auf die Inhalte ein. Ich gebe nicht nach, woraufhin du mich fragst, ob ich als Schreibende schlichtweg nicht mit Kritik umgehen könnte. Ich lasse mich nicht verunsichern und sage, dass die Kritik ja offensichtlich nicht dem Schreibstil, sondern dem Inhalt gelten würde. Dann verabschiede ich mich freundlich und beende das Telefonat. Offenbar hast du, der Geschäftsführer, gar nichts verstanden. Meine Absicht war es, den strukturell verankerten Rassismus an der Schule zu bekämpfen, und nicht den durch eine Ideologie vertretenen, intentionellen Rassismus. Der Verlag hätte aber lieber Letzteres und damit »konkrete Lösungsvorschläge« für Schüler*innen gehabt. Beispielsweise eine Antwort auf diese Frage: Morgens, 9:10 Uhr im Klassenzimmer, ein Kind wird rassistisch beleidigt, was kann die Lehrperson tun? Dass eine Lehrperson sich aber wie jede andere Person selber mit ihrem eigenen internalisierten Rassismus auseinandersetzen muss, um ihn überhaupt erst erkennen und die Reproduktion verhindern zu können, das sollte laut dem Verlag nicht in der Liste auftauchen.

Ich bin nicht auf dieses Angebot, einen Workshop zu geben und dafür auf die Veröffentlichung zu verzichten, eingegangen, und ich habe mich dabei nicht gut gefühlt. Gern hätte ich wie jede*r andere Expert*in oder Texter*in einfach meinen Auftrag abgeschlossen. Aber so funktioniert das bei mir nicht, so funktioniert das bei diesem Thema, das nur unter bestimmten Bedingungen gewollt wird, nicht.

Den Versuch, Menschen daran zu hindern, über Rassismuserfahrungen zu sprechen, beschreibt die Anthropologin und

Pädagogin Mica Pollock als das Zum-Verstummen-Bringen Schwarzer Antirassist*innen.[35]

Ich verarbeite den Inhalt meiner verfassten Liste zu mehreren Slides für einen Instagram-Post. Meine Augen flimmern, mein Rücken tut weh. Nach drei Tagen des ununterbrochenen Nachdenkens klicke ich endlich auf den *Veröffentlichen*-Button. Dann lege ich mein Handy beiseite. Ob es sich gut anfühlt? Es fühlt sich richtig an; gut würde es sich anfühlen, wenn der Verlag es wie vereinbart veröffentlicht hätte.

Beim Schreiben erlebe ich eine Rückkehr zu mir selbst, eine Art Heimkehr. Es gibt mir die Möglichkeit, Dinge auszuformulieren, über die ich nie oder nur selten gelesen habe, und auszudrücken, was sonst unausgesprochen bleibt. Meine Erfahrungen gehen über mich hinaus. Ich bin die erste Frau in meiner Familie, die frei sprechen kann. Das ist nicht immer so gewesen. Lange Zeit habe auch ich die Dinge nicht aussprechen können. Doch irgendwann kam Social Media in mein Leben, insbesondere Instagram. Es wurde mein Sprachrohr. Oft war es nur auf meinen eigenen Kanälen möglich, meine Sichtweise zu schildern. So sehr ich die App und die Freiheiten, die sie uns nimmt, auch verfluchen kann, bin ich doch dankbar für sie. Durch Instagram habe ich Menschen kennengelernt, die ähnlich fühlen wie ich und ebenfalls häufig zum Schweigen gebracht werden. Schweigen ist für BIPoCs oft auch eine Überlebensstrategie. Etwas auf Instagram zu teilen, bedeutet für mich, Tabus zu brechen und zu heilen. Ich gehöre zu einer Generation, die du für ihre Offenheit gerne belächelst – die Generation, die sich ständig selbst inszeniert und alles zeigt. Aber du verstehst nicht, dass du dich mit deinem Nicht-Zeigen bereits seit Jahrzehnten selbst inszenierst.

Mein Partner sieht mich an; er weiss, was in den nächsten Tagen folgen wird. Er füllt heisses Wasser in die Teekanne und deutet mit dem Kopf Richtung Sofa. Wir setzen uns und schweigen.

»Ich hab mir überlegt, wir könnten an den See im nahegelegenen Dorf fahren«, sagt er schliesslich und giesst Tee in die Tassen. Ich möchte nicht weinen, ich bin zu müde dazu. Ich glaube, nicht nur meine eigene Erschöpfung zu spüren, sondern eine kollektive. Dann nimmt mein Partner mich in den Arm. Und es ist genau dieses In-den-Arm-genommen-Werden von meinen engsten Vertrauten, ihr Dazulernen, das sie selbst leisten, und das nicht ich für sie übernehmen muss, ihr Verständnis und ihre Unterstützung, die mir ermöglicht, zu tun, was ich tue.

Später fahren wir beide an den See. Dabei ist meinem Partner längst klar, dass ich nicht ganz anwesend sein kann. Dieses freie Sprechen über Unterdrückung und Diskriminierung ist immer auch mit gesellschaftlichen Sanktionen verbunden. Es bedeutet, mich einer Gefahr auszusetzen. Ich riskiere mit jeder Äusserung in der Öffentlichkeit meinen Job und meinen Ruf, meine Sicherheit und die meiner Familie, meine Gemütlichkeit, meinen Lohn, meine Karriere, meine Beziehungen. Bei jeder Entscheidung zur Veröffentlichung bleibt nur meine eigene Überzeugung, das Richtige zu tun. Verlage würden es lieber sehen, würde ich etwa über das Frausein schreiben, über meine Reiseabenteuer, vielleicht über etwas Schlimmes, das irgendwo in der Ferne passiert, über leicht verdaulichen Feminismus. Dass mein Umfeld ein sehr internationales ist, hilft mir, weil so etwas wie diese Liste in anderen Ländern bereits vor Jahren problemlos hätte veröffentlicht werden können.

Die Liste umfasst acht Punkte:

1. Hinterfragen der eigenen Position
2. Kritische Betrachtungsweise der Lehrmaterialien
3. Rassismus-Vorfälle erkennen und intervenieren
4. Aktive Thematisierung von Rassismus
5. Reproduktion verhindern
6. Rekrutierung von nicht-*weissen* Personen
7. Partizipation fördern
8. Verlangen Sie keine Erklärung von Betroffenen

Ich liege am See, denke über alle und alles nach. Ich beneide diejenigen, die einfach schreiben, einfach unterrichten, einfach Feel-Good-Content posten, einfach ihrem Beruf nachgehen können, ohne dass es immer ein Kampf ist.

Ich gehe ins Wasser und tauche unter. Immer schon habe ich mich gegen Schreibnormen gewehrt, sei es in der Wissenschaft oder im Journalismus. Ich hatte diesen tiefen Wunsch, Schreibregeln zu brechen und mich nicht den Erwartungen zu beugen. Aber ich kenne sie und weiss, wie ich sie anwende.

Ich lege mich auf mein Strandtuch. Mein Handy habe ich nicht dabei. Sowieso meide ich es. Die unzähligen Benachrichtigungen, die ständig auf mich warten, lösen Angst in mir aus. Die WhatsApp-Nachrichten, E-Mails, die sozialen Medien – alles unaufhörliche Anrufe aus dem Aussen, die meine innere Ruhe stören. Immer wieder geht mir dieselbe Frage durch den Kopf, die sich auch die Wissenschaftlerin Sara Ahmed stellt. Wenn Rassismus durch Handlungen geprägt wird, die von denjenigen, die davon profitieren, nicht wahrgenommen werden, was würde es dann für diese Begünstigten bedeuten, ihn zu sehen?[36]

Zurück zu Hause wage ich doch einen Blick in die App. Und da sind sie, die Reaktionen. Eltern, die sich Sorgen machen, Erziehungsberechtigte, die Fragen stellen, Jugendliche, die sich gehört fühlen, Lehrer*innen, die ihre Gedanken teilen, und auch Medienschaffende sind aufmerksam geworden. Die Reaktionen sind enorm, der Inhalt ist wichtig und dessen sind sich offenbar viele Menschen bewusst.

Die Journalistin einer Tageszeitung schreibt mir und fragt, ob sie mich kurz anrufen kann.

In mir regt sich Widerstand, ich will das eigentlich nicht. Die Journalistin und ich schicken ein paar Nachrichten hin und her, und schliesslich stimme ich einem Gespräch zu. Sie ruft sofort an und bedankt sich für die Möglichkeit. Dann stellt sie sich vor und sagt, dass sie sich sehr für die Geschichte interessiert. Ich erkläre zunächst, dass ich gegenlesen möchte, was sie veröffentlichen will, wofür sie Verständnis zeigt. Und dann fordert sie konkrete Informationen. Namen. Ich sage, dass es nicht wirklich um diesen einen Verlag geht, sondern um die Tatsache, dass ein grösserer Verlag diese Liste mit ebenjener Begründung nicht veröffentlichen möchte, und darum, was dies über den Stand des Schulsystems in Bezug auf Rassismus aussagt.

»Ich muss hier objektiv sein«, sagt die Journalistin. Objektivität. Nein, Journalismus ist nicht objektiv. Das Subjekt spielt eine wichtige Rolle in der Produktion von Wissen. Es ist elementar zu wissen, dass die ausschliesslich *weisse* Redaktion des Verlags sich gegen die Antirassismus-Liste entschieden hat, und dass eine ausschliesslich *weisse* Zeitungsredaktion glaubt, das Thema mit einem ‹objektiven› Blick behandeln zu können. Es geht nicht darum, dass ich mir ein Redemonopol von Betroffenen wünsche, sondern darum, dass wir gehört werden und nicht ausgegrenzt, sondern Teil der Wissensproduktion sind. Soll ich nun eine Diskussion über die Unmöglichkeit des objektiven Schreibens beginnen? Nein, ich habe weder Zeit noch Lust dazu. Während sie spricht, google ich die Journalistin erneut. Ich scrolle auf ihren Kanälen und sehe, dass sie feministisch aktiv ist. Wir sprechen noch eine Weile weiter und sie versichert mir, dass ich den Text im Anschluss lesen kann.

Nach dem Gespräch schreibe ich ihr: »Stell dir vor, eine ausschliesslich männliche Redaktion gibt einer Frau den Auftrag, Tipps für Männer zu schreiben, wie sie weniger sexistisch sein können. Die Frau schreibt Dinge wie: Gendergerechte Sprache wäre gut. Die Redaktion sagt: Nein, wir meinten konkret: Was kann man tun, wenn einer Frau an die Brüste gefasst wird? Die Medien greifen das Thema auf: Wieder schreiben ausschliesslich Männer darüber. Sie behaupten aber, so objektiv wie möglich zu sein. Am Ende steht es Aussage gegen Aussage. Verstehen werden es nur Betroffene oder die, die sich mit dem Thema auseinandergesetzt haben. Dass man Frauen nicht einfach an die Brüste fassen soll, mag bei den meisten schon angekommen sein und ist ein legitimer Tipp. Dass und inwiefern Sexismus aber viel tiefer in unserer Kultur und Sprache verankert ist, wird hierbei nicht thematisiert. Das ist zu mühsam, unangenehm, vielleicht der falsche Ton. Zu viel politischer Sprengstoff? Und wir möchten die Männer ja auch abholen und nicht gleich vor den Kopf stossen ...«

Ich hoffe, dass dieses Beispiel für die Journalistin einleuchtend ist, sodass sie eine Parallele zum Rassismus ziehen kann.

Später tut die Journalistin, was sie als Journalistin tun soll, sie recherchiert, findet den Namen des Verlags selbst heraus und kontaktiert ihn. Sie fragt, was sie sich unter der Liste vorgestellt hätten. Der Verlag sagt: »Morgens, 9 Uhr im Klassenzimmer. Ein Kind wird rassistisch beleidigt. Was kann die Lehrperson tun?« Der Verlag sagt auch, dass das Thema bei den Lehrpersonen angekommen sei und man sie in ihrem Vorhaben, antirassistisch zu unterrichten, unterstützen und nicht auf die Anklagebank setzen soll.

Nicht auf die Anklagebank setzen. Du, der Geschäftsführer des Verlags, hast den juristischen Begriff der Anklage gewählt. Eine angeklagte Person erhält ein Urteil: schuldig oder nicht schuldig. Die blosse Wortwahl zeigt, wie wenig Verständnis für das Thema Rassismus vorhanden ist. Es geht hier nicht um Schuld oder Unschuld, nicht um Anklage, gut oder böse. Es geht darum, dass wir uns als Gesellschaft mit unserer Vergangenheit und Gegenwart auseinandersetzen müssen. Im Speziellen geht es um Kinder und Jugendliche, nicht um die Lehrkräfte, den Verlag oder einen juristischen Fall. In der Liste habe ich geschrieben: »Es ist nicht Ihre Schuld, dass Rassismen in unserer Kultur und Sprache verankert sind, aber es liegt auch in Ihrer Verantwortung, etwas dagegen zu tun. Das Recht auf Bildung gibt einen diskriminierungsfreien Zugang für alle Beteiligten der Gesellschaft vor.«

Wer wissen will, was eine Lehrperson am besagten Morgen um 9 Uhr machen kann, möchte einen Rassismus bekämpfen, der offensichtlich und absichtlich passiert. Eine Form von Rassismus, die von Ideologie geprägt ist, nicht aber die, die sich im System und damit auch im Denken und Verhalten der Lehrer*innen selbst befindet. Als ich die Zeilen des Artikels und die Zitate des Verlags lese, bin ich nicht überrascht. Für den Verlag hätte es wohl wenig Vorteile gehabt, den Rassismus zu benennen, der unter anderem in ihren eigenen Büchern (re-) produziert wird, aber es hätte gezeigt, dass ihnen das Thema tatsächlich wichtig ist.

Unsere Gesellschaft ist geprägt von dieser Zweiteilung: Da ist der Rassismus, der bereits skandalisierbar ist, und da ist jener, der als vermeintlich unproblematisch durchgeht oder gar nicht erst als solcher erkannt wird. In der Entscheidung, meine Liste nicht zu veröffentlichen, zeigt sich der systematische Rassismus, da betroffene Personen nicht mitentscheiden dürfen, ob die Liste relevant ist oder nicht. Ich habe kein Mitspracherecht, ich habe nur Instagram. Dieses Ausüben von Macht ist Teil des systemischen Rassismus, wird jedoch oft als harmlos betrachtet oder durch den Anschein objektiver Berichterstattung sogar reproduziert und verteidigt. Die Journalistin gibt sich aber sehr grosse Mühe und scheint die Parallelen zu Sexismus ziehen zu können.

Der Soziologe Alain Accardo schreibt, dass die von Journalist*innen täglich produzierte Darstellung der Welt nicht die Realität zeigt, sondern das, was die herrschende Klasse glaubt, was sie ist, was sie sich wünscht oder was sie befürchtet.[37] In der Debatte um die Tipp-Liste ging es daher nicht primär darum, ob die erarbeiteten Hilfestellungen im Kampf gegen Rassismus an Schulen richtig waren, sondern darum, wer die Macht hat, zu entscheiden, was Rassismus ist und wie er bekämpft werden soll. »We all have the power to discriminate. Only an exclusive few have the power to make policy.«[38] Journalist*innen sind dabei diejenigen, die über die Macht verfügen, die Welt zu beschreiben, und dabei ernst genommen werden.

Während ich dieses Buch schreibe, arbeite ich über Monate hinweg zusammen mit einem kleinen Team an einem Projekt für Kinder über Rassismus. Ein Teil davon widmet sich dem Thema Mut und porträtiert Menschen, die sich gegen verschiedene Formen von Rassismus einsetzen. Wir treffen die Auswahl der Porträts sorgfältig, möchten eine Vielfalt von Perspektiven und Engagement darstellen und unbedingt auch Schweizer*innen porträtieren. Doch schon bald erreicht uns die Rückmeldung der Institution, dass eines der Porträts zu schwierig sei, um es mit Kindern kritisch zu diskutieren. Wir weisen darauf hin, dass die Sorge um eine kritische Diskutierbarkeit auffallend selektiv sei, und geben zu verstehen, dass wir mit einem Austausch einverstanden sind, jedoch unter der Bedingung, dass neben dem Porträt vermerkt wird, dass es sich um eine Entscheidung der Institution gegen die Empfehlung des Kurationsteams handelt. Die Institution sieht jedoch keine Notwendigkeit, den Wechsel zu begründen oder zu erklären, da sie, wie sie uns mitteilt, die Ausstellung anbietet und über die Inhalte entscheidet.

Du sprichst besonders dann gern von mutigen Antirassist*innen, wenn diese weit weg oder vielleicht sogar schon verstorben sind. Aber alle antirassistischen Kämpfer*innen sind Menschen, und ihre Handlungen sind immer auch diskussionswürdig. Passend zum Thema der Ausstellung hättest du ganz simpel den Mut aufbringen müssen, das Porträt stehen zu lassen oder zumindest hinter deiner Entscheidung zu stehen. Doch während offenbar weder dein Interesse an Antirassismus noch der Mut dazu so weit reichen, besitzt du noch immer die Macht, darüber zu entscheiden – du musst gar nicht mutig sein.

Ein paar Monate später erhalte ich eine Mail, bei der sich der Verlag für die ausbleibende Kommunikation seit dem Herbst entschuldigt und erklärt, dass sich intern mit dem Thema Rassismus auseinandergesetzt wurde. Es würde aktuell mit einer pädagogischen Hochschule ein Workshop geplant. Ursprünglich sei eine Einladung an mich vorgesehen gewesen, doch aufgrund unterschiedlicher Auffassungen über den Umgang mit der Kontroverse und die Vermittlung des Themas wurde entschieden, darauf zu verzichten – auch im Bewusstsein darüber, dass ich dies möglicherweise publizistisch nutzen könnte. Die Mail schliesst mit Bedauern und guten Wünschen für die Feiertage und die Zukunft.

Mein Rücken drückt. Kann der mich nicht mal in Ruhe lassen, eben schien es doch noch besser zu gehen. Ich klappe das Notebook zu. Nicht weil ich mich persönlich angegriffen fühle, sondern weil ich müde bin. Weil diese Mail in meinem Postfach liegt und so viel über die gesamte strukturelle Verankerung von Rassismus aussagt, aber nur ich sie zu sehen bekomme. Ich schreibe nicht zurück.

Wir hatten beide Ängste, du, der Geschäftsführer des Verlags, und ich. Zu der den Medien gegenüber erwähnten Einladung seitens des Verlags für einen Workshop kam es nach der Veröffentlichung des Zeitungsartikels also nicht. Ob du dir je die Frage gestellt hast, inwiefern die tatsächliche Bekämpfung von Rassismus für deinen Verlag im Vordergrund stand? In einem Mailverlauf zwischen mir und dem Verlag, in dem es um die potentielle Veröffentlichung des Textes ging, wurde deutlich, inwiefern in diesem Alltagsbeispiel wirtschaftliche Interessen über das Interesse der Rassismusbekämpfung gestellt wurden. Es hiess, dass der Verlag sich nicht vorstellen könne, den Teil zu den Lehrmitteln in seinem PR-Magazin zu veröffentlichen, auch wenn es sich um die Aussage einer Gastautor*in handelt. Die Rede ist von folgendem ‹Teil›:

> Kritische Betrachtungsweisen der Lehrmaterialien
> Aktuelle Bildungsmaterialien enthalten nach wie vor verharmlosende und einseitige Darstellungen der Kolonialzeit. Als Lehrperson können Sie die Inhalte zusammen mit den Lernenden oder anderen Lehrpersonen kritisch diskutieren, um zu verhindern, diese unreflektiert zu reproduzieren. Das gilt auch für Materialien, die über das Thema Kolonialismus hinausgehen. Kolonialrassistische Darstellungen können sich in allen Bildungsmaterialien unabhängig vom Thema wiederfinden.

Du, der Geschäftsführer des Verlags, beschreibst in der Mail die Gefahr, die Kritik könnte publizistisch aufgefasst werden. Du schreibst auch, dass du weisst, wie du diese Gefahr umgehen kannst: durch das Engagement einer Institution wie einer Hochschule. Für mich aber stellt das Veröffentlichen meiner Liste die einzige Möglichkeit dar, den strukturellen Rassismus aufzuzeigen und ihn zu kritisieren. Gleichzeitig weiss ich auch, dass ich dafür sanktioniert werde. Dass ich riskierte, nicht nur diesen, sondern auch weitere Aufträge zu verlieren. Für dich bin ich wie eine nervige Fliege, die aus Versehen durchs offene Fenster in den Raum geraten ist. Und seither schwirrt sie irgendwo herum, stört; du hast längst alle Fenster geöffnet, aber sie fliegt einfach nicht wieder raus. Du bist so beschäftigt mit deinem Alltag, mit deiner Position, dass du dich weigerst, mir zuzuhören. Dass du dich weigerst, zu verstehen, dass Dinge ausserhalb deines Verständnisses passieren, dass du dich weigerst, zu sehen. Dass du dich weigerst, zu lernen. Denn das ist dir zu anstrengend, zu nervig. So hast du dir das nicht vorgestellt.

Du wünschst mir in der Mail alles Gute für die Zukunft. Ich wünsche mir auch alles Gute für die Zukunft, und dir natürlich ebenso – wobei ich mir über deine so wenig Sorgen mache wie du selbst wahrscheinlich auch.

Keine Sorge, es geht hier nicht um *dich*. Auch nicht um deinen Verlag. Es ist ein Beispiel von vielen aus meinem Alltag. Es ist eines, das deutlich macht, inwieweit Macht und Sprache verbunden sind. Es verdeutlicht, wie bestimmte Stimmen bei der gesellschaftlichen Mitgestaltung marginalisiert, übergangen oder zum Schweigen gebracht werden. Die Politiktheoretikerin Aletta Norval stellt in ihrer Arbeit die Frage, wer wann sprechen kann, in welcher Funktion, mit welcher Legitimität und in welchem Ton.[39] Wer hat das Recht auf Mitsprache? Ich hätte den Vorfall einfach wegstecken, das Geld nehmen und zu meinem nächsten Auftrag übergehen können. Aber das ‹Silencing› macht etwas mit mir. Es trägt zu meinen Verletzungen bei, macht sie noch ein bisschen grösser. Das ‹Mich-Ruhigstellen›, wenn es darum geht, Rassismus in der Schule zu benennen, ist ein direkter Angriff auf das Kind, das ich einmal war. Das Kind, das wusste, dass es Rassismus nicht benennen, ja nicht einmal das Wort verwenden durfte. »As an act of inpersonal violence, the process of silencing assaults one's soul and sense of self. It breeds powerlessness and an increasing sense of helplessness, often creating a state of involuntary mutism«[40] schreibt Kenneth V. Hardy.

Frei zu sprechen, dort, wo mir die Medien oder andere Institutionen wie die Universität keine Freiheit geben, wird mir in den sozialen Medien und durch meinen Podcast ermöglicht. Das Echo in diesem Fall ist überwältigend gewesen, wobei sich sowohl sehr viele Nicht-Betroffene als auch sehr viele Betroffene gemeldet haben. Meine Art, über Erfahrungen zu reden, bietet Repräsentation und alternative Erzählungen zu denen, die die Medien präsentieren. Darüber hinaus ermöglicht sie Betroffenen, ihre Erlebnisse – sei es, dass sie diese allein durchlebt haben oder dass sie von ihrem Umfeld und dem in der Schweizer Gesellschaft vorherrschenden Diskurs nicht anerkannt wurden – einzuordnen und ihren Sinn zu verstehen.

Die Entscheidung, über diesen Vorfall zu sprechen, ist mir nicht leichtgefallen. Doch der Unterschied zwischen mir und dir ist, dass ich nicht wirklich eine Wahl habe. Ob ich darüber spreche oder nicht, in beiden Fällen muss ich mit dem Vorfall leben. Manchmal schweige ich, weil ich weiss, dass mir das Sprechen schaden würde. Aber dann muss ich mich mit dem Schuldgefühl leben, nicht gesprochen zu haben. Ähnliches beschreibt auch der Forscher Yassir Morsi.[41] Audre Lorde schreibt in ihrem

Essayband *Sister Outsider*, dass deine Stille dich nicht beschützen wird. Ihre Botschaft durchdringt mich immer wieder. In ihren Werken betont sie, wie wichtig es ist, dass wir Erfahrungen aussprechen, verbalisieren und teilen, auch wenn dies das Risiko birgt, missverstanden oder verletzt zu werden. Sie beschreibt die Notwendigkeit, die Stille in Sprache und Handeln zu transformieren, und ermutigt dazu, die eigene Rolle in diesem Prozess zu erkennen. Wir sprechen nicht nur für uns selbst, sondern nehmen damit eine gemeinsame Verantwortung in der Gesellschaft wahr. Die Angst vor Sichtbarkeit und das Schweigen hindern uns daran, uns selbst und andere zu erkennen. Lorde fordert dazu auf, uns von den Barrieren der Trennung zu lösen und stattdessen auf das Teilen und Verstehen von Erfahrungen einzulassen. Schliesslich ermutigt sie dazu, trotz der Angst weiterzumachen und uns gegenseitig zu unterstützen, während wir uns bemühen, unsere eigenen Bedürfnisse und Wahrheiten auszusprechen. Mut bedeutet nicht, keine Angst zu haben, sondern etwas trotz der Angst zu tun – ein Satz, den ich immer mal wieder auf Instagram lese. Oder wie die nigerianische Autorin Chimamanda Ngozi Adichie schreibt: »To choose to write is to reject silence.«[42]

Meine Schulzeit ist vorbei, deine auch. Es geht hier weder um mich noch um dich. Ein Jahr nach dem Vorfall um die Liste erscheint in einem anderen Verlag das längst überfällige Werk *No to racism. Grundlagen für eine rassismuskritische Schulkultur* von Rahel El-Maawi, Mani Owzar und Tilo Bur. In diesem Buch wird auf meine Liste verwiesen.

SCHWARZE SUPERHELDIN

Wie viel Erinnerung bleibt mir aus meiner Kindheit? Was ist überhaupt Erinnerung, und was ist Erzählung? Ich erinnere mich zum Beispiel daran, dass die Polizei an einem Dienstagabend kam. Dienstags war meine Mutter immer erst spät von der Arbeit zurück. Am Morgen ging ich mit einer Freundin in den Kindergarten. Ich sagte meinem Vater, dass wir heute etwas früher los mussten, und er liess mich gehen. Während er den Abwasch machte, öffnete ich den Wohnzimmerschrank und suchte das Schweizer Taschenmesser, das mir meine Grossmutter geschenkt hatte. Ich durfte es eigentlich nicht haben, vor allem mein Vater fand es zu gefährlich, dass ich als Kindergartenkind ein Taschenmesser besass. Ich holte es aus dem Fach, in dem auch der Disneyfilm *Schneewittchen* lag, vor dem wir uns immer fürchteten, und machte mich auf den Weg. Zusammen mit meiner Freundin überquerte ich die grosse Strasse, so wie unsere Schwarze und oft betrunkene Nachbarin es mir beigebracht hatte – und wie es mir von meinen Eltern absolut verboten war. Die Unterführung war viel sicherer für mich als Kind. Meine Freundin und ich gingen in den Nachbarsgarten. In der Wiese sass wie erwartet die Schildkröte mit dem Loch im Panzer, das ihre Besitzer*innen ihr verpasst hatten, um sie mit einer Schnur am Balkongeländer zu befestigen. Für mich war das Tierquälerei, und ich fühlte mich immer schlecht, wenn ich sie sah. Ich holte mein Taschenmesser hervor, schnitt die Schnur durch und trug die Schildkröte fast bis zum Kindergarten. In der Nähe gab es einen kleinen Wald, wo ich sie absetzte und ihr sagte, dass sie dort auf mich warten solle. Als mein Vater mich später abholte, sagte ich ihm, dass ich etwas im Wald gesehen hätte. Und dann zeigte ich ihm die Schildkröte. Ich bat ihn, sie mitzunehmen, und er willigte ein. Zu Hause zog sie in eine grosse Bananenkiste auf dem Balkon ein.

Mein Plan war aufgegangen, aber das Universum hatte einen anderen. Noch bevor meine Mutter nach Hause kam, klingelte es an der Tür. Ich hörte meinen Vater mit aufgebrachten Stimmen sprechen und dachte einen Moment lang, dass ein Herz nur kurz vor dem Tod so schnell rasen kann. Aber ich starb nicht. Stattdessen rief mich mein Vater zur Tür. Die Besitzer*innen der Schildkröte und die Polizei waren da. Meine Freundin hatte mich verpfiffen. Sie behauptete, nicht dabei gewesen zu sein. Ich versuchte, mich zu erklären, doch es hörte niemand zu. Mein Vater brachte die Bananenkiste mit der Schildkröte zur Tür, und ich begann innerlich zu weinen. Nicht wegen der Schildkröte, nicht wegen der Polizei, nicht wegen der Besitzer*innen: Ich fürchtete mich vor der Reaktion meines Vaters. Doch er war nicht wirklich wütend auf mich, sondern vielmehr darüber, dass ich vor der Polizei schlecht aufgefallen war und gelogen hatte. Der Kindergarten wurde informiert, von wem, weiss ich nicht mehr so genau, und das Taschenmesser wurde mir weggenommen. Später am Abend nahm mich meine Mutter in den Arm und sagte, dass ich sehr mutig sei und dass sie mit allen sprechen würde. Und zwei Wochen später bedankten sich die Besitzer*innen tatsächlich bei mir und sagten, dass ich die Schildkröte jederzeit besuchen kommen dürfte und dass sie sie nicht mehr anbinden würden.

Meine Mutter hatte sowohl der Erzieherin im Kindergarten als auch den Besitzer*innen den Unterschied zwischen Recht und Gerechtigkeit erklärt. Natürlich hatte ich kein Recht gehabt, die Schildkröte zu stehlen, aber es war nun einmal ungerecht, dass sie angebunden war.

Nach unserem Umzug ins Luzerner Hinterland sprachen die Kinder in meiner Schule hauptsächlich Schweizer*innendeutsch, wenige waren mehrsprachig aufgewachsen. Die meisten lebten in Einfamilienhäusern, ausser uns und den Menschen, die im Quartier hinter dem Bahnhof wohnten. Ich hielt Kontakt zu meiner Lehrerin der ersten Primarschuljahre in Zürich. Im ersten Jahr nach meinem Umzug unternahm meine alte Klasse sogar einen Schulausflug in die Zentralschweiz, um mich zu besuchen. Ich hatte meine alte Klasse vermisst. Von da an wartete ich ungeduldig darauf, alt genug zu werden, um wieder nach Zürich zurückzukehren.

Es gehörte sich hier im Hinterland, in einer Sportart gut zu sein und früh ein aktives Vereinsmitglied zu werden. Ich probierte jede Sportart aus, doch im Gegensatz zu meinen Geschwistern glänzte ich in keiner. Mal war ich gut, mal gar nicht. Fürs Geräteturnen war ich zu gross und eigentlich auch schon bei meiner Ankunft zu alt. Die Trainer*innen versuchten, ihre eigenen Träume durch den Erfolg ihrer Lieblingskinder zu leben. Ich war kein Lieblingskind. Wenn ich heute auf meinen Händen balanciere, frage ich mich, wie es möglich war, dass man mir als Achtjährige das Gefühl geben konnte, ich sei zu alt und zu gross, um meinem Körper irgendetwas beizubringen. Ich höre immer wieder, wie wunderbar das Vereinswesen auf dem Land doch ist. Wunderschön, ja geradezu familiär. Nur dass die Aufnahme in diese Familie mit Konditionen verbunden ist. Entweder, der Vater sponsert die Anlässe, die Mutter ist auch im Verein, oder du bist einfach gut genug, um den Verein glänzen zu lassen. Es gehören nicht selbstverständlich alle dazu. Das Vereinswesen kann genauso zu Ausschlüssen führen, wie es Gemeinschaft schaffen kann.

In der neuen Schule fühlte ich mich nicht wohl. Ich gehörte da nicht hin. Wir waren eine der ersten Schwarzen Familien im Dorf. Das komplette Umfeld war *weiss*. Meine neue Lehrerin mochte Menschen wie mich nicht, weil sie uns für anstrengend und bildungsfern hielt. Meine neuen Mitschüler*innen waren es nicht gewohnt, dass Menschen an neue Orte zogen; in ihren

Familien war in den letzten drei Generationen nie jemand umgezogen, höchstens ins Nachbarhaus. Sie fanden mein Zürideutsch seltsam und sprachen Hochdeutsch mit mir. Ich versuchte, mich so gut und schnell anzupassen wie möglich, aber ich blieb nun einmal Schwarz und in ihren Augen irgendwie fremd. Zu Hause bemühten sich meine Eltern, Repräsentation zu kreieren, so hatte ich etwa eine Schwarze Puppe, Natasha. Natashas Haut sah zwar aus wie meine, doch sie hatte glattes Haar. Sie durfte nicht wirklich mit uns spielen, wir bevorzugten andere Puppen, und Natasha befand sich eher zu dekorativen Zwecken in unserem Kinderzimmer. Das war nicht nur bei uns so – die Psycholog*innen Kenneth und Mamie Clark zeigten 1947 mit dem sogenannten Doll-Test[43] auf, dass Kinder grundsätzlich *weisse* Puppen bevorzugen. In ihrem Experiment wurden Schwarzen Kindern zwei Puppen gezeigt, eine *weisse* und eine Schwarze. Die Kinder wurden gefragt, welche Puppe sie bevorzugten, welche sie als hübscher und welche als böser empfanden. Die Ergebnisse waren erschütternd: Die Mehrheit der Schwarzen Kinder bevorzugte die *weisse* Puppe und ordnete ihr positive Eigenschaften zu, während sie der Schwarzen Puppe negative Eigenschaften zuschrieb. Dies zeigte die tief verwurzelten rassistischen Vorurteile und das niedrige Selbstwertgefühl, das Schwarze Kinder in einer rassistisch geprägten Gesellschaft entwickeln. Ähnlich ist es mit den Kinderbüchern in meinem Regal, die stereotypisierte Bilder von ‹Afrikaner*innen› und ‹Europäer*innen› vermitteln.[44] Ich wuchs mit Kasperli und Globi auf, die beide ein äusserst rassistisches Weltbild transportierten. In der Schule spielten wir das Spiel *Wer hat Angst vorm Schwarzen Mann?*, wobei der einzige Schwarze Mann, den alle kannten, mein Vater war. Das Wir-Gefühl in der Schule wurde immer auch über Abgrenzung zum ‹Anderen› konstruiert – von Anfang an war klar, vor wem wir Angst haben sollten.

Der Autor James Baldwin beschrieb 50 Jahre zuvor seine Erlebnisse als Schwarzer Mann in Leukerbad, einem abgelegenen Schweizer Bergdorf. Die Bewohner*innen dort waren von Baldwins Schwarzsein fasziniert. In *A Stranger in a Village* schreibt er, dass jeder wisse, dass er ein Freund des Sohnes einer Frau sei, die in diesem Dorf geboren wurde, und dass er in ihrem Chalet wohne. Dennoch bleibe er heute genauso ein Fremder wie am Tag seiner Ankunft, und die Kinder riefen ihm ‹N*! N*!› hinterher, während er die Strassen entlanggehe.[45] Im Jahr 2024 durfte ich am Literaturfestival Leukerbad einige Lesungen in diesem Dorf moderieren. Ich bewege mich gern in der Literaturwelt, doch obwohl dort so vieles möglich scheint, ist sie noch immer ein starres Gefüge, das Menschen wie mir nur ab und zu Eintritt gewährt. In diesen Momenten kann ich die Fragen stellen, die ich eigentlich stellen will, doch ich muss dies immer sehr vorsichtig und bedacht tun. Es fühlte sich seltsam an, durch die Dorfgassen zu schreiten. Zwar hat sich seit James Baldwins Zeit einiges verändert, doch so vieles scheint genau gleich geblieben zu sein. Obwohl James Baldwin eine wichtige Figur an der Veranstaltung war, erkannten viele Besucher*innen nicht, dass seine Erfahrungen noch nicht der Vergangenheit angehören. Ich tauschte mich an diesem Wochenende mit den Autoren Teju Cole und Johnny Pitts darüber aus. Es faszinierte mich, wie sie das kleine Dorf beschrieben, und ich freute mich darüber, wie sie während ihres Auftritts den Moderator quasi ausgeklammert hatten, weil dieser sich auf die klassischen Fragen beschränkte, die Schwarzen Menschen gestellt werden. Die beiden aber wollten über ihre Werke reden, über Literatur, und das taten sie dann auch. Sie sprachen nicht nur zum anwesenden Publikum, sondern sagten, indem sie das Gespräch übernahmen, auch Dinge zwischen den Zeilen, die nur von Menschen verstanden werden konnten, die eine Vorstellung davon hatten, was es bedeutet, in dieser (Literatur-)Welt Schwarz zu sein. Abends assen wir in einem Restaurant und wurden mit *nett* *gemeintem* Alltagsrassismus nur so überhäuft. Wir wurden etwa gefragt, ob wir die Musiker*innen des Festivals seien, dann mit James Baldwin verglichen, im Anschluss darüber informiert, wie das ‹Andere› dieses Dorf schon immer fasziniert hatte. Teju Cole lachte und sagte: »Das ist hier alles so real, man könnte meinen, sie hätten das vor unserer Ankunft geübt.« Für mich – aufgewachsen im Luzerner Hinterland – waren diese Bemerkungen nichts Neues.

Ich erinnere mich daran, dass die Drogerie des Dorfes, in dem wir damals lebten, darauf bestand, ein N-Kässeli am Eingang zu haben. Der ganze Laden, ja das gesamte Haus waren zwischenzeitlich mehrmals renoviert worden, doch trotz zahlreicher Beschwerden von Kund*innen beharrten sie auf dieser Kasse – tatsächlich noch bis zum Jahr 2023.

Ich erinnere mich an einen Nachmittag in meiner Jugend. Ich war 16 Jahre alt und hielt meinen vierjährigen Bruder an der Hand. Wir wollten gerade ins Haus gehen, als eine *weisse* Person verblüfft zu meinem Bruder hinabblickte und ungläubig den Kopf schüttelte, als wäre er ein lebendiges Fossil. Mein Bruder sagte, dass er reingehen wollte. Ich hatte ihm einen Schoggi-Joghurt versprochen. »Das ist ja schon unglaublich, wie gut der Kleine Schweizerdeutsch spricht«, sagte die Person. Ich war verwirrt. »Natürlich spricht er Schweizerdeutsch«, antwortete ich. »Er ist hier geboren und aufgewachsen, in diesem Haus. Und schon unsere Mami ist hier geboren und aufgewachsen, gleich im Haus nebenan. Wir sprechen seit vielen Generationen Schweizer*innendeutsch.«

Damals war mein Bruder der niedliche kleine Junge, den alle herzig fanden. Irgendwann wurde er zum jungen Mann mit Dreads, bei dem dieselben Menschen plötzlich die Strassenseite wechselten, wenn er ihnen entgegenkam.

Ich erinnere mich auch meinen Gymnasiallehrer, der mir dazu eigentlich viel zu alt vorkam. Er hatte bereits meinen Onkel und meine Tante unterrichtet, und schon damals war er alt gewesen. Am ersten Schultag starrte er mich an und zeigte mit seinem Stock auf mich. Die Klasse war still. Er hatte diese schreckliche Gabe, alle in sprachlosen Respekt zu versetzen. Ich war zwölf Jahre alt. Unangenehm lange zeigte er mit dem Stock auf mich, dann sagte er: »Schau mal, jetzt hab ich sie bei mir im Unterricht.« Ich freute mich darüber, dass er mich erkannt haben musste und wusste, zu welcher Familie ich gehörte. Doch dann fuhr er fort: »Früher ging ich mit meinen Jungs immer die N*erli an der Kilbi anschauen. Und jetzt sind sie schon bei mir im Unterricht.«

Ich kann mich nicht an das Danach erinnern. Meine Erinnerung setzt an der Stelle aus. Ich glaube nicht, dass jemand gelacht hat, doch es hat auch niemand etwas gesagt. Die Blicke waren auf mich gerichtet und das Rauschen in meinen Ohren war so laut, dass ich mich an den darauffolgenden jahrelangen Unterricht nicht mehr erinnere. Es gab noch einen weiteren älteren Lehrer, der ebenfalls ein kleiner Mann mit grosser Autorität war. Für sie beide galten andere Regeln als für die übrigen Lehrpersonen. Und bei beiden wollte ich so sehr, dass sie mich mochten. Wer von ihnen gemocht wurde, hatte gute Chancen im System. Die beiden Lehrer machten sich ein Vergnügen daraus, die Noten der Prüfungen jeweils laut und vor der ganzen Klasse zu verkünden. Sie wurden mehrmals kritisiert und gemeldet, blieben aber an der Schule, und einer von ihnen unterrichtete später auch noch meinen kleinen Bruder, der sich seinetwegen zum ersten Mal fürchtete, in die Schule zu gehen.

Doch, an eine weitere Situation aus dem Unterricht erinnere ich mich: Der Lehrer brachte uns etwas über den Fluss Luther bei. Er fragte, was das Wort umgangssprachlich in Mundart bedeutete. Ich hatte mein Züridütsch sehr schnell hinter mir gelassen und kannte mich mit dem hiesigen Dialekt ohnehin gut aus, immerhin war es ja meine Muttersprache. Zwei Schülerinnen hoben die Hand: die Klassenbeste und ich. Mit seinem Stock zeigte der Lehrer auf mich: »Das würde mich jetzt aber erstaunen, wenn du das wüsstest«, sagte er.

»Luuter bedeutet, dass es ganz viele hat«, sagte ich bestimmt.

»Was?«

»Es bedeutet: ganz viele.«

»Ja! Genau! Das ist ein richtiges Sprachkönnen.« Der Lehrer war beeindruckt und ich war glücklich, mindestens eine Woche lang. Doch es war kein echtes Kompliment – vielmehr war er überrascht, dass ich dies als Nicht-*Weisse* gewusst hatte. Obwohl meine ganze Familie bereits bei ihm zur Schule gegangen war, übertraf das seine Vorstellung meines Sprachvermögens.

Am Gymnasium war ich sehr ruhig. Ich wusste, dass ich mich glücklich schätzen konnte, es dorthin geschafft zu haben. Das war eigentlich nicht der Plan meiner Lehrpersonen gewesen. Der meiner Eltern schon, das vermittelten sie mir früh. Ich lernte viel für die Schule. Meine Noten in der Primarschule entsprachen in allen Fächern den Anforderungen des Gymnasiums, mein Verhalten war vorbildlich. Trotz noch nicht diagnostizierter ADHS fiel ich nie auf – weil ich mir das schlichtweg nicht erlauben konnte. Für den Übergang ans Gymnasium relevant war vor allem die Einschätzung der Klassenlehrperson. Und diese sah mich eher nicht auf dem Gymnasium – ohne dafür einen richtigen Grund angeben zu können.

Meine Mutter suchte das Gespräch und bestand darauf, dass ich trotzdem aufs Gymnasium gehen konnte. Ich war ihr so unglaublich dankbar dafür. Das Gymnasium versprach die Freiheit, nach der ich mich sehnte. Doch besonders im ersten Jahr bestand immer die Möglichkeit, es wieder verlassen zu müssen. In den ersten Wochen sollten wir alle die Zeit notieren, die wir zu Hause mit Schulaufgaben verbrachten. Ich schrieb *alles* auf. Für jeden Zeitungsartikel, den ich las, mass ich die Zeit, für jede Hausaufgabe, jedes Buch. Ich wollte unbedingt auf dem Gymnasium bleiben und wusste bereits, dass ich dafür mehr leisten musste als alle anderen. Mein Klassenlehrer rief meine Mutter wenige Tage später an und sagte, dass ich zu viel Zeit für die Hausaufgaben aufwenden würde und am Gymnasium wahrscheinlich falsch sei. Sie erklärte ihm, dass ich gerade aufgrund der Angst, wieder gehen zu müssen, alles Mögliche aufgeschrieben hatte. Meine Mutter verstand immer, warum ich tat, was ich tat. Ich durfte bleiben. Es ging bei dieser Zeit-Liste nie darum, wie lange ich tatsächlich brauchte und wo ich vielleicht Unterstützung benötigt hätte. Es ging darum, ins System zu passen. Und das ist letztlich, was ich in der Schule gelernt habe: Wie ich mich verhalten muss, um den Entscheidungsträger*innen zu gefallen.

Die Lehrpersonen handelten meist nicht absichtlich rassistisch. Vielmehr war ihr Verhalten Teil eines grösseren Systems, in dem die Schule ein Mittel zur Unterdrückung bleibt. Viele nicht-*weisse* Kinder und Jugendliche sind diesem Druck, besser sein zu müssen, ausgesetzt – ein Druck, der sowohl von der Schule als auch teilweise von zu Hause ausgeübt wird. Die Psychologin Guilaine Kinouani schreibt, dass die meisten Schwarzen Menschen gelernt hätten, doppelt so gut sein zu müssen wie ihre *weissen* Kolleg*innen, um als gut genug angesehen zu werden.[46]

Dieser Druck kann die Fähigkeit, zu lernen, sich zu konzentrieren und Informationen zu behalten, beeinträchtigen. Die Autorin Emilia Roig schreibt dazu: »Lehrer*innen sind nicht frei von jahrhundertelangen rassistischen, klassistischen und sexistischen Hierarchien, die heute noch entscheidend sind für die Arbeitsteilung im kapitalistischen System.«[47]

Diese Art von Alltagsrassismus wurde zum Thema meiner Maturaarbeit im Jahr 2010. Die Leitfrage lautete: Wie beweise ich die Existenz der unbewussten Diskriminierung Schwarzer Menschen in einem *weissen* Land, und wie lässt sich das Bewusstsein dafür vergrössern? Mit dem Titel *Warum gibt es keine Schwarzen Superhelden?* versuchte ich aufzuzeigen, dass Rassismus omnipräsent ist und schädliche Folgen für Betroffene hat. Es war nicht einfach, eine Betreuungsperson zu finden, und die Arbeit durfte nur unter der Bedingung geschrieben werden, dass ich das Wort »Rassismus« durch »unbewusste Diskriminierung« ersetzte. Ich schrieb die Arbeit damals aus reiner Intuition und basierend auf meinen Erfahrungen, und obwohl es sich richtig anfühlte, zweifelte ich daran, dass meine Feststellungen berechtigt waren. Erst als ich im Rahmen dieser Abschlussarbeit eine Podiumsdiskussion organisierte und über 200 Personen in der Aula unseres Gymnasiums erschienen – darunter mehrere Politiker*innen und Journalist*innen – begann die Schule, sich für meine Maturaarbeit zu interessieren. So sehr, dass der Rektor dann auch kurzfristig eine Ansprache halten wollte. Ich lehnte ab – nachdem ich monatelang vergebens auf Unterstützung gehofft hatte, wollte ich jetzt die Ansprache auch selbst machen. Einige Monate später gewann ich den Preis für die beste Abschlussarbeit.

Heute beginne ich jeden meiner Workshops mit dem Song *Superheld* von Samy Deluxe. Ich kenne den Text in- und auswendig, und ich beobachte jedes Mal die Reaktion der Zuhörenden. Viele melden zurück, dass sie bereits aus diesem Song einiges mitnehmen können. Ich erkläre dann, dass sich inzwischen einiges verändert hat, dass Kinder heute viel mehr nicht-*weisse* Vorbilder und Superheld*innen haben. Und dann bitte ich die

Teilnehmer*innen, mir Beispiele zu nennen, die weder in der Politik, noch im Sport oder in der Musikbranche angesiedelt sind. Oft wird dann gezögert, bis jemand *Black Panther* sagt. *Black Panther* ist ein afrofuturistischer Film, der auf dem gleichnamigen Superhelden aus den Marvel Comics basiert. Afrofuturismus kombiniert Elemente afrikanischer Kulturen, Geschichte und Zukunftsvisionen in einem Science-Fiction-Kontext und zeigt eine Vorstellung davon, wie der Kontinent hätte aussehen können, wenn es keinen Kolonialismus gegeben hätte. Ja, *Black Panther* ist ein gutes Beispiel.

Ab und zu wird auch Tiana genannt, die 2009 die erste Schwarze Disney-Prinzessin war. Sie ist allerdings auch die Einzige, die mehrere Jobs machen musste und zum Happy End einen Kredit für ihr Restaurant erhielt, während *weisse* Disney-Prinzessinnen erstaunlich viel Zeit mit Singen und Schlafen verbringen dürfen. Ab und an wird auch die neue Version von *Spider Man* genannt, und ich ergänze meist noch Nanisca aus *The Woman King*. Der Film spielt im westafrikanischen Königreich Dahomey im 19. Jahrhundert, wo Kriegerinnen von der aussergewöhnlichen Anführerin General Nanisca ausgebildet werden, um ihr Volk gegen die Sklaverei zu verteidigen. Als der Film im Herbst 2022 erschien, sah ich ihn mir in Paris an. Der Kinosaal war voll besetzt, hauptsächlich von Schwarzen Menschen. Es herrschte ein Gefühl der Verbundenheit. Wir weinten, lachten, schrien und tanzten innerlich. Wir hatten eine Möglichkeit, uns zu identifizieren. Es war mehr als nur ein Film: Es fühlte sich an wie eine Entschädigung dafür, dass so viele Geschichten lange nicht erzählt worden waren, und dafür, dass die Kultur, in der wir aufgewachsen waren, Schwarze Frauen immerzu ausblendete. Zur Enttäuschung vieler Zuschauer*innen waren die Kritiken für den Film ziemlich mies. Aber die Frage lautet: Wer kritisiert? Vorstellungskraft und Geschichte sind zwei Werkzeuge, um ein mental starkes und kämpferisches Afrika darzustellen. Ich habe in *The Woman King* endlich das gefunden, wonach ich als Kind überall gesucht hatte: Schwarze Superheldinnen.

In meinen Workshops wird irgendwann meist noch Arielle genannt. Im Sommer 2023 kam, über 30 Jahre nach dem Original, *Arielle, die Meerjungfrau* wieder ins Kino. Die Realverfilmung sorgte für enorme Diskussionen, da mit Halle Bailey erstmals eine Schwarze Schauspielerin eine Hauptrolle in einem Disney-Film bekam. Wie wichtig sie als Vorbild für Kinder ist, zeigen zahlreiche Videos in den sozialen Medien, die die Reaktionen Schwarzer Kinder auf den Trailer zum Film festhalten. Als ich mir diese Videos ansah, konnte ich nicht anders, als zu weinen. Für viele Menschen ist kaum vorstellbar, was es für uns als Kinder bedeutet hätte, Menschen im Fernsehen zu sehen, die aussehen wie wir. Schwarze Menschen kamen zwar in früheren Disney-Filmen vor, aber die Rollen waren von rassistischen Bildern und Stereotypen geprägt. Arielle als Schwarze Meerjungfrau ist für viele auch deshalb unvorstellbar, weil die gesellschaftliche Annahme besteht, dass Schwarze Menschen nicht schwimmen können. Während Meerjungfrauen im Übrigen nicht mal real sind, ist es Rassismus auf jeden Fall. Genauso wie Sexismus, und es gäbe viel darüber zu schreiben, warum *Arielle* trotz allem eine sexistische Erzählung bleibt – auf Filme werde ich später nochmals eingehen.

Ich denke zurück an die Podiumsdiskussion zu meiner Maturaarbeit und blättere durch die Zeitungsartikel, die darüber geschrieben wurden. Ich habe sie in einem Ordner namens *Rassismus* abgelegt, den ich während der Schulzeit angelegt hatte. Bei der erneuten Durchsicht der Artikel wird deutlich, wie sehr der Fokus darauf gelegt wurde, dass der Rassismus ohne böse Absicht entstanden und dass die Schweiz kein rassistisches Land sei. In den Einladungen zur Podiumsdiskussion schrieb ich selbst: »Mir geht es nicht um Anschuldigungen, sondern um die Bewusstseinsbildung. Ich möchte die Leute zum Nachdenken anregen.« Anstatt sich vertieft mit der Thematik auseinanderzusetzen, widmete sich eine grosse Lokalzeitung der Frage, warum ich nicht in Ghana leben möchte. Ein weiteres Magazin berichtete über die Podiumsdiskussion unter dem Titel: *Die Schweizer sind keine Rassisten!* Das war im Jahr 2010. Seither hat sich einiges verändert, vieles steht jedoch noch immer an einem ähnlichen Punkt. Eine meiner Herzenspersonen schrieb im Jahr 2022 ihre Maturaarbeit zum Thema Rassismus an einer Schule im ländlichen Raum. Sie litt dabei unter einer sehr schlechten, verletzenden Betreuung inklusive rassistischer und sexistischer Vorfälle. Danach sagte sie: »Ich kann und möchte nicht mehr hinschauen und mich damit auseinandersetzen. Es war einfacher, den Rassismus nicht zu sehen. Für jedes andere Thema wäre ich wohl einfach gut benotet worden.« Während sie – zwölf Jahre, nachdem ich ähnliche Erfahrungen gemacht hatte – begründen musste, warum Rassismus überhaupt ein Thema sei, wurde an derselben Schule auch eine Arbeit zur Legitimität der Weiterverwendung des Wortes ‹M-Kopf› eingereicht.

IN *WEISSEN* AUGEN

»Weisst du, ich finde das ja alles sehr gut, was du machst. Auch beeindruckend, wie du so ruhig auf das alles reagierst. Aber es ist mir einfach noch wichtig zu sagen, dass ich Dunkelhäutige kenne – die nennen sich selbst so –, die gar keinen Rassismus spüren. Im Gegenteil, sie sagen, die Schweiz ist sehr offen«, sagst du.

Ich ziehe das HDMI-Kabel aus meinem Laptop, verstaue es und stecke den Laptop ins Schutzfach meines Rucksacks, während du lächelnd auf mich einredest. Was soll ich dir sagen? Der Workshop ist vorbei, ihr habt für drei Stunden bezahlt, ich mag jetzt nicht mehr reden. Ich habe vier Minuten Zeit, um das Gebäude zu verlassen, ich muss auf den Zug. Den möchte ich nicht verpassen, schon gar nicht aufgrund deiner Bemerkung, von der du glaubst, dass sie auf irgendeine Weise originell sein könnte. Ist sie nicht, ich höre sie jeden Tag. Hinter dir stehen zwei weitere Personen, die mir vermutlich dasselbe sagen wollen. Ich sage: »Negierung ist auch eine Art des Umgangs für Betroffene. Eine durchaus legitime.«

Dein Gesicht verzieht sich ein bisschen, du verschränkst die Arme vor der Brust. Das nervt dich jetzt, ich kann es an deinen zitternden Mundwinkeln erkennen. Immerhin hast du diese Aussage wahrscheinlich während der vergangenen drei Stunden vorbereitet. Du hättest gerne das letzte Wort gehabt. Ich könnte dir sagen, dass du dafür schon etwas kreativer sein müsstest. Aber eigentlich auch beeindruckend, wie du dich immer wieder wiederholst und dabei glaubst, einen neuen Gedanken zu formulieren.

Rassismus zu negieren, dient bei rassifizierten Menschen zum Schutz ihrer selbst. Natürlich führt das Schweigen aber nicht zur Überwindung der Strukturen. Vielmehr trägt es dazu bei, das rassistisches System zu stärken und die Sichtbarkeit von Rassismus zu verunmöglichen.

Ich renne die Limmat entlang Richtung Bahnhof. Mein Rucksack schaukelt schwer auf meinem Rücken hin und her. Noch etwas schneller, dann erwische ich den Zug. Ich schlängele mich am Hauptbahnhof an Leuten vorbei, renne die Rolltreppe hinunter und sehe den Zugbegleiter auf dem Bahnsteig stehen. Dann springe ich in den Zug, gehe keuchend durchs Abteil und bleibe vor einer älteren Frau stehen, die allein in einem Viererabteil sitzt.

»Isch da no frei?«, frage ich sie bewusst in breitem Schweizer*innendeutsch, während ich versuche, ruhiger zu atmen. Die Frau nickt gequält, hält ihre Tasche mit beiden Händen etwas fester. Ich setze mich, der Zug fährt aus dem Tunnel hinaus. Das wäre geschafft. Ich stecke meine AirPods in die Ohren und allmählich beruhigt sich auch mein Puls. Lauryn Hill singt, dass sie Frieden des Geistes finden muss.

Du bist mir nicht egal, deine Fragen schwirren ständig in meinem Kopf. Wie gesagt: Es ist berechtigt, Rassismus als betroffene Person nicht sehen zu wollen. Es ist eine Art Schutzmethode, die leider nur bedingt schützen kann. Ich selbst habe mich, seit ich denken kann, dagegen gewehrt. Meine Methode war immer schon das Hineinstürzen, Hals über Kopf, alles lesen, alles verstehen wollen, alles rationalisieren. Aber es ist durchaus nachvollziehbar, Rassismus als betroffene Person nicht sehen zu wollen. Viele Menschen haben ihn auch schlicht so sehr verinnerlicht, dass sie nicht einmal wissen, dass sie das aktiv tun. Psycholog*innen beschreiben, dass Personen, die Rassismus akzeptieren und dazu neigen, ihre Erfahrungen damit für sich zu behalten, über ein signifikant höheres Mass an Stress oder Trauma-Symptomen berichten als diejenigen, die ihre Erfahrungen benennen und hinterfragen. Wir alle haben den Wunsch nach Zugehörigkeit, das ist ein menschliches Grundbedürfnis. Wir wollen uns sicher fühlen, wollen Teil von etwas sein, und dementsprechend entwickeln wir unsere Strategien.

Aber so sehr wir es auch versuchen, wir werden Rassismus nicht einfach wegignorieren, wegzaubern können. Er ist da, und das Schweigen darüber ist vielleicht eine Stimme des Traumas. All das gibt dir aber nicht das Recht dazu, das Negieren von Rassismus durch eine betroffene Person, die du kennst, als Beweis dafür zu nehmen, dass es Rassismus gar nicht gibt oder dass er gar nicht so schlimm sei.

Ich atme aus, während in meinen Ohren der nächste Song erklingt. All das hätte ich dir sagen können, vorhin, aber das habe ich nicht, stattdessen bin ich zum Bahnhof gerannt. Ich blicke auf das Handy in meiner Hand. Immer wieder schaue ich in meine Mail-App und aktualisiere sie. Nichts. Noch immer keine Rückmeldung des so begeisterten Multimediamenschen, in dessen Büro ich vor ein paar Wochen gesessen habe.

Der Zug fährt in den nächsten Bahnhof ein, die ältere Frau schaut aus dem Fenster. Menschen steigen aus und ein. Eine Person möchte sich zu uns setzen, der Zug ist ziemlich voll. Sie fragt, ob da noch frei sei und die Frau und ich antworten beide mit »Ja«. Sie antwortet auch, hatte ich sie vorhin also bloss nicht gehört?
Ich muss an meinen Bruder denken, der vergangenen Winter Zeuge eines Sturzes einer älteren *weissen* Frau gewesen ist. Die Strassen waren an diesem Morgen eisglatt. Mein Bruder eilte der Frau zur Hilfe, zögerte dann aber plötzlich, so erzählte er es beim Abendessen.
»Wieso?«, fragte unsere Mutter.

»Ich dachte mir, dass sie sich womöglich von mir fürchten würde, oder meine Hände nicht anfassen wolle.«

Mein Bruder ist wie ich light-skinned Schwarz. Er ist gross und muskulös, hat die niedlichsten Grübchen in den Wangen, und trug seine Haare zu dieser Zeit geflochten.

Die Frau hatte seine Hand dankend angenommen und sich mit seiner Hilfe wieder aufrichten können. Sie schien sich nicht vor ihm zu fürchten. Aber wie viel Rassismus-Erfahrung muss ein Mensch gemacht haben, um überhaupt auf diesen Gedanken zu kommen, während man jemandem helfen möchte? Es geht nicht darum, dass sich diese Frau rassistisch verhalten hätte – sondern darum, dass sich mein Bruder immer und ständig darüber bewusst ist, wie er wahrgenommen werden *könnte*.

Die ältere Frau im Zug hat inzwischen begonnen, Smalltalk mit der neu zugestiegenen Person zu führen. Sie tauschen sich über das Wetter aus. Ihre Gesichtszüge haben sich entspannt, seit diese neue Person bei uns sitzt, sie sind freundlicher geworden.

Ich denke an meine Mutter, die diese Geschichte, die mein Bruder erzählt hatte, nicht mehr losliess. Sie fand es zutiefst traurig, dass sie nicht auf die Idee gekommen war, dass das Schwarzsein ihres Sohnes der Grund für sein Zögern hätte gewesen sein können. Wie vieles würden wir Kinder erleben, von dem sie nur durch unsere Erzählungen erfuhr?

Für uns gibt es die Welt nur in dieser Version. Wir haben, was W.E.B. Du Bois ein doppeltes Bewusstsein (double consciousness) nennt.[48] Wir nehmen uns selbst immer auch als ‹anders› war. Wir haben gelernt, uns selbst immer auch mit den Augen *weisser* Menschen zu sehen. Oder noch eher: Wir wissen gar nicht, wie sich eine Welt anfühlt, in der wir uns nicht durch *weisse* Augen sehen müssen. Wenn ein von Rassismus betroffener Mensch also sagt, nicht davon betroffen zu sein, dann nur, weil er diesen Blick durch die Augen *weisser* Menschen so stark

verinnerlicht hat, dass es für ihn selbst kaum mehr erkennbar
ist.

Mein Bruder hätte in der Situation zum Schluss kommen
können: Das Problem ist nicht Rassismus, sondern mein Über-
interpretieren. Aber es ist genau diese Fähigkeit des doppelten
Bewusstseins, des Interpretierens, das für ihn überlebensnot-
wendig ist. Vielleicht nicht dann, wenn eine ältere Frau zu Boden stürzt, aber bei Polizeikontrollen, bei Festen im Hinterland,
beim Reisen, bei Bewerbungsgesprächen und in der Schule.
Kenneth V. Hardy beschreibt, dass die Gedanken, Überzeugungen und Verhaltensweisen von People of Color besonders
im Umgang mit *Weissen* oft durch die Überlegung, wie diese
sie wahrnehmen oder beurteilen, abgewogen und beeinflusst
würden.[49]

Mein Kopf hämmert, mein Rücken schmerzt. Ich denke zu viel
nach. Warum kann ich meine Gedanken nach dem Arbeiten
nicht einfach abstellen? Ruhigstellen? Der Zug fährt in Olten
ein. Meine beiden Abteilsgspändli stehen auf und verabschieden sich voneinander. Ich warte auf ihre Blicke, um »Ade« zu
sagen, vergebens. Dann drehe ich mich wieder zum Fenster
und freue mich über den gewonnenen Platz. Es liegen noch ein
paar Stunden Zugfahrt vor mir, und morgen steht der nächste
Workshop an. Dort werde ich dasselbe erzählen, und du wirst
dieselben Fragen stellen. Ich klicke nochmal auf die Mail-App,
13 neue E-Mails, aber immer noch keine vom Multimediamenschen.

DIE UNIVERSITÄT

Die Netzwerkverbindung ist stabil. Ich habe mich eingerichtet, um zuzuhören. Während sonst meistens ich spreche, soll dieser wöchentliche Nachmittag im Zoom-Raum meine Rückkehr an die Universität sein. Ich will zuhören, lernen und natürlich mitdiskutieren, vor allem will ich mal nicht erklären müssen. Du bist die Professorin und beginnst mit deinem Unterricht. Nach wenigen Minuten verwendetest du das Wort ‹dunkelhäutig› und kurz darauf das N-Wort. Ich blicke von meinen Textblättern auf und beobachtete die Mitstudierenden. Wir befinden uns in einem Masterstudiengang der Geisteswissenschaften. Alle Teilnehmer*innen sind *weiss*, bis auf mich. Ich kann mich nur noch schlecht auf den Inhalt der Vorlesung konzentrieren. Ich blicke auf meine Unterlagen, und auch dort überkommt mich ein mulmiges Gefühl. Es wird die Schädelvermessung von Menschen thematisiert. Schwarzen Menschen. Ich blicke in ihre von Schmerz verzerrten Gesichter, dann sehe ich dich und meine Kommiliton*innen wieder an. Da ist dieses nervige Geräusch in meinen Ohren, ein Rauschen, das aus dem Innern meines Körpers kommt und alles andere ausblendet. Du verwendest die Begriffe wieder und wieder. Ich atme tief ein und aus. Soll ich das Seminar verlassen? Mein Rücken meldet sich. Ich schalte meine Kamera aus und stehe auf, versuche mich zu strecken. Es dauert eine Weile, bis sich eine Mitstudierende meldet und dich darauf aufmerksam macht, dass weder das Wort ‹dunkelhäutig› noch das N-Wort oder M-Wort erwünscht oder gar rassismusfrei seien. Ich bin erstaunt und gerührt, setze mich wieder hin und schalte die Kamera ein. Gleichzeitig nervt es mich, dass ich gerührt bin, denn sollte das nicht selbstverständlich sein? Warum tut es so gut, dass ich es nicht selbst sagen muss? Du beginnst zu stocken und erklärst, dass du die Wörter im historischen Zusammenhang nennen würdest. Ob das dennoch für jemanden störend sei?

Mit ‹jemandem› meinst du höchstwahrscheinlich mich. Obwohl er digital ist, wirkt der Raum so real, ich kann den Blicken der anderen nicht entkommen. Ich schalte mein Mikrofon ein und sage, dass dem tatsächlich so sei und dass es selbst historisch kontextualisiert wichtig sei, diese Worte nicht einfach kommentarlos zu wiederholen. Nur so könne dieser Raum für alle Studierenden zugänglich bleiben, ohne dass sie starken Triggern ausgesetzt seien. Es fühlt sich an, als würde ich stören. Du reagierst etwas überrascht und schlägst vor, dass wir das demokratisch lösen. Demokratisch? Es folgt eine Abstimmung. Mir wird schlecht. Du sagst: »Wer bevorzugt, dass ich diese Worte nicht mehr so verwende, hebt bitte die Hand.«

Ich klickte auf das Symbol mit der gelben Hand, obwohl ich innerlich bereits nicht mehr anwesend bin. Warum bin ich überhaupt hier? Was habe ich mir dabei gedacht, mir erhofft? Langsam erscheinen einige weitere Handzeichen, und mit jedem von ihnen löst sich meine Angespanntheit etwas auf. Die Mehrheit bevorzugt eine andere Wortwahl. Für dich bedeutet das, dass du etwas aufmerksamer unterrichten musst. Für mich bedeutet es, dass ich weiter an der Vorlesung teilnehmen kann. Aber ist das gerade wirklich passiert? Nach der Vorlesung schalte ich den Laptop aus, ziehe meine Joggingschuhe an und gehe nach draussen. Ich bin traurig, enttäuscht, ein bisschen wütend, vor allem empört. Ich renne zum See, an eine einsame Stelle, ziehe mich aus und werfe meinen Körper ins Wasser. Bald fühle ich mich besser.

In der darauffolgenden Woche schalte ich mich nicht mehr zur Vorlesung dazu.

Oft fordern wir wissenschaftliche Belege, um zu beweisen, dass das, was wir empfinden, tatsächlich real ist. Doch inwiefern ist Wissenschaft selbst frei von Rassismen? Verfügt sie über die Fähigkeit, für sie Unsichtbares zu erkennen? Und welches

Interesse hat die Wissenschaft an der Bekämpfung von Rassismus? Wie sehen die sozialen Tiefenstrukturen aus, und wie sind sie in den Institutionen der Gesellschaft verankert? Viele Fragen, auf die ich keine abschliessende Antwort habe. Es wird noch nicht so lange öffentlich darüber nachgedacht, wie die Sozial- und Geisteswissenschaften durch dekoloniales Denken verändert werden sollten.

Ich weiss: Die Abstimmung im Vorlesungsraum hätte auch anders ausfallen können. Und bevor es die Black-Lives-Matter-Bewegung in die breite Öffentlichkeit der Schweiz geschafft hat, wäre es mit grosser Wahrscheinlichkeit nicht einmal zu einer Abstimmung gekommen. Ich erlebte meine gesamte Schul- und Ausbildungszeit als Zugehörige einer Minderheit, war meistens die einzige Schwarze Frau. Ich wuchs mitten im Hinterland auf. Sowohl meine Schulzeit als auch mein Studium habe ich mit Auszeichnung, meine beiden Studiengänge zudem mit summa cum laude abgeschlossen. Doch fühlte ich mich im System der Schule und der Universität eingeengt und irgendwie auch nie als Teil davon. Während meines Studiums war ich so selten wie möglich anwesend und bemühte mich gleichzeitig, so gute Leistungen wie möglich zu erbringen, um keine Gründe dafür zu liefern, häufiger erscheinen zu müssen. Ich lernte im Selbststudium, durch die Bücher, für die ich den Lohn aus meinem Nebenjob ausgab. Eigentlich war mein Nebenjob, kumuliert mit allen anderen Projekten und weiteren Jobs, gar kein Nebenjob, sondern eine Vollzeitstelle, und mein Studium war ein Vollzeitstudium. Ich suchte nach Lehrenden, die mir die sozialen Realitäten erklären konnten, die ich erlebte, und fand sie nicht oder nur begrenzt. Ich belegte Seminare an verschiedenen Schweizer Universitäten, war für mehrere Jahre an verschiedenen Universitäten in Paris, wo ich endlich fündig wurde, ich las und lernte sehr viel über Kolonialismus, Rassismus sowie

Gender-Studies und Kulturwissenschaften und bildete mich vor allem ausserhalb des Bologna-Systems weiter.

Trotz ihres impliziten Anspruchs auf universale Gültigkeit ist die Universität von einer eurozentristischen und westlichen Perspektive geprägt. Über Jahrhunderte hinweg wurde das System Universität ohne Beteiligung der von Unterdrückung betroffenen Menschen aufgebaut und zudem aktiv gegen sie gerichtet. Auch die Wissenschaft ist in koloniale Muster verstrickt. Die Universität ist historisch betrachtet in keiner Hinsicht neutral. Sie ist ein von *Weissen* dominierter Raum, in dem vielen anderen Menschen immer wieder das Recht verwehrt wurde, zu sprechen. Hier haben *weisse* Akademiker theoretische Diskussionen geführt, bei denen wir als vermeintlich minderwertige *Andere* definiert und dem *weissen* Subjekt vollständig untergeordnet wurden. Hier entstanden die Theorien für unsere Unterdrückung. Hier forschten wir nicht, sondern wurden entmenschlicht, beschrieben, kategorisiert und sogar getötet.

Rassismus ist nicht das alleinige Werk von Rassist*innen, sondern von einer ganzen Gesellschaft einschliesslich ihrer Institutionen: Universitäten, Medien, Schule, Polizei. Es reicht nicht, wenn wir gegen rassistische Ideologie oder eine rechtsradikale Politik ankämpfen. Nur wenn wir verstehen, dass wir uns für die strukturelle und systemische Logik interessieren müssen, die eine Gesellschaft unabhängig von Absichten und Ideologien organisiert, erkennen wir auch, dass selbst die Universität Teil davon ist. Es passiert auch nicht alles einfach unbewusst. Viele Handlungen, die Rassismus reproduzieren, werden vom Staat genehmigt, legitimiert und gefördert, etwa durch die Auswahl von Forschungsschwerpunkten und die Vergabe von Fördermitteln, die mangelnde Diversität im Lehrkörper oder die Inhalte und Ausrichtung von Curricula. Wenn ich mich jedoch in der akademischen Welt äussere – eine Welt, die sich durch kritisches Denken profiliert – und den *weissen* Status quo kritisch hinterfrage, dann laufe ich Gefahr, ausgeschlossen zu werden. Denn die Universität ist auch ein Privileg. Sie infrage zu stellen, würde voraussetzen, dass die Beteiligten bereit sind, ihre Privilegien abzugeben, Fehler einzugestehen und Platz für andere zu schaffen. Der Forscher Yassir Morsi beschreibt, dass der Groll, der aus dem ‹Anders-gemacht-Werden› entsteht, in ihm widersprüchliche Wünsche erzeuge. Einerseits den Wunsch, mit den Konventionen der Sozialwissenschaften zu brechen, und andererseits, zu ihnen gehören zu wollen.[50]

Viel zu oft wollen privilegierte Akademiker*innen die soziale und kulturelle Konstruktion aller anderen untersuchen. Mein Fachbereich, die Soziologie, geht ins frühe 19. Jahrhundert zurück. Der Soziologe Julian Go sagt, dass Auguste Comte den Begriff ‹Soziologie› erstmals im Jahr 1839 verwendet und damals ‹das Soziale› als einen vom politischen, religiösen und natürlichen Bereich getrennten Raum beschrieben habe. Ein wesentlicher Teil seiner Arbeit sei jedoch die Schaffung einer Elite von Experten gewesen, die über Kenntnisse im sozialen Bereich verfügten und damit zur Verwaltung und Kontrolle der Gesellschaft beitragen konnten. »Sociology was to be the ‹science› of the social, and it was to serve the powers that be.«[51] Julian Go erklärt, dass eines der ersten Bücher mit dem Wort ‹Soziologie› im Titel im Jahre 1854 publiziert wurde: *Sociology for the South, or the Failure of free Society*, geschrieben von George Fitzhugh. Dieses Werk sollte dazu dienen, das Sklavensystem im US-amerikanischen Süden zu rechtfertigen und es auf arme *weisse* Menschen auszuweiten. Franklin Giddings, der erste ordentliche Professor und Lehrstuhlinhaber der Fakultät für Soziologie der Columbia University, erklärte 1911, dass zu den drängendsten Fragen der Soziologie die der territorialen Ausdehnung und der Herrschaft über fremde Völker gehörten. Die Soziologie wurde also nicht nur in einem Milieu geboren, das die klare Hierarchisierung der Gesellschaft befürwortete, sie wurde auch konkret dazu genutzt, bestehende Machtstrukturen zu erhalten. Sie hat entsprechend imperialistische Ursprünge, auch wenn sie nicht direkt zur Ausweitung des Imperiums beitrug. Die Universität produziert und reproduziert als westlich-bürgerliche Institution stets auch Ausschlüsse und soziale Ungerechtigkeiten. Während Menschengruppen rassifiziert und als *minderwertig* markiert wurden, wurde gleichzeitig auch Wissen über diese Gruppen produziert. Die Perspektiven dieser Menschen blieben jedoch ungehört, ungesehen, unausgesprochen, unerforscht. Es gibt Bereiche, für die Institutionen wie die Universität noch keine geeigneten Methoden entwickelt haben, um diese Perspektiven erkennen und mitdenken zu können. Diversität sollte nicht einfach im Leitbild von Institutionen stehen, sondern tatsächlich verstanden und umgesetzt werden. Bisher ignorierte Lebensrealitäten in der Akademie sichtbar zu machen, ist ein Kampf, der bereits seit Jahrzehnten andauert.

Es ist ein wichtiger Kampf, weil nur so auch nicht-*weisse* Menschen in Forschung und Lehre vertreten sein und anerkannt werden können. Obwohl die Wissenschaft für Kritik und Reflexion steht, versagt sie oft darin, über ihre Grenzen hinauszudenken. Es ist mit einer enormen emotionalen Kraftaufwendung und weitreichenden persönlichen Konsequenzen verbunden, sich als betroffene Person innerhalb des Studiensystems gegen Ungerechtigkeiten zu wehren und die Institution selbst zu kritisieren, schreibt die Literatur- und Kulturwissenschaftlerin Susan Arndt.[52]

Irgendwann nach meinem Studium habe ich selbst damit begonnen, Studierende zu unterrichten. Nebst dem Unterrichten wollte ich gerne weiter forschen, war davon überzeugt, dass es die Forschung und Menschen wie mich darin braucht. Aber ich konnte nicht länger alles selbst finanzieren, und ich wollte

forschen können, ohne mich und mein Vorhaben ständig rechtfertigen zu müssen. Ich hatte eine Einladung von Julian Go von
der Universität in Chicago erhalten, und weitere aus unterschiedlichen Universitäten, unter anderem Legon in Ghana,
ich hatte exzellente Abschlüsse, einen gesicherten Platz an der
Universität in Bern, ich war bereit.

Mein gesamter Werdegang, meine täglichen Tätigkeiten und
jede einzelne wissenschaftliche Arbeit waren Schritte in Richtung des klar strukturierten Forschungsplans meines Disser-
tationsprojekts, das ich neben meinem Vollzeitjob geschrieben
und eingereicht hatte. Meine Begleitpersonen waren landesweit
die renommiertesten Fachpersonen auf ihrem Gebiet. Ich betrachte es als eine meiner Verantwortlichkeiten, mein Privileg
des Zugangs zur Forschung dazu zu nutzen, das Unsichtbare
sichtbar zu machen. Meine Arbeit soll dazu beitragen, den
Forschungsrückstand in der Schweiz zum Thema Rassismus
aufzuholen und das Gefühl von Nichtzugehörigkeit sicht- und
nachvollziehbar zu machen. Das Dissertationsprojekt war eine
Reaktion auf die historische und politische Externalisierung
von Rassismus in der Schweiz. Obwohl in den letzten Jahren
eine Tendenz zur Integration postkolonialen und dekolonia-
len Wissens in die Wissenschaft erkennbar ist, werden solche
kritischen Konzepte oft in Räumen verwendet, in denen diejenigen Menschen ausgeschlossen oder marginalisiert blieben, die wesentlich zur Kritik beigetragen haben. Nachdem
ich monatelang am Forschungsplan gearbeitet und mit meiner
Forschung längst begonnen hatte, erhielt ich die Absage für
eine staatliche Finanzierung: Ich, die Kandidatin, sei in jeder
Hinsicht hervorragend qualifiziert und könne umfangreiche
Erfahrung in der Auseinandersetzung mit Rassismus in der
Schweiz vorweisen, sowohl im Journalismus, Aktivismus, in
der kuratorischen Arbeit als auch im akademischen Bereich.
Diese Erfahrungen hätten mich, die Kandidatin, gut auf die

Übernahme des Forschungsprojekts vorbereitet. Das Projekt widme sich einem Thema, das für die Schweiz von grosser Bedeutung sei, und sei sowohl originell als auch relevant, da es die Perspektive von rassifizierten Menschen in den Mittelpunkt stelle. Allerdings sei der Fokus des Projekts nicht klar genug umrissen und gehe nicht über die blosse Feststellung von Rassismus hinaus. Es fehle an Informationen darüber, wie sich Rassismus in der Gegenwart äussere und wie er mit dem Anstieg von Migration, rechtsradikaler Politik und ähnlichen Aspekten zusammenhänge. Zudem werde die relevante Literatur zu Rasse und Rassismus in der Schweiz, insbesondere aus dem Bereich der Migrationsforschung, teilweise nicht ausreichend berücksichtigt. Die Forschungsfragen seien jedoch klar formuliert und die Methoden gut durchdacht, um diese Fragen zu beantworten.

Es ist nicht ungewöhnlich, dass ich für das Projekt keine finanzielle Unterstützung erhielt. Die Beantragung ist hoch kompetitiv, und es geht um beträchtliche Geldsummen. In meiner Beantragungsperiode lag die Erfolgsquote bei 18 %, und viele Kandidat*innen haben längere Betreuungsphasen für diese Projekteingaben und keinen Vollzeitjob nebenbei. Was mich allerdings vor einer weiteren Beantragung abhielt, war die Äusserung, dass keine Informationen darüber gegeben würden, wie sich Rassismus in der Gegenwart manifestiert und wie er mit dem Anstieg der Migration und der rechtsradikalen Politik zusammenhängt. Wie war es möglich, dass ein gesamtes Komitee von Wissenschaftler*innen in einem mehrfach von international renommierten Fachpersonen gegengelesenen Forschungsplan nicht erkannte, dass mein Thema schlicht nichts mit dem Anstieg der Migration oder der rechtsradikalen Politik zu tun hatte? Der Titel des Projekts lautete: *Questioned, wherever we go. Erfahrungen mit Alltagsrassismus aus einer multi-racial Perspektive im Kontext der Schweiz.* Es ging ganz konkret um die Erfahrungen von light-skinned Schwarzen Personen mit Alltagsrassismus in der Schweiz. All die Monate, all die Nächte, während derer ich einen präzisen Forschungsplan ausgearbeitet hatte, waren umsonst gewesen, weil ein Komitee nicht verstand, dass Rassismus sich nicht auf Migrationsfragen oder rechtsradikale Praktiken reduzieren lässt, sondern sich überall befindet, auch in ihrer eigenen Organisation. Der Versuch, das »Problem mit dem Rassismus« zu externalisieren, es als ein politisches Problem einer isolierten Partei zu betrachten, ist in der Schweiz allerdings historisch verankert.

»Du musst es unbedingt trotzdem machen, wer soll das sonst tun?«, sagst du, meine Kollegin, entsetzt, als ich dir die Absage einige Monate später zeige.

Aber aktuell finde ich die Kraft dazu nicht, mich um Förderung zu bemühen und das Thema zu rechtfertigen. »Wahrscheinlich wird es eines Tages eine Person machen, die nicht ihr Leben lang 24/7 erklären musste, was Rassismus überhaupt ist«, sage ich dir.

Ich habe wieder einige Aufträge angenommen, aber ich bin komplett erschöpft, mein Auge zittert, mein Rücken schmerzt. Stell dir vor, du möchtest im Bereich Psychologie zum Thema Depression dissertieren, und die Antwort auf deinen Antrag ist: Es wird nicht genügend beschrieben, warum diese Leute schlechte Laune haben. Oder du möchtest in der Biologie zum Thema Magersucht dissertieren und die Antwort ist: Wir können den Zusammenhang zur Sportsucht im Konzept nicht erkennen. Ich schaue mir nochmals die Website des Komitees an: Alle sind *weiss* und einer älteren Generation zugehörig.

Ich habe mein gesamtes Studium selbst finanziert und musste all meine Weiterbildungen zum Thema ausserhalb machen, weil keine Institution darauf vorbereitet war. Ich kann und möchte nicht auch noch das Dissertationsprojekt finanzieren. Ich hefte den Absagebrief in einem Ordner ab. Dann nehme ich die Arbeiten hervor, die Studierende bei mir eingereicht haben, und konzentriere mich auf die Generation, die hoffentlich die Möglichkeit haben wird, mein Forschungsvorhaben voranzutreiben.

Der Philosoph Martin Heidegger schrieb, dass die Wissenschaft, obwohl sie stets auf ihre besondere Weise mit Denken zu tun habe, selbst nicht denke.[53] Damit verdeutlichte er, dass die Wissenschaft grundsätzlich nicht ihre eigenen Voraussetzungen, Vermutungen oder Annahmen prüft.

GUTES TUN FÜR EIN GUTES GEWISSEN

Es vergehen ein paar Monate, mein Rücken schmerzt nach wie vor. Es ist Weihnachtszeit, die Zeit der Liebe, der Nächstenliebe. Die Strassen von Bern sind mit funkelnden Lichtern geschmückt. Der Duft von Glühwein und frisch gebackenem Lebkuchen liegt in der Luft, und die Menschenmenge schiebt sich langsam über den Sternenmarkt. Bunte Stände säumen den Platz, es werden kunstvoll verzierte Christbaumkugeln, handgefertigte Geschenke und traditionelle Leckereien feilgeboten. Der Sternenmarkt in Bern ist mein Lieblingsweihnachtsmarkt.

»Wir machen mit den Kindern wieder das zweite Weihnachten, dann lernen sie auch zu geben«, erklärst du mir, während du das deiner Meinung nach beste Lebkuchengewürz bezahlst. Du willst nur noch brauchbare Dinge kaufen, der ganze Konsum ist dir in den letzten Jahren echt zu viel geworden. Mit dem ‹zweiten Weihnachten› meinst du, dass du die Dinge, die du gar nicht unbedingt möchtest, an weniger privilegierte Menschen weiter verschenkst, oft durch Spenden, um den Fokus vom Konsum auf das Geben zu lenken.

»Wir haben auch gerade eine gute Spendenorganisation gefunden, die sich in … ach, wo noch gleich? – in irgendeinem afrikanischen Land um Kinder in Not kümmert. Es ist mir wichtig, dass diese Kinder auch ein schönes Weihnachten feiern können«, sagst du.

Du erwartest Zustimmung von mir, aber ich verschlucke mich an der Orangenhaut des glühenden Weins in meiner Hand. »Warum schlägst du deiner Familie nicht einfach vor, dass ihr dieses Jahr auf Geschenke verzichtet?«

»Ach, du weisst schon, sie meinen es gut, und es ist Tradition. Aber wenn ich sie danach wieder verschenke, ist ja auch gut.«

»Das heisst, du bereitest dich bereits vor dem ersten Weihnachten auf das zweite vor?«

»Ja, so ungefähr.«

Wir gehen weiter und ich versuche, über etwas anderes zu reden. Dann treffen wir Freund*innen und trinken gemeinsam noch einen Glühwein. Später eile ich auf den Zug. Am Bahnhof bleibt mein Blick kurz an einer Werbeanzeige hängen. Eine prominente *weisse* Frau blickt in die Kamera und lächelt, sie hält ein Schwarzes Kind, das sie dankbar und fröhlich anlächelt. Es ist ein Spendenaufruf. Ich wünschte, ich würde sie nicht mehr sehen, diese Anzeigen. Würde ihn überhaupt nicht mehr überall sehen und erkennen, den Rassismus.

Im Zug höre ich die neueste Podcast-Episode von *Kiffe ta race* mit Rokhaya Diallo und Grace Ly. Dann wechsle ich auf Musik, versuche mich abzulenken. Bob Marley singt aber, dass ich aufstehen und sprechen soll. Ich klicke durch die Spotify-Empfehlungen der Woche, verliere mich auf Instagram und muss doch wieder an dich und das zweite Weihnachten denken. An meinem Zielbahnhof bittet eine andere Organisation um Spenden und vermittelt exakt dasselbe Bild: BIPoC sind dankbar, dass durch die Organisation ihre Grundbedürfnisse abgedeckt sind, *weisse* Menschen sind dankbar, dass sie helfen können. Ich mache Black Sherif an, drehe die Lautstärke auf, senke den Kopf und gehe in schnellen Schritten nach Hause. Dort angekommen, setze ich mich an den Schreibtisch und beginne, einen Artikel über das Spenden zu schreiben.

Die Organisation, die du entdeckt hast, leistet laut Selbstdefinition humanitäre Hilfe. Wie die meisten Organisationen, die zu dieser Jahreszeit die Plakatwände der Bahnhöfe zieren. Sie verorten sich in der sogenannten ‹Entwicklungszusammenarbeit›. Dieser Begriff und der Gedanke der Entwicklung sind an sich bereits problematisch. Was sie und du unter ‹Entwicklung› verstehen, basiert nämlich auf der Ausbeutung derer, die nach diesem kolonialistischen Projekt in ‹weniger entwickelten Gebieten› leben. Und betrachtet man den Entwicklungsgedanken etwas genauer, so drängt sich die Frage auf, wohin uns diese ‹Entwicklung› gebracht hat. Mit entwickelten Ländern sind nämlich die ökologisch katastrophalen westlichen Industriegesellschaften gemeint. Die auch für die Naturkatastrophen verantwortlich sind, unter denen wiederum die Menschen am meisten leiden, denen mit den Spenden geholfen werden soll. Diejenigen, die ganz ausgiebig und mit ganz vielen Geschenken Weihnachten feiern.

Schätzungen zufolge verlieren auch heute noch jedes Jahr Millionen von Menschen ihre Lebensgrundlage als Konsequenz von Projekten im Namen der Entwicklung. Der Entwicklungshilfesektor ist selbst Teil eines rassistischen Instruments, das in koloniale Strukturen und Machtungleichheiten eingebettet ist. Was Spenden nebst (oft kurzfristigen) Lösungen bewirken, ist vor allem: ein gutes Gefühl für dich, die Spendende.

Weihnachten ist nicht nur die Zeit des Gebens, sondern auch der Endspurt für das Steuer-Jahr. Mit deiner Spende erledigst du in der Schweiz praktischerweise alles auf einmal: Gutes tun und dich um deine Finanzen kümmern, denn die Spenden kannst du von der Steuer absetzen.

White Saviorism bezeichnet das Phänomen, bei dem Menschen denken – bewusst oder unbewusst –, dass ihre Erziehung, ihre Herkunft und ihre (Aus-)Bildung ihnen das Wissen, das Recht und die Legitimation verleihen, andere Menschen zu ‹retten› oder ‹aufzuklären›. Das ist eine anmassende Überschätzung der eigenen Rolle. Sie fusst auf rassistischen und von Kolonialismus geprägten Weltbildern, die bis heute auf der Vorstellung einer Vormachtstellung und ‹Weiterentwicklung› europäischer Gesellschaften im Vergleich zum Rest der Welt basieren. *Weisse* Retter*innen gehen davon aus, zu wissen, was Betroffene brauchen, ohne je mit ihnen gesprochen zu haben. Sie fühlen sich dazu berufen, in ehemals kolonisierten Gebieten Aufklärungs-, Entwicklungs-, oder Hilfsarbeit zu leisten. Vielen ist die historisch verankerte und komplexe Problematik *weisser* Dominanz und Vorherrschaft dabei gar nicht bewusst. In den Medien werden die *weisse* rettende Person und ihre Grosszügigkeit ins Zentrum gestellt. Die grosse Verantwortung und Fähigkeit, die sie sich damit zusprechen, wird gesellschaftlich und medial stark unterstützt, hat aber nicht unbedingt viel mit der Realität zu tun. Meist werden von Rassismus geprägte Bilder der passiven und hilfsbedürftigen *Anderen* (re-)produziert und komplexe Themen stark vereinfacht dargestellt.

Die Kommunikationsstrategie lässt sich an sämtlichen Bahnhöfen beobachten: Die Spendenaufrufe produzieren ein Weltbild, in dem rassifizierte Menschen entweder in Not zu sehen sind oder sich dankbar für die Grosszügigkeit *weisser* Spender*innen zeigen. Oder es werden direkt *weisse* Menschen abgebildet, die hocherfreut sind, helfen zu können.

Bestehende Ressourcenknappheit und soziale Probleme sind häufig eine direkte Folge von Kolonialismus und kapitalistischer Ausbeutung. All das wird in dem Weltbild, das die Organisationen durch ihre Werbung oder Privatpersonen durch ihre guten Taten kreieren, nicht miterzählt. Die *weisse* Verantwortung für die Missstände wird falsch eingeordnet und inszeniert. Wie so oft bei gesellschaftlichen Problemen gibt es leider keinen einfachen Ausweg. Es ist ein Dilemma. Menschen wünschen sich klare Handlungsanweisungen – zu spenden ist eine davon. Was sollen wir denn sonst tun? Einfach nicht mehr spenden? Das wäre wohl nicht die Lösung. Und ich habe auch keinen Lösungsvorschlag – ausser zu teilen, dass die kritische Auseinandersetzung mit bisherigen Selbstverständlichkeiten ein Anfang sein muss.

Es ist nichts falsch daran, etwas vom eigenen Reichtum abzugeben. Aber um tatsächlich etwas zu bewirken, reicht der Geldfluss nicht. Wir müssen das Narrativ ändern, wir brauchen einen Mindset-Wandel. Wir müssen lernen, uns wahrhaftig mit unseren Privilegien auseinanderzusetzen.

Wenn wir vom Spenden reden, dann fokussieren wir uns auf die Grosszügigkeit und das gute Gefühl, das damit einhergeht. Deswegen sollten wir neue Begriffe finden – Verteilungsgerechtigkeit beispielsweise, Entschädigungsleistung oder Reparation. Wir müssen tatsächlich Verantwortung übernehmen – und zwar das ganze Jahr über – und anstelle unseres Wohlbefindens den Gerechtigkeitssinn stärken.

Es gibt viel, das wir machen können. Für mich am relevantesten: uns die Frage zu stellen, was wir tun, um langfristig dazuzulernen. Wie können wir zum Mindset-Wandel beitragen?

Ich stehe auf, strecke mich, mobilisiere den Rücken. Er ist verhärtet. Mein ganzer Körper fühlt sich an wie ein grosser Klumpen. Ich schaue auf meine Gesundheitsapp, 9.280 Schritte, das ist in Ordnung. In vier Minuten bricht der nächste Tag an. Ich schicke meinen Text ab, dusche und lege mich ins Bett, wo meine Gedanken lange weiterkreisen, bevor ich endlich einschlafe.

Ein paar Tage später kontaktiert mich die meistgelesene Zeitung der Schweiz. Du, der Journalist, hast meinen Artikel zu den Hilfsorganisationen gelesen und möchtest gerne etwas darüber schreiben. Du stellst mich vor die Wahl, ein Statement zu geben oder nicht, betonst aber, dass du deinen Text ohnehin veröffentlichen wirst. Etwas zu kritisieren, das grundsätzlich alle gut finden, ist perfekt für hohe Klickzahlen. Zudem teilst du mir mit, dass du die Organisationen kontaktiert hast, von der du sagst, dass ich sie angreife. Ich habe in meinem Text allerdings keine Organisation direkt benannt, sondern über die strukturelle Verankerung der Problematik des ‹Entwicklungshilfesektors› geschrieben, über ein System, an dem wir alle teilhaben. Das Telefonat ist freundlich, wie immer. Ich bin freundlich, du bist freundlich, *only good vibes*. Du stimmst mir zu, dass ich keine Organisationen genannt habe, möchtest aber trotzdem Namen im Artikel haben.

Ich verbringe eine mehr oder weniger schlaflose Nacht, mache mich auf einen Shitstorm gefasst. Ich lasse mein Handy im Wohnzimmer, um mich selbst zu schützen. Um nach dem Aufwachen nicht zuallererst zu schauen, wie gross der Schlamassel ist. Am nächsten Morgen stehe ich auf, trinke ein Glas warmes Wasser mit Ingwer und Zitrone. Dann rolle ich meine Yogamatte aus und mache meine Kraftübungen für den Rücken. Keuchend stehe ich auf und greife zum Handy, schalte den Flugmodus aus und schaue in meine Mails und WhatsApp. Dein Artikel ist bereits seit ein paar Stunden online. Ich habe mehrere Nachrichten und einen Google-Alert: »Aktivistin wirft Schweizer Hilfswerken Rassismus vor.« Weiter heisst es: »Schweizer Hilfswerke wehren sich gegen Rassismus-Vorwürfe von Aktivistin. Eine bekannte Aktivistin kritisiert die Spendenwerbung von Hilfswerken als rassistisch. Diese können die pauschale Kritik nicht nachvollziehen.« So steht es in der meistgelesenen Zeitung der Schweiz. Müde scrolle ich durch den Artikel, die Kommentare werden schnell mehr. Ich lege das Handy weg und gehe duschen. Dann versuche ich, mich auf meine Arbeit zu konzentrieren, doch zuvor lese ich meinen Artikel selbst nochmal durch, um mich zu vergewissern, was ich geschrieben habe: nicht das, was behauptet wird. Meine Gedanken sind so laut, dass ich nicht schreiben kann. Ich ziehe mein Badekleid an, die dicke Winterjacke, ein Stirnband, warme Hosen und Schuhe, stecke meine AirPods ein und höre Alicia Keys. Dann renne ich zum See und ziehe mich bis auf mein Badekleid und das Stirnband aus. Ich steige ins kalte Wasser, atme tief ein und aus, und weil ich mich so sehr auf die Atmung, auf die verbleibende Wärme in meinem Körper konzentrieren muss, werden meine Gedanken ruhiger. Ich höre die Möwen über mir. Ich atme kleine Wolken aus. Nach ein paar Minuten im Wasser gehe ich zurück nach Hause und formuliere eine Antwort, die ich auf meinen eigenen Kanälen veröffentliche. Ich spreche darüber, dass die Zeitung mich kontaktiert hatte, dass sie ein verzerrtes Bild meiner Botschaft verbreitet, und dass uns das nicht von der Auseinandersetzung mit dem eigentlichen Thema abhalten soll. Schnell erhalte ich Reaktionen, hauptsächlich positive.

Du, der CEO einer NGO, kommentierst auch, du bedankst dich für diese Klarstellung und schreibst, dass ihr euch sehr gewundert hattet, wie hier mit NGOs umgegangen wird, und dass ihr in der Tat viel Arbeit durch diesen Artikel hattet. Du forderst dazu auf, den Umgang mit Medien zu lernen, um so was zu vermeiden.

Eine andere Person antwortet dir: »Solche Kommentare könnte man auch vermeiden … Ihre Organisation zeigt mit diesem Statement genau, wie viel Aufklärungsbedarf es bei NGOs offensichtlich gibt. Nach Frau Glovers Artikel und Statement sie zu kritisieren statt die Zeitung, zeugt von enormer Ignoranz, schade!«

Ich packe meine Sachen und suche eine Zugverbindung für die nächste Veranstaltung raus.

EINFACH MAL SPASS HABEN

Die Geräusche der Stadt ergeben einen fröhlichen Klangteppich: das Lachen der Kinder, das Klappern der Umzugskarren auf dem Kopfsteinpflaster, das Plaudern der Menschenmengen. In der Zentralschweiz ist die fünfte Jahreszeit angebrochen. Die Fasnacht, eine Tradition, die fest in der Region verankert ist. Zumindest für dich ist das so. Ich besuche meine Familie, gehe mit meiner Nichte zum Umzug und beobachte die vorbeiziehenden Truppen. Mein Herz schlägt schnell. Ich bin nicht verkleidet und fühle mich etwas unwohl, versuche mich aber auf die Freude meiner Nichte zu konzentrieren. Wir bewundern die vorbeiziehenden Quallen, die grossen Giraffen, die Konfetti-Familie. Und dann kommt die erste Person, deren Frisur aussieht wie meine – aber bei ihr ist es eine Perücke, sagt meine Nichte. Ich schaue in das schwarz angemalte Gesicht, auf den Afro mit Konfetti darin, das Bier in der Hand, und sage nichts.

Da ich hier aufgewachsen bin, gehörte die Fasnacht auch zu meiner Kindheit dazu. Allerdings nicht als ausgelassene, fröhliche Zeit, sondern als die Bühne, auf der Unterschiede betont und Stereotype reproduziert wurden. Die Fasnacht ist auch heute noch eine anstrengende Zeit, in der mir in vielen Nachrichten von rassistischen Kostümen berichtet wird. Am Abend nach dem Umzug sprechen meine Familie und ich beim Nachtisch darüber, da sich alle wundern, dass ich überhaupt dort war. Mein Bruder sagt: »Was ich einfach traurig finde, ist, dass sie sich so kleiden, wie wir aussehen, aber dass wir selbst dort nicht erwünscht sind«.

Ich weiss, du glaubst, dass das nicht stimmt. Dass dort alle willkommen sind. Aber hast du dich schon mal umgesehen? Wie kommt's, dass so wenige nicht-*weisse* Menschen an der Fasnacht sind? Eine Schwarze Schweizerin postete neulich ein Bild auf

Instagram: Sie hatte sich in den Einkaufsladen *Coop* begeben und dort in der Fasnachtsabteilung eine Schwarze Afroperücke gefunden, die mit Blackfacing[54] beworben wurde. Sie drückte ihre Fassungslosigkeit darüber aus. Die alte Diskussion, ob es sich dabei überhaupt um Rassismus handle oder nicht, flammte im Netz sehr schnell auf. Die Frage wurde auch der Kulturwissenschaftlerin Patricia Purtschert gestellt. Sie antwortete gegenüber CH-Medien: »Derartige Kostüme verbreiten rassistische und sexistische Vorstellungen. Eine Sortimentsbereinigung von Händlern wie Migros, Coop und Manor ist überfällig.«[55] Die Politologin Noemi Michel und die Philosophin Bel Parnell-Berry schreiben, dass sich *weisse* Menschen beim Blackfacing – wenn sie also konkret ihr Gesicht braun anmalen und Afroperücken tragen – rassifizierte körperliche Attribute aneignen, um ihr *Weiss*sein zu übertreten und damit zu stabilisieren.[56] Nur kurze Zeit später stellt ein Onlinemagazin erneut die Frage, ob diese und andere Kostüme, wie etwa die romantisierte und verfälschte Darstellung von Native Americans, rassistisch seien. Du bist eine bekannte Zentralschweizer Politikerin und antwortest sofort auf Twitter: »Nein, sind sie nicht. Entsprechen unserer närrischen Fasnachtszeit und sind politisch absolut korrekt. Werde mich als Z* [sic!], Cowgirl oder als I* verkleiden und einfach Spass haben! Stopp dem moralinsauren Expertentum.«[57] Du schreibst natürlich alle rassistischen Fremdbezeichnungen aus.

Einfach Spass haben. Du bist die Mitte, neutral, ausgeglichen, und du willst einfach Spass haben. Paradox ist: Alle scheinen Rassismus auf visueller Ebene zu verstehen, sonst gäbe es schliesslich die Kostüme nicht, aber wenn es darum geht, ihn zu benennen, wird er sofort verleugnet.

Du, die Politikerin, und andere empörte Menschen weisen in den folgenden Tagen immer wieder auf Tradition hin. Ich frage mich: Inwiefern wissen Menschen um die Tradition und den Ursprung der Fasnacht? Zudem müssen wir das Wort ‹Tradition› als Argument hinterfragen. Es hat eine positive Konnotation und beschreibt, was Halt, Sicherheit und Zugehörigkeitsgefühl spendet – aber eben nur jenen, die auch damit gemeint sind, erklärt die Autorin Emilia Roig in ihrem Buch *Why We Matter*. Die koloniale Tradition einer ‹Kultur des Spektakels› – die Selbstverständlichkeit, mit der sich zahlreiche Schweizer*innen als I*häuptlinge mit Federschmuck, als Afrikaner*innen im Baströcklein oder als Chines*innen mit langem Zopf verkleiden, zeigt dies deutlich. Diese Selbstverständlichkeit wird auch von Institutionen unterstützt. Von dir beispielsweise: Du bist Chefredakteur und schreibst in deiner eigenen Zeitung unter dem Titel *Rassistisch? Bitte entspannt bleiben*, dass Fasnachtskostüme sich natürlich Klischees bedienen würden, man das aber entspannt sehen sollte. Fasnacht sei in der historischen Herleitung die Zeit für Kritik an Autoritäten und Obrigkeiten. Es könne und dürfe also keine politisch korrekte Fasnacht geben. Sonst dürften wir deiner Meinung nach auch keine herrlich schrägen Trump-, Merkel-, Putin-, Berset- oder Papstklone mehr sehen. Und schon gar keine Bauern, Nonnen, Jägerinnen, Metzger, Feuerwehrmänner, Polizistinnen.[58]

Dieser Kommentar verdeutlicht gleich mehrere Aspekte: Er zeigt, dass weder du noch die Redaktion sich mit der Thematik befasst haben, und er widerspricht sich selbst. Wenn es bei der Fasnacht um Kritik an Autoritäten und Obrigkeiten geht, warum verkleidet man sich dann als fantasievolle Verzerrung von unterdrückten Menschengruppen? Die von dir angeführten Beispiele sind einerseits politisch mächtige Personen, andererseits Berufs- und keine unterdrückten Menschengruppen. Dein Kommentar zeigt deutlich, wer die Entscheidungsmacht hat. Anstatt Betroffene oder Fachpersonen zu befragen, wird davon ausgegangen, dass deine Meinung ausreicht, um dieses Thema abschliessend zu behandeln. Weil du, was, Chefredakteur bist?

Wenige Jahre zuvor entbrannte anlässlich der Basler Fasnacht eine Debatte um Repräsentation und Rassismus. Auslöser war der Auftritt einer Clique unter dem Titel *Bimbotown – Neuigkeite us em Dschungel*, bei der Männer mit Tropenhelmen und in weissen Uniformen im Stil von Kolonialbeamten eine Gruppe ‹wilder Menschen› im Käfig eingesperrt anführten und durch die Strassen marschieren liessen. Die Gruppe fand die Vorwürfe natürlich nicht angebracht und erklärte, sie wolle mit dieser Darstellung zum ‹Nachdenken über rassistische Stereotype› anregen. Schade, dass sie es nicht selbst zum Anlass genommen haben, um nachzudenken.

Im Winter 2024 verkündet das Fasnachtskomitee in Basel, dass sexistisches Verhalten und rassistische Darstellungen in der Basler Fasnacht keine Tradition und bei Kostümen und Wagen nichts zu suchen haben. Das Komitee verfasst erstmals einen Leitfaden gegen Rassismus. Das Komitee in Luzern antwortet, dass es keine Verbote geben solle, und man stattdessen auf ‹gesunden Menschenverstand› setze. Wie gut der funktioniert, ist dann bei den jeweiligen Umzügen zu sehen.

Humor ist wichtig für dich, aber besonders lustig bist du nicht. Dabei ist Humor selbst nicht das Problem. Das Problem ist, was die nigerianische Autorin Chimamanda Ngozi Adichie »The danger of a single story«[59] nennt. Diese eine Geschichte, die über uns erzählt wird, die für uns alle stehen, die uns alle beschreiben soll. Diese eine Geschichte bedient sich zahlreicher Klischees. Auf TikTok und Instagram gehört diese eine Geschichte zu den erfolgreichsten Comedy-Videos. Die Journalistin Anna Dushime schreibt, dass man sich über eine bestimmte Minderheit erst dann lustig machen könne, wenn

gewaltvolle Stereotype über sie nicht mehr dominieren.[60] Oft
bedienen sich rassifizierte Menschen genau dieser einen Geschichte, um selbst in der Comedy-Welt erfolgreich zu werden.
Oft sind rassifizierte Komiker*innen besonders beliebt, wenn
sie die gängigen Klischees reproduzieren und beispielsweise
Schwarze Menschen als naiv, leichtgläubig, bedürftig, arm oder
unpünktlich darstellen. Dushime spricht davon, dass solche
Komiker*innen zum Clown werden, der Rassismus für *weisse*
Menschen verdaulicher und kleiner macht, ihn belächelt und
der Mehrheitsgesellschaft damit ein besseres Gefühl vermittelt
als jene, die Rassismus benennen. Solange unser Humor darin
besteht, dass sich die Mehrheitsgesellschaft über Minderheiten
lustig macht, haben wir nicht nur ein gesellschaftliches Problem – wir sind auch einfach nicht besonders lustig.

Ich erinnere mich an vergangenen Sommer, als ich von mehreren Medien gebeten wurde, ein Statement zu einem Vorfall
in Bern abzugeben. Dort war das Konzert einer *weissen* Reggae-
Band abgebrochen worden, weil sich Besucher*innen unwohl
fühlten und auf kulturelle Aneignung aufmerksam machten.
Die Schweizer Medien stürzten sich auf diesen Vorfall und ver-
nachlässigten dabei ihre eigentliche journalistische Aufgabe.
Anstatt sich ernsthaft mit dem Thema auseinanderzusetzen,
wurde polemisiert. Ich antwortete immer dasselbe: dass ich eine
Auszeit nehmen und gerade keine Statements abgeben würde.
Auch fragte ich zurück, was sie sich von der Berichterstattung
erhofften – Klickzahlen und Empörung? Ich gab schliesslich
20 Minuten ein Statement: »Die Frage ist weniger, ob es richtig
oder falsch ist, sie ist viel komplexer. Wir sollten, anstatt einer
Empörungswelle zu folgen, den Anlass zum Nachdenken und
zur Aufarbeitung der Thematik nutzen.« Zahlreiche weitere
Medien publizierten Schlagzeilen, die der Aufklärungsarbeit
über Rassismus schadeten. In meinen Workshops werde ich
seither häufig gefragt, ob dieser Vorfall nicht tatsächlich zu

weit ging. Doch ich bin nicht interessiert daran, über einzelne Vorfälle auf Moralebene zu sprechen. Was du dir von mir als Antwort erhoffst, ist: Du bist sicher, das ging zu weit, dir kann so etwas nie vorgeworfen werden. Warum sprechen wir aber nicht über die Rolle der Medien? Immer wieder wird vom ‹Canceln› und von ‹Cancel Culture› gesprochen – doch dabei wird nicht beachtet, wer tatsächlich gecancelt wird. Übrigens: Mich haben weder die Band noch dieser Vorfall in Bern tatsächlich interessiert, ich habe aber beim Verfassen dieses Textes etwas recherchiert. Anscheinend ist die Band einige Wochen später am Sommerfest der rechts(radikalen) Zeitung *Weltwoche* aufgetreten. So viel dazu, wie sehr sich die Band selbst im Anschluss mit dem Thema auseinandergesetzt hat.

Schweizer*innen sind verdammt gut darin, die Medien einfach nicht zu hinterfragen, auf jede Empörungswelle aufzuspringen und heftig mitzudiskutieren, auch ohne Vorwissen und ohne Nachforschung. Dasselbe geschah kurze Zeit zuvor bei der M-Kopf-Debatte. Auch darüber möchten Menschen immer noch gern mit mir sprechen. Doch auch hier interessiert mich mehr als der einzelne Vorfall dein Umgang damit. Der M-Kopf ist ein Schokogebäck, das viele Deutschschweizer*innen als Teil ihrer Kultur betrachten, einschliesslich des umstrittenen rassistischen Namens. Im Jahr 2020 entschied die Migros, das Produkt eines Anbieters, der auf Beibehaltung des rassistischen Namens bestand, aus dem Sortiment zu nehmen. Du warst darüber so empört, dass du seither lange Fahrtstunden in Kauf nimmst, um direkt bei der Firma einen Grosseinkauf an M-Köpfen zu machen. So sehr verteidigst du den Widerstand gegen Veränderung. Es ist dir also lieber – und es geht dir ums Prinzip (welches Prinzip, weisst du oft selbst nicht genau) – einen riesigen Aufwand auf dich zu nehmen, anstatt dem Produkt einfach einen nicht-rassistischen Namen zu geben. So wichtig ist es dir, uns nicht zuzuhören. Du glaubst plötzlich, ganz wichtig zu sein für die Konversation, versäumst es aber, die richtigen Fragen zu stellen. Etwa danach, woher eigentlich der Kakao für diese Schokolade kommt?

Von kultureller Aneignung spricht man, wenn Angehörige der dominanten Kultur sich kulturelle Ausdrucksformen aneignen und eventuell sogar finanziell davon profitieren, ohne dabei jedoch die Geschichte der Versklavung oder andere Unterdrückungsformen durchlebt zu haben, zu benennen oder etwas an die betroffenen Gruppen zurückzugeben. Natürlich können wir Aspekte verschiedener Kulturen mögen und schätzen, wir können uns darüber freuen, und wir dürfen auch davon lernen. Es geht darum, wie wir mit dem gewonnenen Wissen respektvoll umgehen, und um die Frage, wer davon profitiert und wer ausgeschlossen wird. Reggae beispielsweise ist nicht einfach nur Sun-Fun-Nothing-To-Do-And-Smoking-Music, was bei Aneignung oft impliziert wird. Sie ist tief in politischen und sozialen Kontexten verwurzelt und geht über simple Unterhaltung hinaus. Ursprünglich in den 1960er-Jahren in Jamaika entstanden, reflektiert Reggae die sozialen und wirtschaftlichen Herausforderungen, vor denen die afrojamaikanische Bevölkerung in den Ghettos von Kingston stand. Die Texte von Reggae-Songs behandeln häufig soziale Ungerechtigkeit, Armut und die Notlage der Unterdrückten. Songs wie *Get Up, Stand Up* von Bob Marley & The Wailers und *Equal Rights* von Peter Tosh sind prägnante Beispiele. Darüber hinaus kritisiert Reggae autoritäre Regime und Polizeigewalt. Die Musik ist auch stark mit der Rastafari-Bewegung verbunden, die spirituelle und politische Aspekte vereint und den Kampf gegen koloniale und neokoloniale Unterdrückung betont. Reggae dient somit als kraftvolles Medium für politische Botschaften und sozialen Wandel.

Die Instrumentalisierung des Vorfalls in Bern ist erschreckend. Während ich dieses Buch schreibe, wird im Schauspielhaus

Zürich ein Musical aufgeführt, das die Lebensgeschichte von Lori Glori erzählt: *Last Night a DJ Took My Life*. Lori Glori ist eine US-amerikanische Sängerin, die in den 1990er-Jahren als Pionierin der Eurodance-Musikszene bekannt wurde. Sie sang für DJ Bobo, den erfolgreichsten Schweizer Musiker, die Melodien seiner Hits im Studio ein, wurde aber am Millionenerfolg nie beteiligt. In DJ Bobos Shows und in seinen Videos bewegen *weisse* Tänzerinnen – darunter seine Frau Nancy – die Lippen zu Loris Stimme. Ich sehe mir das Musical von Joana Tischkau zusammen mit meiner Mutter an, es ist die letzte Aufführung, und Lori Glori wird mit Standing Ovations gewürdigt. Das Musical beleuchtet ihre Lebensgeschichte und den kulturellen Kontext der Eurodance-Bewegung. Was sie sich wünscht, ist, dass DJ Bobo sie anruft und mit ihr auf der Bühne steht. Sie möchte miterleben, wie die Menschen ihre Stimme feiern. Ihre Worte berühren mich zutiefst, während ihres letzten Songs spüre ich Tränen in mir aufsteigen und frage mich: Wo bist du jetzt? Noch vor ein paar Monaten hast du lauthals von Cancel Culture geschrien und geschrieben, wegen eines kleinen Konzerts in einer kleinen Brasserie. Wo ist deine Empörung, deine Berichterstattung jetzt? Es passiert, was immer passiert: DJ Bobo hat das Recht auf Individualität. Der Fall wird öffentlich so dargestellt, als ob er bloss einen kleinen Fehler gemacht hätte. Harmlos. Anstatt dass wir endlich begreifen, dass es um ein System geht, das immer wieder darin versagt, zwischen Recht und Gerechtigkeit zu unterscheiden. Ein System, in dem es immer wieder möglich ist, dass du als besonders liebenswürdiger, neutraler Mensch porträtiert wirst, der seinen Erfolg und seinen Reichtum durch harte Arbeit erlangt hätte.

Du empörst dich mit unglaublicher Kraft über den Abbruch eines kleinen Reggae-Konzerts in einem kleinen Lokal, schaffst es aber nicht, dich darüber zu empören, dass der erfolgreichste Schweizer Musiker die Stimmen mehrerer Menschen gestohlen hat und damit verdammt reich wurde. Siehst du nicht, wer tatsächlich gecancelt wird? Fällt dir nicht auf, dass dich das Thema nur unter bestimmten Bedingungen interessiert, und wie begrenzt dein Interesse daher ist?

Ein paar Tage später interviewe ich Lori Glori für meinen Podcast *einfach LEBEN*, und sie sagt: »Kannst du dir vorstellen, wie es sich anfühlt, wenn Tausende Menschen deine Songs singen und feiern, aber keiner weiss, dass du das bist?« Trotz ihrer wichtigen Rolle in der Musikgeschichte blieb Lori Glori persönlich lange Zeit im Hintergrund und hat bis heute mit finanziellen Schwierigkeiten zu kämpfen. »You can't love the music but not love the people«, sagt sie und ich denke nur: Offenbar kannst du es eben doch.

In diesen Tagen gehe ich viel am See spazieren, um meine Schritte zu machen, und höre Beyoncés neues Album. Bei *Texas Hold'em* gehe ich voll ab. Es ist mir egal, was die vorbeigehenden Menschen von mir denken. Die Diskussion um dieses Album ist hitzig. Es handelt sich um ein Country-Album, und es wird intensiv debattiert, wer das Recht hat, dieses Genre zu bespielen. Ein Country-Radiosender in Oklahoma wollte *Texas Hold'em* zunächst nicht spielen. Das Signal, das Beyoncé mit diesem Album sendet, ist enorm. Es bedeutet viel mehr, als einfach die Countrymusik zu reclaimen, die Schwarze Menschen mitbegründet haben. Es fordert die stereotype Vorstellung des ganzen Genres heraus, das historisch von *weissen* Künstler*innen gegatekeept und monopolisiert wurde.

Anders als Lori Glori ist Beyoncé bis heute enorm erfolgreich. Die Diskussionen um ihr neues Album zeigen aber, dass selbst sie nicht immun gegen strukturellen Rassismus ist. Ich meine, come on: Dass selbst Beyoncé, die mehr Grammy-Auszeichnungen hat als jeder andere Mensch, immer noch darum kämpft, Barrieren und Stereotypen in einer Branche zu durchbrechen, die sie dominiert, spricht für sich. Zur selben Zeit wird die Musikerin Aya Nakamura in Frankreich angegriffen, als bekannt gegeben wird, dass sie bei der Eröffnungsfeier der Olympischen Spiele 2024 in Paris singen soll. Eine rechtsextreme Gruppe spricht von dem angeblichen Versuch, französische Chansons zu ‹afrikanisieren›. Der grosse französische Sender BFMTV führt sogar eine Umfrage durch, um zu zeigen, dass die Französin Aya Nakamura als Vertretung nicht gewollt sei. Es reicht nicht, dass sie weltweit die meistgehörte französischsprachige Sängerin ist. Sowohl Beyoncé als auch Aya Nakamura sind ganz oben und stürmen die Charts, doch sie bleiben Schwarze Frauen und damit Personen, die Misogynoir – der verschränkten Wirkung von Sexismus und Rassismus – ausgesetzt sind.

ALLE ZU WOKE

Ich bin bei dir, einer alten Bekannten, im Zentrum der Schweiz zu Besuch. Deine luxuriöse Wohnung löst ein unangenehmes Gefühl in mir aus: Zum Beispiel ziert da eindeutig echtes Tierfell den Rahmen des Spiegels. Und im Bücherregal sind gut sichtbar Bildbände über unterschiedliche Menschengruppen ausgestellt wie Trophäen: Die Nomaden der Sahara, die Massai, Indonesier*innen und einige weitere. Es ist eine Ferienwohnung, die der gesamten Familie gehört.

Als ich dich darauf anspreche, sagst du: »Jetzt bitte nicht auch noch hier. Ich kann dieses Woke-Getue nicht mehr hören.« Du ziehst kraftvoll an deiner E-Zigarette. »Das nervt mich genauso wie die Tatsache, dass jetzt alle Sprachpolizei spielen. Warum konzentrieren die sich nicht auf die Leute, die wirklich scheisse sind? Auf meinen Nachbarn zum Beispiel, der ist so ein richtiger Nazi«, sagst du. Ich sage nichts.

Ich bin hier, weil ich ohnehin in der Gegend bin und eine alte Freundin mich dazu überredet hat: »Komm doch mit, das wird bestimmt nett! Die haben sich alle verändert und gehen jetzt mehr mit der Zeit.«

Und jetzt sitzen wir hier. Die einzige Veränderung, die mir bisher auffällt ist, dass statt normalen Zigaretten die E-Variante geraucht wird.

»Was meinst du denn mit Woke-Getue?«, frage ich schliesslich trotzdem. Meine Freundin schaut mich nervös an. Ich weiss, was sie denkt: Muss das jetzt sein?

»Na ja, diese Sprachpolizei eben. Und dass alles gecancelt wird«, sagst du.

»Apropos canceln: Ich habe gehört, das Dorffest wird nun

doch abgesagt?«, wechselt meine Freundin erfolgreich das Thema. Ich bestehe nicht weiter auf die Diskussion und bin von da an mehr ab- als anwesend.

Ständig beschweren sich Menschen bei mir darüber, dass alles zu *woke* sei. Sie fühlen sich eingeschränkt und sorgen sich um die Meinungsfreiheit, also um die Freiheit *ihrer* Meinung natürlich. Die meisten haben keine Ahnung davon, was der Begriff eigentlich bedeutet und weshalb sie ihn verwenden. Der englische Begriff ‹woke› bedeutet ‹aufgewacht› oder ‹wachsam›. Seinen Ursprung hat er im frühen 20. Jahrhundert, als er von Schwarzen Menschen in afroamerikanischen Communities in den USA verwendet wurde, damit sie sich gegenseitig warnen konnten: Auch wenn das System an manchen Orten den Eindruck von Sicherheit vermittelt, bleibe wachsam und aufmerksam, denn es ist gefährlich. In der Öffentlichkeit ist der Begriff ab 2014 bekannt geworden, nachdem Michael Brown, ein 18-jähriger Afroamerikaner, von Polizisten ermordet wurde. ‹Stay Woke› wurde zu einem wichtigen Bestandteil der Black-Lives-Matter-Bewegung und fand so auch den Weg nach Europa.

Das Konzept weitete sich dann von anti-Schwarzem Rassismus auf weitere Diskriminierungsformen und unterdrückerische Systeme aus und wird inzwischen etwa auch im Kampf für Klimagerechtigkeit verwendet. Sehr schnell wurde der Begriff aber auch von Gegner*innen der Befreiungsbewegungen aufgenommen. Rechte Konservative in den USA, stark vertreten durch Donald Trump, begannen vom ‹Woke-Wahnsinn› als etwas Negativem zu sprechen, als moralisierend und übertrieben. So wurde der Begriff zu einer rhetorischen Waffe, die sich gegen Menschen richtet, die sich gegen Ungerechtigkeiten einsetzen. Das Ziel dieser Waffe ist es, diese Menschen und ihre Aktivitäten zu disqualifizieren. Und es funktioniert: Der *weisse* Mainstream hat die konservative Interpretation längst übernommen und würgt damit allzu oft inhaltliche Diskussionen ab. Das ist eine Art Vogelscheuchen-Technik. Vom eigentlichen Thema wird abgelenkt, und sobald eine Sprecher*innen-Position als zu ‹woke› gilt, wird ihr nicht weiter zugehört.

Ich schaue in die Runde und frage mich, warum ich eigentlich hier bin. Dann überlege ich, warum das so gut funktioniert, alles als ‹woke› zu bezeichnen. Selbst wenn niemand hier um den Ursprung des Begriffs weiss, gehen doch alle davon aus, dass das Wort eine Bedeutung hat. Und wenn immer wieder wiederholt wird, dass die sogenannte Sprachpolizei (im Übrigen auch ein Begriff, den Rechte als rhetorische Waffe nutzen) eine ernsthafte Bedrohung für Gesellschaft, Demokratie, Wirtschaft, Politik und Meinungsfreiheit ist, dann werden irgendwann alle auch davon überzeugt sein. Hier spielen natürlich auch die Medien eine grosse Rolle. Auch sie springen auf den Zug auf und tragen die Pseudo-Debatte mit.

Ich folge der Konversation nicht mehr richtig, aber irgendwann horche ich auf: »Ich frage mich einfach, was ich denn überhaupt noch sagen darf.« Meine Freundin zieht die Augenbrauen hoch und schaut mich von der Seite an. Der Klassiker. Ich sage nichts. Aber in meinem Kopf erwidere ich ganz viel: Hast du dich schon mal gefragt, was *wir* alles nicht sagen dürfen? Was *ich* alles nicht sagen kann? Ständig störst du mich mit dieser Frage, bei der es eigentlich nicht darum geht, was du sagen darfst, sondern darum, was du unbedingt sagen *willst*. Rein gesetzlich darfst du in der Schweiz nämlich sehr viel sagen, doch darum geht es nicht. Du möchtest gern so sprechen, wie du es gewohnt bist, und dabei als intelligent, nett, weltoffen und zeitgemäss wahrgenommen werden. Doch bloss, dass du etwas nicht böse meinst, heisst noch lange nicht, dass es nicht verletzend ist. Sprache ist nicht einfach ein Werkzeug, mit dem wir Botschaften übermitteln, sie wirkt auch selbst. Sie hat immer auch als Mittel zur Legitimation der Unterlegenheit gewisser Menschen gedient, oder dazu, Gruppen und Ausschlüsse zu kreieren. Doch sie kann auch Verbindung und Zusammenhalt schaffen. Mit der Sprache können wir Machtverhältnisse aufrechterhalten – oder aber sie hinterfragen und kritisieren. Die Frage ist also: Was davon möchtest du? Was ist dir wichtig?

Sprache hat in meinem Leben schon immer eine wichtige Rolle gespielt. Ich lernte früh, wie wichtig es ist, die deutsche Sprache zu beherrschen. Da ich oft mit meinem Vater unterwegs war, erlebte ich viele Situationen mit ihm. Ich erinnere mich noch daran, wie wir an einem sonnigen Morgen in den Zug von Oerlikon nach Zürich stiegen, in die erste Klasse. Warum wir dort sassen, weiss ich nicht mehr. Doch ich weiss noch ganz genau, wie der gross gewachsene *weisse* Zugbegleiter sich nach uns umdrehte. »Hat der N* auch ein Ticket?«, fragte er genervt.

Solche Kommentare und Aussagen waren üblich, und ich fürchtete mich meist mehr vor der Reaktion meines Vaters als vor der Aussage. Einerseits wünschte ich mir, dass er diesem Zugbegleiter eine saftige Ohrfeige verpassen würde, andererseits war mir bereits bewusst, für wen diese Reaktion problematisch werden würde. An diesem Morgen ging es meinem Vater gut. Er nahm einen Stift und einen kleinen Notizblock hervor und schaute zum Zugbegleiter hoch. »Ja, der N* hat auch ein Ticket. Können Sie mir bitte Ihren Namen nennen?« Deutlich überrascht, dass dieser Schwarze Mann in perfektem Deutsch antwortete, begann der Zugbegleiter, zu stottern. »Ach, entschuldigen Sie, ich dachte ....«
»Ich weiss, was Sie dachten«, fiel ihm mein Vater ins Wort.

Ich hätte damals gerne ein Globi-Kinderticket gehabt, das ich immer bekam, wenn ich mit meiner Mutter unterwegs war. Da waren die Zugbegleiter*innen nämlich freundlich und gaben mir eines. Die Tickets waren kleine, illustrierte Billette mit dem bekannten Schweizer Kinderbuch-Charakter Globi, die Kindern im Zug gegeben wurden. Das Problem war nur, dass Mami Globi nicht mochte. Papi war dieser komische Vogel egal, aber wenn ich mit ihm unterwegs war, bekam ich viel seltener Globi-Billete. Erst viel später realisierte ich, dass Globi mitverantwortlich für das Bild von Schwarzen Menschen in der Schweiz war.

Nur weil jemandem die historische Dimension des Sprachgebrauchs nicht bewusst ist, bedeutet es nicht, dass sie nicht wirken oder existieren würde. Viele Menschen meinen, die Sprache zu beherrschen, doch unterwerfen sich ihr im Grunde genommen ständig – und zwar dadurch, dass sie nicht bereit sind, sie zu hinterfragen. Von mir wird oft verlangt, objektiv zu schreiben und zu sprechen, doch meine Worte sind immer subjektiv und politisch. Unser aller Worte sind das. Oftmals jedoch halten sich Menschen, die zur *weissen* Mehrheitsgesellschaft gehören, für objektiv. Für universell, für *neutral*. Als ob sie nicht Teil dieser Welt wären. Sich als neutral bezeichnen oder behaupten, eine politisch neutrale Position einzunehmen, das kann nur, wer von der aktuellen Situation profitiert. Denn diese Position sorgt dafür, dass alles so bleibt, wie es ist. Dabei ist niemand von uns einfach wertfreie*r Beobachter*in. Niemals befinden wir uns ausserhalb unserer Perspektive, niemals können wir ganz aus unserer verkörperten Situation heraustreten.
Das Problem ist, dass Sprache eben auch durch die Abwesenheit von Worten diskriminiert und herrscht. Die Autorin Kübra Gümüşay schreibt in ihrem Buch *Sprache und Sein*: »Nicht jeder Mensch kann in der Sprache, die er spricht, sein. Nicht etwa, weil er die Sprache nicht ausreichend beherrscht, sondern weil die Sprache nicht ausreicht.«[61]

Der Nachmittag wird nicht mehr viel interessanter, ich entscheide mich, früher nach Hause zu fahren. Auf dem Nachhauseweg denke ich weiter über Sprache nach. Ich soll in den nächsten Tagen eine Weiterbildung zu Intersektionalität an der konkreten Intersektion von Rassismus und Sexismus geben. Zu Hause angekommen, dusche ich kurz und hole dann einen Zeitungsartikel aus der Schublade. Es geht darin um den historischen Amtsantritt von Dr. Okonjo-Iweala. Sie war die erste Frau und die erste Afrikanerin im Amt der Chefin der Welthandelsorganisation. *Diese Grossmutter wird neue Chefin der Welthandelsorganisation*, so lautete der Titel in der Aargauer Zeitung am 8. Februar 2021. »Die Nigerianerin Ngozi Okonjo-Iweala hat riesige Probleme zu bewältigen. Mindestens kommunikativ wird sie das problemlos meistern.«[62] In der Folge hatten sich damals über 120 internationale Botschafter*innen und Direktor*innen internationaler Organisationen bei CH Media beschwert. Ich werde dieses Beispiel verwenden, um aufzuzeigen, wie viel Sprache aussagt.

Am Computer schaue ich mir nochmal den Bericht des Presserats an. Die 1. Kammer des Presserats behandelte den Fall am 22. Juni 2021. Obwohl die Aargauer Zeitung Korrekturen vorgenommen hatte, entschied der Presserat, dass diese Massnahmen aufgrund der möglichen diskriminierenden Berichterstattung nicht ausreichen. Die Reduktion einer hochqualifizierten Frau auf »66-jährige Grossmutter« sei herabsetzend. Ich lese weiter: »Ob die Herabwürdigung der Frau wegen ihrer Hautfarbe erfolgte, wie die BF argumentiert, lässt sich anhand des Textes nicht klar feststellen. Wohl aber, dass sie als Frau herabgesetzt wurde.« Der Presserat stellte zudem fest, dass eine solche Schlagzeile bei einem Mann in vergleichbarer Position nicht verwendet worden wäre. Obwohl der Hinweis auf ihre Grossmutterschaft an sich nicht diskriminierend ist, wird er in diesem Kontext herabwürdigend, da er ihre Leistungen als Frau ignoriert und damit gegen Ziffer 8 der Erklärung verstösst.[63]

Das Wort ‹Rassismus› kommt nicht vor, obwohl kritisiert wurde, dass der Bericht rassistisch *und* sexistisch sei. Das ist nicht unüblich. Rassismus wird in unserer Gesellschaft verschleiert. Das Nicht-Verwenden der Begriffe ‹rassistisch› oder ‹Rassismus› trägt dazu bei. Der Psychologe Kenneth V. Hardy schreibt, dass es einfach wird, die Existenz und die Realität rassistisch bedingter Privilegien und Unterdrückung zu leugnen, wenn das Phänomen ‹Race› verleugnet wird.[64]

Mein Rücken sticht. Ich stehe auf und stelle fest, dass ich mir Tee gekocht hatte. Er ist kalt, ich trinke ihn trotzdem und ziehe mich endlich an; bisher trug ich mein Duschtuch und Pantoffeln. Der Bericht geht mir nicht aus dem Kopf. Ich nehme meinen Laptop und stelle ihn auf eine Kommode, um im Stehen weiter zu recherchieren. Ich versuche, herauszufinden, wie dieser Rat aufgestellt war. Der Bericht zeigt nicht nur, dass der Rassismus für den Rat nicht sichtbar ist und entsprechend nicht erkannt wird, sondern verdeutlicht auch die Vorstellung, dass Rassismus nur dann stattfindet, wenn eine Diskriminierung aufgrund der Hautfarbe vorliegt. Andere Aspekte, wie beispielsweise die Kleidung, werden ausser Acht gelassen. Der Presserat schreibt zudem, dass die Bemerkung nicht herabwürdigend *gemeint* sein musste. Das impliziert, dass Rassismus immer eine absichtliche Handlung sein muss. Was falsch ist. Rassismus passiert – und ich würde sogar behaupten in den meisten Fällen – unabsichtlich.

Es stellt sich also nicht nur die Frage, wie die Zeitungsredaktion zusammengesetzt war, damit es überhaupt zu dem diskriminierenden Titel kommen konnte, sondern auch, wie dieser Rat zusammengesetzt ist. Wer besitzt die Macht, darüber zu entscheiden, ob es sich bei diesem Vorfall um Sexismus und/oder Rassismus handelt oder nicht? Mit der Trennung dieser beiden Diskriminierungsformen wird zudem ihre Intersektion negiert.[65] Der Begriff ‹Misogynoir› – eine Kombination aus ‹Misogynie›, dem Hass auf Frauen, und ‹noir›, Schwarz – beschreibt den ko-konstitutiven, anti-Schwarzen und frauenfeindlichen Rassismus, der sich gegen Schwarze Frauen richtet, insbesondere in der visuellen und digitalen Kultur. Die Kategorien Geschlecht und Race funktionieren nicht unabhängig voneinander. Das Zeitungsbeispiel mit Okonjo-Iweala zeigt die Verwicklung zwischen dem ‹Racialized Gaze› und dem ‹Male Gaze› auf; es handelt sich um die Beschreibung einer Schwarzen Frau aus der Sicht eines *weissen* Mannes. Dieser Blick hat einen langfristigen Einfluss auf die betrachteten und beschriebenen Personen. Sie können zu selbstregulierenden Verhaltensweisen und Selbstzensur bei ihnen führen, was wiederum mit erhöhtem physischem Stress verbunden ist. Die Titelsetzung hat also nicht nur eine bestimmte Wirkung auf *weisse* Leser*innen, sondern vor allem auch auf Schwarze.

Der französische Philosoph Michel Foucault stellt die Handlungsfähigkeit der Sprache über diejenige des Menschen und schreibt, dass die Sprache auf unauflösliche Weise mit den Formen des Denkens verknüpft ist. »Indem die Menschen ihre Gedanken in Wörtern ausdrücken, deren sie nicht Herr sind, indem sie sie in Sprachformen unterbringen, deren historische Dimensionen ihnen entgehen, wissen sie nicht, dass sie sich den Erfordernissen ihrer Sprache unterwerfen, glauben dagegen, dass sie ihnen gehorcht.«[66] Wenn wir die Sprache nur auf ihre grammatikalischen Strukturen analysieren, verlieren wir ihren Bezug zu den Bedeutungen und Urteilen, die wir ausdrücken wollen. »Die Sprache enthält plötzlich ein eigenes Sein. Dieses Sein enthält Gesetze, die es beherrschen«.[67] Foucault zeigt also auf, dass Regeln, wie sie beispielsweise im Duden stehen, die Sprache oft auf eine festgelegte Struktur beschränken, die ihre tiefergehenden Aussagen ausklammert. Das führt dazu, dass wir beim reinen Blick auf Grammatik Ursache und Wirkung in der Sprache leicht übersehen oder sogar verleugnen.

Im Zeitungsartikel beispielsweise wird der Begriff ‹Grossmutter› immer wieder vom Kontext losgelöst diskutiert, ebenso in den Kommentarspalten und auch als Argument des Chefredakteurs. »Dem Begriff ‹Grossmutter› haftet nichts Menschenunwürdiges an [...].«[68] Sprache ist nicht nur Übermittlerin, sondern bringt ihr eigenes (Kultur-)Wissen hervor und verfügt über eine unausweichliche (Wirkungs-)Macht. »Die kulturelle Codierung des Kolonialismus in Sprache ist eine wesentliche Voraussetzung ihrer Konstitution und damit Wahrnehmbarkeit«[69], schreibt der deutsche Sprachwissenschaftler Ingo H. Warnke. Der deutsche Historiker Frank Oliver Sobich spricht im Zusammenhang mit rassistischen Vorstellungen von gesellschaftlich gültigen Assoziationsketten. Das bedeutet, dass gewisse Begriffe konnotiert sind und Assoziationen hervorrufen, »[...] die allen Mitgliedern einer Gesellschaft präsent sind, egal wie sie sich dazu stellen«.[70] Durch die Reduktion der Schwarzen Frau auf ihre Rolle als Grossmutter wird ein Vorurteil verfestigt, nämlich jenes, dass Schwarze Menschen sich nicht durch ihre intellektuellen Leistungen auszeichnen. Der Sozialpsychologe Andreas Zick erklärt, dass diese Vorurteile nur so lange existieren können, wie sie sozial auch geteilt und reproduziert werden.[71] Die Titelsetzung der Zeitung, aber vor allem auch das Nicht-Erkennen der rassistischen Natur dieser Titelsetzung durch den Presserat trägt zu einer solchen Reproduktion bei.

Bei genauerer Auseinandersetzung mit den ‹Pflichten von Journalistinnen und Journalisten›, auf die sich der Presserat bezieht, wird deutlich: Bei den über 44 Seiten und elf Kapiteln mit mehreren Unterkapiteln kommt der Begriff Rassismus nur bei der Erwähnung der Eidgenössischen Kommission für Rassismus in einem Beispiel vor. Im Dokument ist die Rede von Diskriminierung. Rassismus als Begriff wird als solcher nicht genannt, und somit kann auch nicht gegen eine Regel verstossen werden. Die Sozialwissenschaftlerin Claudia Brunner weist darauf hin, dass Sprecher*innen und Schreiber*innen überwiegend Angehörige einer Mehrheitsgesellschaft seien, deren für akademische Sprechpositionen vorgesehene Variablen nicht gerade von signifikanter Diversität geprägt seien, und deren euro- und androzentrische Spezifik – weil Norm und damit unsichtbar – auch kaum zur Debatte stünden.[72] Der Presserat wies im Fall des Zeitungsartikels die Beschwerde seiner 1. Kammer zu, zu diesem Zeitpunkt waren alle Menschen in diesem Presserat *weiss*. Keine nicht-*weisse* Person war an der Entscheidung beteiligt, ob es sich um Rassismus handelt oder nicht.

Woher kommt dieses Bild der älteren Schwarzen Frau?

Die Suche nach Bildern von älteren Schwarzen Frauen in der Schweizer Öffentlichkeit ist relativ ernüchternd. Bei der Recherche stosse ich auf zwei öffentliche Bilder, die ich näher betrachte.[73] Mit einer weit verbreiteten Generationenkampagne ruft eine Schweizer Entwicklungsorganisation zur Spende für *echte* Veränderung auf. Das Bild zeigt drei Generationen: links eine ältere Frau mit Kopftuch, die für eine Generation ohne sanitäre Anlagen steht (»Ging hinters Gebüsch«). In der Mitte eine Frau mittleren Alters, die Plumpsklos nutzte (»Ging aufs Plumpsklo«). Rechts sitzt ein junges Mädchen, das die Fortschritte symbolisiert, indem es eine WC-Spülung nutzen kann (»Drückt die WC-Spülung«). Das und ähnliche Sujets der ‹Entwicklungsorganisation› sollen dazu animieren, Geld zu spenden. Die Werbekampagne arbeitet mit dem Vorurteil, dass rassifizierte Menschen und insbesondere Afrikaner*innen nur mithilfe des globalen Nordens Fortschritte erreichen könnten. Dabei ist die älteste der drei Schwarzen Frauen mit Kopftuch dargestellt, wie es auch bei Ngozi Okonjo-Iweala im Zeitungsartikel der Fall ist. Die Kampagne wurde im Oktober 2016 veröffentlicht und von einer Agentur, die laut Statement auf den eigenen Kanälen »Werbung für eine bessere Welt« macht, erstellt. Ein Blick auf die Website zeigt ein 40-köpfiges und offenbar ausschliesslich *weisses* Agenturteam.

Ohne hier vertieft auf das Blackfacing einzugehen, gibt ein weiteres der Öffentlichkeit bekanntes Bild Aufschluss darüber, wie ältere Schwarze Frauen in der Schweiz dargestellt werden. Die Schweizer Komikerin Birgit Steinegger spielt im Jahr 2013 in der SRF-Sendung *Endspott* eine Frau Nogumi – eine Anspielung auf Oprah Winfreys (62) ‹Täschligate›-Skandal. Im Sketch von SRF spielt Birgit Steinegger mit schwarz geschminktem Gesicht die naive Kunstfigur Frau Mgubi beim Einkaufen. Vom Verkaufspersonal wird sie merklich nervös bedient, weil es einen Rassismusvorwurf fürchtet. ‹Blackfacing› ist ein Begriff aus den USA. Er geht zurück auf die ‹Minstrel Shows› des 18. und 19. Jahrhunderts und bedeutet, dass sich ein *weisser* Mensch das Gesicht mit Farbe bemalt, um auf der Bühne eine Schwarze Figur darzustellen – und sie dadurch stereotypisiert und abwertet.

Die vorliegenden Beispiele bedienen also zwei stereotype Darstellungen älterer Schwarzer Frauen in der Schweiz: die der bedürftigen Grossmutter und jene der naiven, wenig kompetenten Schwarzen Frau.

Während das Kopftuch im Falle des Artikels über Okonjo-Iweala mit ausschlaggebend für die rassistische Titelwahl war, ist das Kopftuch in Schwarzen Communitys längst Zeichen der Stärke und des Stolzes. Okonjo-Iweala trug auf dem Foto eine Kopfbedeckung im Gele-Stil. Schwarze Frauen in den afrikanischen Kolonien sowie versklavte Frauen in den USA wurden oft gezwungen, ihre Haare mit Tüchern zu bedecken. In vielen Regionen war dies sogar gesetzlich vorgeschrieben. Im Jahr 1786 erliess beispielsweise der Gouverneur von Louisiana, Esteban Miro, ein Gesetz, das Schwarze Frauen dazu zwang, ihre Haare mit Kopftüchern zu bedecken, um sie von *weissen*

Frauen zu unterscheiden. Doch dieser Versuch der Kontrolle scheiterte. Kopftücher waren ein Teil des afrikanischen Erbes der Frauen, und sie verwendeten kühne, bunte Drucke und Verzierungen, um Statements zu setzen. Das Gesetz, das sie kontrollieren sollte, ermutigte sie sogar dazu. Das Kopftuch wurde zu einem Symbol des Widerstands und Muts, obwohl es von den *Weissen* als Zeichen der Unterdrückung angesehen wurde. Diese Beobachtungen zeigen Schwarze Frauen als einfallsreich, geschickt und opportunistisch. Der Kopfschmuck verwandelte das Unsichtbare in das Sichtbare, das Machtlose in das Mächtige und das Marginalisierte in das Zentrale.[74]

Médéric Louis Élie Moreau de Saint-Méry beschreibt das Kopftuch in seinen Werken als ein mächtiges und kreatives Werkzeug im antikolonialen Kampf. Er berichtet, dass wohlhabende Schwarze Frauen ihre Kopftücher oft hoch auf dem Kopf und manche sogar zehn bis zwölf Tücher übereinander trugen, um eine grosse und schwere Haube zu schaffen.[75] Auch die Philosophin Nicole Willson betont, dass Schwarze Frauen während des transatlantischen Sklavenhandels durch die Wiederannäherung an westafrikanische Kopfbedeckungstraditionen ihre körperliche Autonomie zurückgewannen und Widerstand gegen eine koloniale Infrastruktur zeigten, die darauf abzielte, ihre afrikanischen kulturellen Identitäten auszulöschen.[76]

Der Zwang, Schwarzes Haar einem *weissen* Ideal anzupassen, wird oft zur Emanzipation verwendet. Doch die Historikerin Saran Donahoo betont, dass Diskriminierung weiterhin beeinflusst, was Schwarze Frauen auf ihren Köpfen tragen. Während einige diese Diskriminierung als Inspiration nutzen und eine andere Perspektive auf ihr Haar entwickeln, trägt diese persönliche Stärkung wenig dazu bei, das gesellschaftliche oder politische Klima toleranter zu machen.[77]

Dass Ngozi Okonjo-Iweala nicht als kompetent und erfolgreich genug wahrgenommen wurde, um dies im Titel oder Untertitel zu kommunizieren, wirft die Frage auf, wie eine Schwarze Frau hätte aussehen müssen, damit sie als erfolgreich und kompetent gelesen worden wäre. Wie werden kompetente Schwarze Frauen in den Medien und der Politik dargestellt?

Es ist bereits spät. Ich bekomme nur wenige Stunden Schlaf und muss bald schon wieder vorm Bildschirm sein. Um acht Uhr morgens steht ein Zoom-Call an. Es ist das Vorbereitungsgespräch für eine Veranstaltung. Müde schalte ich den Laptop ein. Du, der Organisator, fragst mich, ob ich denn die Moderation gleich auf Deutsch und Französisch machen kann.

»Ja, das geht«, sage ich.

»Stimmt ja, du bist aus Ghana, gell«, sagst du. »Das ist schon echt cool, so bilingue aufzuwachsen, damit habt ihr so einen riesigen Bonus.«

Ich sage nichts. Weder, dass Ghana eine britische Kolonie war, noch, dass ich keinen Bonus hatte, sondern jahrelang Französisch gelernt habe. Genauso, wie ich auch tanzen gelernt habe, denn auch das liegt weder in meiner Wiege noch im Blut, sondern im Willen und der Möglichkeit, es zu lernen. Ich habe die Sprache gelernt, weil ich weiss, dass ich gewisse Dinge nur verstehen kann, wenn ich die Sprache beherrsche. Sie ist mächtig und trägt seit jeher zur Aufrechterhaltung von Unterdrückung und bestehenden Machtverhältnissen bei, doch sie hat auch die Kraft, zu befreien. Wenn ich Sprache verwende, um zu schreiben, dann kann ich mich dadurch vom *weissen* Blick befreien.

STILLSCHWEIGENDE REGELN

»Bitte vergiss nicht: Der Dresscode ist Business. Also Rock und hautfarbene Strümpfe, kleine Absätze, du weisst schon«, sagte meine damalige Arbeitskollegin, während sie sich die Sonnenbrille auf der Nase zurechtrückte. Doch ich wusste nicht. Wir sassen in einem Café an der Reuss in Luzern, die Frühlingssonne angenehm auf der Haut spürbar, um über die ‹Chance meines Lebens› zu sprechen, die sie mir verschafft hatte: Ich war erkoren worden, an einem wichtigen Wirtschaftsanlass zu sprechen. Ihr Chef war in dieser Wirtschaftswelt ein hohes Tier, sie hatte mich empfohlen, der Chef mochte mich und ich hatte zugesagt. Weil eben: Chance meines Lebens.

»Das wird super. Du wirst die alle voll in deinen Bann ziehen«, sagte sie aufgeregt.

»Meinst du, ich kann auch was anderes anziehen?«

»Nein, auf keinen Fall. Das ist so voll der Who-Is-Who-Anlass in der Wirtschaftswelt.«

Was für sie simple Worte waren, ein kleiner Hinweis zur Vorbereitung, lancierte bei mir ein Kopfzerbrechen darüber, was ein Business-Dresscode ist und warum es dazu hautfarbene Strümpfe braucht.

»Also *müssen* es hautfarbene Strümpfe sein?«, fragte ich erneut.

»Das ist nur ein Detail. Aber ja, schon sehr wichtig. Das ist so eine stillschweigende Regel.«

Ich hasse dieses Stillschweigen. Es ist so hinterlistig fordernd.

»Manchmal muss man sich beugen, um das zu erlangen, was man will«, sagte sie schliesslich, als hätte sie meine Gedanken gelesen. Mich nervte, dass ihr offensichtlich nicht bewusst war, dass mein ganzes Leben ein einziges Beugen ist.

Die Kellnerin brachte zwei Kaffees und fragte mit hoher Stimme, ob sie gleich kassieren könne. Sie reichte ihr zehn

Franken, lächelte ebenso künstlich wie die Kellnerin und sagte: »Ist gut so.« Diese Floskeln. In diesem hohen Ton. Wenn man als Erwachsene wieder in die Zentralschweiz oder ins Hinterland zurückkehrt, haben ihn plötzlich alle angenommen. So eine Art verniedlichende Sprache; ein Sprechen, ohne etwas zu sagen. Der schlimmste Dialog ist dieser hier: »Kann ich Ihnen behilflich sein?« – »Nein, ich tue gerne e chli luege.« – »Dünd si chli luege, ja, süsch eifach melde.«

Die Kellnerin ging, und sofort presste meine Kollegin ihre Lippen zusammen: »Echt mal, dass die immer noch keine Milchalternativen haben, versteh ich gar nicht. Ist ja wohl nicht so schwierig, im 21. Jahrhundert anzukommen.« Grundsätzlich war ich da ihrer Meinung – aber warum galt das nicht für diese Sache mit dem Dresscode? Im Anschluss wechselte sie das Thema, und wir unterhielten uns ein bisschen über unsere Liebesleben. Ich genoss es, an diesem Morgen an der Reuss zu sitzen und zu plaudern. Aber diese Strümpfe gingen mir nicht mehr aus dem Kopf.

Die Kleiderwahl ist für mich immer eine grosse Herausforderung. Für wichtige Anlässe möchte ich elegant und kompetent, weiblich und selbstbewusst wirken und mich zugleich nicht der Norm anpassen. Ich möchte auch mein Schwarzsein zeigen. Im Grunde habe ich auf Bühnen immer schon mein mir von aussen zugeschriebenes ‹Anderssein› markiert und für mich verwendet. Trotz Dresscodes, die dagegensprachen, habe ich bunte Farben getragen. Ich wollte auf der Bühne nicht *weiss*gewaschen werden. Mir war klar, dass mein Erscheinungsbild kommentiert werden würde, aber ich wollte es ganz für mich beanspruchen. Auch die Chefin der Welthandelsorganisation, Ngozi Okonjo-Iweala, sagt in einem Interview, dass das Aussehen als Frau ständig beobachtet wird. Bei Männern sei das nicht so. Sie könnten problemlos in Anzug und Krawatte oder Agbada erscheinen, und niemand kommentiere ihre Kleidung.[78]

Die Autorin Helen Bradley Griebel zeigt auf, dass afroamerikanische Frauen, die eine Verbindung zu ihren Vorfahrinnen herstellen wollen, dazu neigen, etwa das traditionelle afroamerikanische Kopftuch in verschiedenen sozialen Kontexten zu tragen.[79] Und auch die Psychologin und Anthropologin Jessica Strübel stellt fest, dass die Verwendung afrikanischer Textilien ausserhalb Afrikas den Menschen dabei helfen kann, eine afrikanische Identität zu schaffen und aufrechtzuerhalten.[80] Die Kleidung, der Schmuck, das gesamte physische Auftreten sind also trotz der Fähigkeit, als Ermächtigungswerkzeug zu dienen, auch stets ein zusätzlicher Aufwand im stetigen Kampf, dem eigenen Schwarzen Körper mit Stolz und Positivität zu begegnen.

In den nächsten Tagen klapperte ich Onlineshops und Läden ab auf der Suche nach Strümpfen in Nude. Auf Schweizer Strumpfhosen-Verpackungen wird das mit ‹Hautfarbe› übersetzt. Gemeint ist natürlich *weisse* Haut. Gemeint ist, dass ich da nicht dazugehöre. Dass ich überhaupt nicht an diesen Anlass gehöre. Die Verkäufer*innen wollten mir helfen, obwohl ich ihre Hilfe nicht wollte, und schlichen dann beobachtend hinter mir her, als ob ich ihre Strümpfe einfach einpacken würde. Sie empfahlen mir alle die dunkelbraune Version. Ich lehnte dankend ab, hätte aber gerne gefragt, ob sie denn nicht sehen können, dass dieses Dunkelbraun ganz und gar nicht meinem Hautton entsprach. Frustriert verliess ich die Läden und entschied mich, einfach keine Strumpfhose zu tragen. Wenn die mich an diesem Anlass haben wollten, dann eben so, wie ich war.

Am Abend vor dem Anlass telefonierte ich mit der Arbeitskollegin, die mich fragte, ob ich ready sei.

»Ich denke schon«, sagte ich.

»Das bist du bestimmt. Outfit bereit?«

»Ja. Aber keine Nude-Strümpfe.«

»Echt? Du Sturkopf. Aber du machst das, egal, was du trägst.«

»Danke.« Ich sagte nicht, dass es einfach keine Nude-Strümpfe für meinen Hautton gab und dass dies stellvertretend dafür stand, dass ich als Schwarze Frau in dieser Gesellschaft nicht mitgedacht wurde. Dass für mich kein Platz an diesem mega wichtigen Who-is-Who-Wirtschaftsanlass war.

»Und die Rede? Sitzt sie?«

»Klar«, log ich, dabei hatte ich mir noch nicht überlegt, was ich sagen würde. Doch darüber machte ich mir keine Sorgen – im Gegensatz zum Dresscode. Ich weiss, dass ich inhaltlich gut bin, ich weiss bloss nie, ob ich sonst genug bin.

Der Anlass lief gut. Ich hatte mich für eine unspektakuläre Stoffhose und ein Haarband mit ghanaischen Motiven entschieden. Die Abwesenheit der Strumpfhose schien nicht zu stören. Die Menschen mochten mich, sie mochten meine Worte, und sie fanden mich schön. So erfrischend. »Sie sehen wirklich wunderschön aus«, »So schön und farbenfroh!«, »Einfach schön – wie ein Sonnenschein«, »Schön, schön, schön!« Mein Auftritt sei mal etwas anderes gewesen, sagten sie mir. Und dazu meine tollen Haare! Woher ich denn komme? Also so wirklich, mit Wurzeln und so. Am liebsten hätte ich zurückgefragt, ob ich denn aussehe wie ein Baum. *Who is who:* Ich zumindest war diese eine junge Schwarze Frau.

Die ‹Chance meines Lebens› ist es trotzdem nicht gewesen. Dieser Wirtschaftsanlass mit seinem Dresscode stellt keine Ausnahme dar. Bis heute werden in den allermeisten Apotheken in der Schweiz keine Pflaster in nicht-*weissen* Hauttönen verkauft.

Bis 2020 gab es an der Opera in Paris nur nude-farbene Tütüs. Mit einem Manifest (*De la Question Racial*) forderten Betroffene in der Pariser Oper die Formalisierung der internen Schwierigkeiten mit rassistischer Diskriminierung sowie Reflexion über sensible Werke des Repertoires, seien es Opern oder Ballette, die hinsichtlich rassistischer Stereotype problematisch sind. Zudem forderten sie, die Kostüme zu hinterfragen und der diversen Realität anzupassen.

Und auch abseits von Strumpfhosen und Pflastern ist die *weisse* Norm allgegenwärtig. Dazu müssen wir nur ‹schöne Frau› bei Google eingeben. Und dann scrollen, scrollen, scrollen: Schwarzsein wirkt als minderwertiger Gegenpol zur Schönheit und Dominanz des *Weiss*seins.

Im Jahr 2020 recherchierte ich ein wenig mehr zu den sogenannten Nude-Strümpfen und stiess auf die Bieler Anwältin Nadine Ndjoko Peisker. Im Interview erzählte sie mir, dass sie – genau wie ich – alle möglichen Boutiquen und Onlineshops abgeklappert hätte, um ihrem Hautton entsprechende Strümpfe zu finden. In ihrem Beruf wurde erwartet, dass sie schicke Kleidung trug. Dabei galt die stillschweigende Regel, als Frau einen Jupe zu tragen und Strümpfe, die entweder schwarz oder nude waren. Ndjoko war zu dieser Zeit eine der wenigen Schwarzen Anwältinnen in der Schweiz. Sie erkannte, dass es bei der Abwesenheit passender Strümpfe nicht bloss um die Strümpfe an sich, sondern um den Platz der Schwarzen Frau in der Gesellschaft ging. Ihr Studium und das Anwaltspatent hatte sie mit dem Ziel absolviert, sich für Gerechtigkeit einzusetzen. Diesem Ziel wollte sie sich nun in einer anderen Branche annähern: Im Jahr 2015 gründete Nadine Ndjoko eine Firma namens *Ownbrown,* die Unterwäsche und Strümpfe in verschiedenen Grössen und Hauttönen produziert. Ndjoko erklärte mir, dass der Begriff ‹Nude› im englischen Wörterbuch inzwischen mit ‹Caucasion Skin Tone› übersetzt wird. Ähnlich wie die deutsche Übersetzung ‹Europide› handelt es sich dabei laut dem Historiker George Mosse um eine nicht mehr gebräuchliche rassenkundliche Sammelbezeichnung aus dem 18. Jahrhundert.[81]

Die Wiedergewinnung ihrer Schönheit war für Schwarze Menschen schon immer ein zentrales Element der Befreiung. *Say it loud, I'm black and I'm proud!* Dieser Song und zugleich Aufruf von James Brown Ende der 1960er-Jahre markierte den Beginn einer Bewegung. Er ermutigte Schwarze Menschen dazu, ihre physische Präsenz bewusst zu zeigen und dabei stolz auf ihre Identität zu sein. Diese Haltung war ein Akt des Widerstands. Schwarze Menschen haben ihr Schwarzsein seit jeher als Teil des physischen Widerstands genutzt. Man denke an die Sonntagskleidung versklavter Menschen und ihre stolze Darstellung, die Epoche der Harlem Renaissance oder die faszinierenden Sappeurs aus dem Kongo. All diese Ausdrucksformen waren nicht nur persönliche Statements, sondern trugen auch eine tiefgreifende politische Bedeutung in sich. Sie hinterfragten die kolonialen Narrative über Selbstliebe und Selbstbestimmung.

Make-up, Tütüs, Pflaster und Strumpfhosen mögen nebensächlich und alltäglich erscheinen, doch sie gehören in gewissen (Arbeits-)Kontexten einfach dazu. Schwarze Frauen sollten aus diesen Kontexten nicht ausgeschlossen werden, und wenn es nach mir ginge, gäbe es viele Gründe, weshalb diese Normen und Dresscodes grundsätzlich über Bord geworfen werden sollten.

PART 2: IDENTITÄT

WOHER KOMMST DU (WIRKLICH)?

Ich stehe früher auf als sonst. Die Spatzen, die sich in meinem Storekasten eingenistet haben, fliegen zwitschernd vor dem Fenster umher. Ich bin dankbar für den Luxus, in der Stadt zu leben, aber trotzdem nur zwei Minuten vom See entfernt zu sein und morgens vom Vogelgezwitscher aufzuwachen. Dann realisiere ich, dass ich vergangene Nacht nicht wie sonst wegen meiner Rückenschmerzen aufgewacht bin, erst jetzt spüre ich sie. Ich giesse einen Krug Tee auf und setzte mich auf die Yogamatte vor der geöffneten Balkontür. Tief einatmen, auf vier und dann vier … drei … zwei … eins …, ausatmen. Den Rücken strecken, mir vorstellen, jemand würde mich an einem Schnürchen nach oben ziehen. Und dann kommen sie, die Gedanken zu meinem Beruf, zur Welt. Ich soll sie vorbeiziehen lassen, wie Wolken am Himmel. Ich beginne vorsichtig, mich zu dehnen. Kaum zu glauben, dass ich noch vor wenigen Monaten zu diesen superbeweglichen jungen Frauen gehört habe, für die es unvorstellbar ist, bei ausgestreckten Beinen nicht die Füsse berühren zu können. Ich lege mich seitlich hin, wie es der Physiotherapeut erklärt hat, und mache meine Rumpfübungen. Neben mir liegt mein Handy, das ich morgens eigentlich nicht einschalten möchte. Ich tue es trotzdem, denn es könnte ja sein, dass die Welt ganz dringend etwas von mir braucht.

Ein verpasster Anruf. Und schon klingelt es erneut. Du bist es, der Multimediamensch, mit dem ich vor ein paar Wochen ein Gespräch hatte. Endlich. Ich räuspere mich und gehe ran. Du willst es kurz machen: Leider wüsstest du noch nicht, wie es aussehe mit der Sendung. Jetzt hättest du aber gerade etwas sehr Aktuelles: Ich hätte doch bestimmt die Diskussion um die Frage »Woher kommst du?« mitgekriegt. Dann antwortest du dir gleich selbst: »Ach, was rede ich, selbstverständlich, das erlebst du wahrscheinlich ständig. Wobei ich persönlich ja wirklich nur aus echter Neugier frage. Senegal, oder? Du bist aus dem Senegal?«

»Nein, Ghana, also ...«, versuche ich zu antworten.

»Ach so, ja«, unterbrichst du mich. Du würdest gern von mir wissen, warum die Frage denn so problematisch sei, darüber könnte ich doch vielleicht etwas schreiben.

»Das geht gerade nicht, ich bin krankgeschrieben«, antworte ich und der Schmerz im Rücken macht sich bemerkbar, als würde er mir mitteilen wollen, dass es gute Gründe dafür gibt.

»Aha, ja, dann gute Besserung. Es wären auch nicht viele Zeichen, so 3.000, kurz und einfach. Am Schluss mit ein paar handfesten Tipps, was man noch fragen darf. Wir wollen unsere Leser nicht belehren, sondern dort abholen, wo sie stehen. Bis Montag?«

Ich sage ab, bleibe aber freundlich, weil ich ja noch auf meine Sendung hoffe. Daraufhin forderst du zwei, drei andere Namen von »Menschen wie mir«, die darüber schreiben könnten. Aus der Redaktion kann das offensichtlich niemand, weil dort alle *weiss* sind und ihr euch keinen Shitstorm heraufbeschwören wollt.

Ich sage dir nicht, warum ich nichts zu dieser Frage schreiben möchte. Du willst keinen Shitstorm, aber dir ist scheissegal, dass *ich* garantiert einen kriegen würde. Es geht nicht einfach nur um 3.000 Zeichen. Es geht um all die Kommentare, die Meinungen, den Hass. Es geht aber auch darum, dass mich dieses Thema nicht interessiert. Es interessiert mich nicht, dir ständig dasselbe zu erklären – doch nur wenn ich das tue, bin ich für euch interessant.

Viel zu spät ziehe ich den Beutel aus dem Teekrug. Ich giesse mir eine Tasse ein und setze mich auf den Balkon. Ich atme tief aus, der Tee schmeckt bitter. Das mit der ruhigen Morgenroutine kann ich nun vergessen.

Die Frage nach der *wirklichen* Herkunft ist eigentlich gar keine Frage, sondern eine Feststellung deinerseits. Es ist eine Form von Othering, dem Andersmachen. Die ständige Wiederholung verunmöglicht es mir, mich zugehörig zu fühlen. Die Schriftstellerin Maya Angelou schreibt in ihrer Autobiografie, dass in allen von uns eine schmerzliche Sehnsucht nach Heimat lebe, nach einem sicheren Ort, an dem wir *wir* sein können und nicht in Frage gestellt werden.[82]

Wegen dir und dieser Frage nehme ich meine Heimat als einen Ort wahr, der mit Konditionen verbunden ist. Du findest mich exotisch, also irgendwie fremdartig, ungewöhnlich, ja sogar aufregend, in deiner Wahrnehmung von mir schwingt ein Hauch von Abenteuer und Mystik mit. Für dich ist Nicht-*weiss*-Sein gleichbedeutend mit nicht europäisch. Das ist historisch gesehen Unsinn. Aber dafür kannst du nichts, denn du hast es in der Schule nicht anders gelernt, und vielleicht nicht mal im Geschichtsstudium. Dass du es jedoch auch heute nicht besser weisst, lässt mich an deiner Lernfähigkeit zweifeln.

Die Psychologin Guilaine Kinouani schreibt, dass sich eine Person, die in ihrem Heimatland chronische Rassismuserfahrungen macht, dort niemals bedingungslos zu Hause fühlen kann, insbesondere dann nicht, wenn dieses Othering schon in jungen Jahren erfahren wird und es sich im Laufe des gesamten Lebens wiederholt.[83] Rassismus beeinträchtigt die kulturelle Zugehörigkeit und das Gefühl von Heimat. Und nein, es ist nicht dasselbe, wenn du aufgrund deines Dialekts gefragt wirst, wo du aufgewachsen bist. Ich nehme nämlich an, dass deine Antwort dann auch als solche akzeptiert und nicht nochmal nachgefragt wird, aber woher bist du denn *wirklich*? Und nein, es ist auch nicht dasselbe, wenn du in ein anderes Land reist. Dann bist du schliesslich nicht zu Hause, sondern Tourist*in, Ausgewanderte*r, Expat. Der Begriff ‹Expat› ist eine Abkürzung für ‹Expatriate›, was bedeutet, dass jemand ausserhalb seines Heimatlandes lebt. Er wird aber meist nur für Menschen einer bestimmten Klasse mit gewissen finanziellen Mitteln verwendet – und nicht selten für *weisse* Menschen. Alle anderen werden umgangssprachlich als Migrant*innen oder geflüchtete Menschen bezeichnet.

»Heimat bedeutet, Teil der Erinnerungskultur zu sein«,[84] schreibt die Kulturwissenschaftlerin Mithu Sanyal. Genau deswegen wäre mein Forschungsprojekt so wichtig gewesen. Ich mache meine Arbeit in der Hoffnung, dass sie dazu beiträgt, ein Stück Heimat zu schaffen. Dass Menschen sich in meinen Worten wiederfinden können.

Ich wurde nicht nur in der Schweiz geboren, sondern auch in Schweizer Institutionen sozialisiert, ich habe eine Schweizer Mutter und besitze nebst der ghanaischen auch die schweizerische Staatsbürgerschaft. In erster Linie spreche ich die Sprache meiner Mutter: Mundart. Mit meinem Vater war und bin ich es gewohnt, Englisch zu sprechen, wobei er mich auch bestens auf Mundart versteht. Und sonst kommuniziere ich in den anderen Sprachen, die ich mir beigebracht habe. Die Sprache meines Vaters, Ewe, hat er mir leider nicht beibringen wollen. Er hatte sich damals gewünscht, dass ich möglichst Schweizerisch werde, dass mich nichts an meiner Integration in seine Wahlheimat hindern würde. Und ich war immer gut darin, mich zu integrieren: Ich kenne *Hemmige ha* von Mani Matter auswendig und könnte viele wichtige helvetische Zahlen nennen. Ich habe das Schulsystem erfolgreich durchlaufen und nicht nur studiert, sondern arbeite auch an weiteren Forschungsprojekten. Ich lebe in der Schweiz und pflege hier die meisten meiner familiären und sozialen Beziehungen.

In der Schweiz ist die Vorstellung weit verbreitet, dass Rassismus das Land nur indirekt betrifft, da die Schweiz offiziell keine Kolonien besass. Aus diesem Grund wird Rassismus häufig als etwas Externes betrachtet. Du glaubst, dass Rassismus hauptsächlich in anderen Ländern, in anderen Epochen, in anderen politischen Parteien, in anderen Körpern und vor allem in anderen Köpfen statt in deinem existiert. Das vorherrschende Selbstbild der Schweiz lässt sich mit jenem von nordeuropäischen Ländern wie Norwegen und Schweden vergleichen, von denen die Anthropologin Gloria Wekker sagt, dass sie von einer *weissen* Unschuld geprägt seien. Diese würde sich nicht nur in der fehlenden Aufarbeitung der kolonialen Verstrickungen und Denkmuster niederschlagen, sondern auch in der verweigerten Auseinandersetzung mit Fragen von Race und Rassismus.[85] Die Autor*innen[86] von *Un/doing Race* schreiben, dass sich die nationale Rhetorik der Schweiz auf Neutralität und ihr Inseldasein beziehe. Dabei würden die Verbindungen – ob wirtschaftlich, politisch, kulturell oder symbolisch – zu den kolonisierten Gebieten, den imperialen europäischen Mächten und den daraus entstandenen rassistischen Vorstellungen verschwiegen, die als wichtige historische Bezugspunkte für das Verständnis von Race und Rassismus zu sehen seien.[87] Der Sozialanthropologe Rohit Jain zeigt in seiner Arbeit auf, inwiefern die offizielle Schweiz ihre kolonialen Verwicklungen weder politisch anerkannt noch aufgearbeitet hat.[88] Er beschreibt, dass dies damit im Zusammenhang stehen könnte, dass die Anerkennung historischer Fehler nicht nur das Schweizer Wohlstandsmodell, sondern insbesondere das historische Selbstbild infrage stellen würde.

Im kolonialen Kontext hat Europa sich selbst als Zentrum der Welt, Stätte der Vernunft und universellen Wahrheit empfunden, schreibt der Historiker Achille Mbembe.[89] Er spricht von einer Kreation von etwas Gottähnlichem, einem ‹Superior Human Being›.

Auch bei der Veröffentlichung dieses Buchs spielte die Schweiz immer wieder eine Rolle. Einige Schweizer Verlage gaben an, es sei zu Schweiz-spezifisch und damit unpassend, weil sie einen grossen Teil ihrer Bücher im deutschsprachigen Ausland verkaufen würden. Deutsche Verlage merkten ebenfalls an, es sei zu Schweiz-spezifisch. Es deswegen nicht publizieren zu wollen, ist nicht nur traurig und schade, weil es sehr viele rassifizierte Menschen in der Schweiz gibt und vergleichsweise sehr wenige Bücher zum Thema, sondern auch, weil gerade dieser spezifische Kontext für umliegende Länder ebenso aufschlussreich sein kann. Im Jahr 2024 widmen sich erstmals mehrere grosse Museen in der Schweiz dem kolonialen Erbe, strukturellem Rassismus und unserer Verantwortung im Umgang mit historischen Sammlungen. Ohne die langjährige Antirassismusarbeit wären diese Schritte nicht denkbar gewesen.

Wenn akzeptiert wird, dass ich sowohl Schweizerin als auch Ghanaerin bin, dann folgt häufig trotzdem die Frage, welches von beidem ich denn *mehr* sei. Darauf wird eine möglichst klare Antwort erwartet, damit das Weltbild der fragenden Person wieder Sinn ergibt. Ich fühle mich aber nicht als Entweder-Oder, sondern empfinde mein Leben vielmehr als Gleichzeitigkeit von vielem. Dennoch stellte ich mir diese Frage in der Vergangenheit andauernd auch selbst. Wer bin ich eigentlich? Warum bin ich anders als die anderen? Warum wollen alle wissen, woher ich *wirklich* komme? Bin ich weder *gut genug* darin, Schweizerin noch Ghanaerin zu sein? Warum wird meine Existenz in beiden Ländern ständig in Frage gestellt?
Diese unzählbar oft wiederholte Frage nach meiner *wirklichen* Herkunft ist Teil meiner Verletzung, Teil meiner Erschöpfung.

Der Psychologe Kenneth V. Hardy spricht von psychologischer Heimatlosigkeit und beschreibt sie als einen chronischen Zustand psycho-emotionaler und existenzieller Entfremdung, der das Gefühl von Sicherheit, Zugehörigkeit und Geborgenheit angreift und zerstört. Weiter schreibt er, dass mit dieser psychologischen Heimatlosigkeit häufig Angst und Unruhe verbunden seien. Es sei eine Last, ständig auf der Suche nach einem Ort zu sein – ob äusserlich oder innerlich –, an dem man ein Zugehörigkeitsgefühl empfinden könne, ohne dass es eine Garantie dafür gebe, dass dieser Ort existiere oder gefunden werden könne.[90]

Wie die meisten Menschen bin auch ich immer mal wieder auf der Suche nach der eigenen Identität. Das ist nicht ungewöhnlich, denn Identität ist nichts Starres, nichts Festes, sondern befindet sich ständig im Wandel und im Werden. Sich mit sich selbst auseinanderzusetzen und sich Fragen zu stellen, ist wichtig. Kompliziert wird es erst dadurch, dass gesellschaftlich einfache und eindeutige Antworten erwartet werden. So kommt es, dass egal in welchen Raum ich trete, ich mir ständig Fragen stelle wie: Bin ich schweizerisch genug? Bin ich ghanaisch genug? Bin ich Schwarz genug, bin ich *weiss* genug? Bin ich gebildet genug? Bin ich bisexuell genug? Bin ich genug engagiert? Bin ich Frau genug? Bin ich gut genug?

Bin ich genug?

Ich kann mich an keine Zeit erinnern, in der ich mich nicht als *anders* empfand. Anders als meine Mutter, anders als mein Vater, anders als meine Freund*innen, anders als meine Lehrpersonen, anders als die Menschen im Fernsehen, in Büchern, anders als du, anders als alle. Wie bereits erwähnt, nennt W.E.B. Du Bois diese Selbstwahrnehmung als *anders* doppeltes Bewusstsein (double consciousness). Dieses Gefühl macht mich ohnmächtig, aber es befähigt mich auch. In einer Gesellschaft, die sich an einer *weissen* Norm orientiert, lernen Menschen wie ich, sich auch selbst ständig durch die Augen anderer zu betrachten. Das Gefühl, von aussen auf die Gesellschaft zu blicken, versetzte mich früh in die Rolle der Beobachterin, die ich mir zunutze gemacht habe. Das doppelte Bewusstsein ist sowohl eine Entbehrung (die Unfähigkeit, sich selbst zu sehen ausser mit den Augen anderer) als auch eine Gabe (die Gabe des zweiten Blicks, die ein tieferes oder erweitertes Verständnis der Komplexität der Welt, in der ich lebe, ermöglicht). Auch der Psychiater, Politiker und Schriftsteller Frantz Fanon beschreibt im Buch *Peau Noir, Masque Blanc* diese Dualität von Identität.[91]

Die Frage sollte nicht lauten, woher ich komme, sondern wer ich bin. Und vielleicht ergänzend, wie ich zu der Person geworden bin. Meine Integration, wenn wir das denn nun so nennen wollen, ist nämlich – das weiss ich heute – nur begrenzt möglich und auch nur begrenzt nötig. Es spielt keine Rolle, ob ich hier geboren oder zugezogen bin: Meine vielfältigen kulturellen Vordergründe sind nichts, dass ich glätten oder ausmerzen müsste. Die Gleichzeitigkeit meiner kulturellen Vordergründe ist eine Superkraft. Sie ermöglicht mir, zu erkennen, dass es viele verschiedene Lebensweisen und nicht nur die eine richtige gibt. Das Wissen um diese Vielfalt ist meine Stärke und nicht meine Schwäche.

Am Nachmittag gebe ich ein Coaching. Meine Klientin ist eine junge, light-skinned Schwarze Studierende, die ihr Unbehagen lange nicht richtig benennen konnte. Seit mehreren Monaten höre ich ihr immer wieder zu und ordne ihre Erfahrungen strukturell ein. Dabei ist sie mehrmals in Tränen ausgebrochen, weil sie seit Jahren unterschiedliche Therapien machte, niemand aber je mit ihr über Rassismus gesprochen hat. Für mich sind solche Sessions immer auch ein Stück Heilung, es fühlt sich so wertvoll an, jungen Menschen genau an der Stelle zuhören zu können, wo ich selbst niemanden hatte ausser meine Bücher. In den letzten Monaten habe ich häufig auch kostenlos zugehört, eingeordnet und unterstützt, weil die Kosten für meine Leistungen nicht von der Krankenkasse übernommen werden. Dem System ist es egal, dass es für Menschen wie uns kaum Abdeckung gibt, dass wir unsere Heilungsmöglichkeiten nicht nur selbst finden, sondern auch selbst bezahlen müssen. Die Psychologin Jennifer Mullan schreibt, dass wir uns darüber bewusst werden müssen, dass die Arbeit des Zuhörers, Teilens und Unterstützens nicht nur denen vorbehalten sei, die über eine bestimmte Lizenz oder einen bestimmten Abschluss verfügen.[92] In den vergangenen Jahren habe ich auch immer wieder Psycholog*innen betreut und gecoacht, bis ich anfing, mich selbst für das Psychologiestudium zu interessieren. Doch das Hochschulsystem würde verlangen, dass ich nochmals ganz von vorne beginne – beispielsweise müsste ich Statistikvorlesungen besuchen, obwohl ich viele davon bereits in meinem Soziologie-Studium absolviert habe –, also lasse ich es sein. Auch deshalb, weil eine Auseinandersetzung mit Rassismus in der Schweiz in der Ausbildung zur*zum Psychotherapeut*in nach wie vor kein fester Bestandteil ist. Jennifer Mullan schreibt, dass unsere Namen historisch gesehen unter anderem curandera/o, Schamane, Priesterin, Hexe, babalaw, yanifa, santera/o, palera/o, ndi obi, szeptunka, kaiwhakaora, iceach, Bengali Babas gewesen sind. Es waren Bezeichnungen für Menschen, die Heilungsprozesse unterstützten, fernab des anglo-christlichen Blicks. Sie schreibt weiter, dass es noch viele der genannten traditionellen indigenen Heiler*innen gebe, die weiterhin praktizieren und gedeihen; jedoch hätten Kolonialismus und *weisse* Vorherrschaft einen Schleier des Schweigens, der Scham und der Heimlichkeit über viele indigene Heiler*innen-Identitäten gelegt.[93]

Nach dem Coaching mit der jungen Studierenden schreibe ich. Den ganzen Nachmittag, ich vergesse zu essen, vergesse zu pausieren. Mein Rücken schreit, aber meine Finger und mein Kopf sind zu beschäftigt, um ihm zuzuhören. Ich schreibe für mich. Meine Gedanken fliessen ins Dokument, und in meinem Kopf wird es mit jedem Satz ruhiger. Ich schreibe, um selbst nochmals zu verstehen, wer und wo ich eigentlich bin: Ständig habe ich ein Gefühl von Heimweh, das kein Ort stillen könnte. Doch wenn ich schreibe, wird es besser.

Rassismus ist immer, es gibt keine Pausen – erst recht nicht für mich, da ich es zu meinem Beruf gemacht habe, darüber zu sprechen. Der dadurch ausgelöste Stress mündet in eine Art Dauerstress, der, so schreibt die Psychologin Ulrike Kluge, zu schweren psychischen Störungen führen kann.[94] Immer wieder frage ich mich, wie viel Kapazität ich noch habe, wie weit ich noch gehen kann.

Ich hebe meinen Kopf. Draussen ist es dunkel, ich sehe verschwommene Lichter. Dann stehe ich auf, schleppe mich zum Sofa und schlafe ein.

SCHWARZSEIN

Ich sitze auf einer Liege in einem hellen Raum. An der Wand
hängen zwei vermutlich in einem afrikanischen Land aufge-
nommene Bilder von Schwarzen Kindern. Ein hölzernes Giraf-
fen-Kunstwerk thront auf einem der Regale. An meinen Beinen
kleben Elektroden, die elektromagnetische Signale in meinen
Körper schicken: die sogenannte Bioresonanz-Therapie. Sie be-
ruht auf dem Glauben, dass Krankheiten durch Störungen oder
Unstimmigkeiten in den körpereigenen Schwingungen verursacht werden. Während du mit meiner rechten Hand hantierst,
atme ich tief ein und aus. Du praktizierst Kinesiologie. Eine
zusätzliche Therapiemassnahme, damit mein Rücken vielleicht
endlich aufhört zu schmerzen.

Mein Arm lässt sich jetzt, nachdem du eine Blockade gelöst
hast, besser biegen. Erfreut legst du ihn ab und sagst: »Ich finde
das sehr spannend, was du machst, mit deinem Einsatz gegen
Rassismus und so. Aber es ist schon absurd, dass es überhaupt
notwendig ist. Das ist meinem Leben so fremd, ich habe selbst
in Afrika gelebt.«

Ich überlege kurz, ob es sich um einen Test handelt. Können
die elektromagnetischen Signale meinen Herzschlag wahrnehmen? Dann öffne ich die Augen.

»Hm«, gebe ich von mir und versuche mich zu entspannen.

Du nutzt den vermeintlich idealen Zeitpunkt: »Ich erlaube
mir die Frage jetzt, wenn ich Sie schon mal hier habe. Bei gewissen Dingen weiss man ja wirklich nicht mehr, was man noch
sagen darf. Was *ist* nun also das richtige Wort?«

»Das richtige Wort für was?«, frage ich.

»Also ich meine, dass man [N-Wort] nicht mehr sagen soll,
das weiss man ja. Aber was sagt man denn sonst?« Du sprichst
das N-Wort natürlich aus.

»Für Schwarze Menschen?«, frage ich genervt.

»Ja?«

»Schwarze Menschen. Das ist nichts Schlimmes«, sage ich.

»Kann man also sagen.«

»Kann man, ja.«

Die Maschine piepst. Die Behandlung ist fertig. Ich bin es auch, das war für mich die erste und letzte Sitzung in deiner Praxis. Dein Blick verrät nichts Gutes, als du auf die Auswertung schaust. Du sagst, ich müsse dringend lernen, zu entspannen. Ob es denn eine Möglichkeit gäbe, weniger zu arbeiten?

Ich setze mich auf und spüre Müdigkeit und Schmerzen in meinem Rücken. Du lächelst noch immer. »Wissen Sie, das Problem ist, dass wenn ich mir eine Auszeit nehme und mir eine Therapie gönne, um in Balance zu kommen, dann passiert immer dasselbe«, sage ich.

Du schaust mich aufmerksam an und fragst: »Was denn?«

»Ich sitze hier und erkläre Ihnen Rassismus. Ich mache meinen Job und bezahle Sie dafür.«

Verwirrt schaust du mich an. Deine Augen werden feucht, hektisch streichst du dir durchs Haar, und dann kommt sie: eine *weisse* Träne.

Sie ist nicht wirklich weiss, ihr *Weiss*sein ist ein Konzept. Der Ausdruck ‹White Tears› bezieht sich auf die emotionale Reaktion von *weissen* Personen, wenn sie mit Rassismus, Privilegien oder struktureller Diskriminierung konfrontiert werden. Diese Reaktion kann sich in Empörung, Abwehr, Unbehagen oder eben Tränen äussern. Der Begriff wird verwendet, um darauf hinzuweisen, wie einige *Weisse* ihre Gefühle über die Erfahrungen rassifizierter Gruppen stellen oder eine Diskussion für ihre Zwecke umzulenken versuchen, und benennt entsprechend eine Dynamik.

Ich wäre gerne woanders. Warum habe ich nochmal gesagt, was ich beruflich mache? Warum kann ich es nicht einfach sein lassen? Warum sage ich nicht einfach, dass ich Texte über die Liebe oder über Freund*innenschaft schreibe, das wäre viel einfacher. Darüber, wie schön das Leben ist, und dass wir es alle mehr geniessen sollten.

Aber nun ist es zu spät, nun ist sie da, die *weisse* Träne. Wenn ich hier nicht aufhöre, wirst du weinen und ich werde mich entschuldigen und dich trösten müssen.

»Glauben Sie das wirklich?«, fragst du.

»Das ist kein Glaube, das ist eine Tatsache«, sage ich in der Hoffnung, dass wir das Gespräch jetzt beenden können.

»Wenn Sie es den Menschen aber ganz anständig und ruhig erklären würden, dann würden sie das verstehen«, sagst du.

Ich lächle und nicke. Die anderen. Die Menschen. Es geht immer um die anderen, nie um dich. Es geht darum, dass ich anständig und ruhig bleibe. Ich ziehe meine Schuhe an und wir verabschieden uns, wissen dabei beide, dass wir uns nicht wiedersehen.

Du wünschst mir alles Gute und betonst nochmal, dass es wirklich spannend sei, was ich mache, und dass du viele Leute kennst, die einen Workshop bei mir nötig hätten.

Mir ist klar, dass du dich nicht zu dieser Gruppe dazuzählst. Du meinst es gut. Trotzdem haben deine Worte keine gute Wirkung. Aber das sage ich dir nicht.

Der Psychologe Kenneth V. Hardy schreibt, was ich immer wieder fühle: Therapeut*innen, die mit BIPoC-Personen arbeiten, müssen, insbesondere wenn sie *weiss* sind, professionell geschult und rassismuskritisch vorbereitet sein, um eine sensible, traumabezogene Therapie anbieten zu können. Er fügt an: »Until therapists and the mental health field at large recognize this as an ethical imperative, the process of therapy will remain a place where the line of demarcation between help, healing and harm will be a thin one.«[95]

In meinem Workshop würde ich dir erklären, was Schwarzsein bedeutet. Warum Schwarz kein abwertender Begriff ist. Vielleicht würde ich auch erklären, was es für mich bedeutet. Es hat gedauert, bis ich mich in dem Begriff wiederfinden konnte. Dennoch definiert das Schwarzsein allein nicht meine Identität. Ausserdem bezieht es sich auch nicht ausschliesslich auf mein Äusseres. Es geht nicht nur um *Hautfarbe*, wie es so oft heisst. Es geht um ein inneres Bewusstsein und um Zugehörigkeit, um kollektive Erfahrungen, um kollektiv verschwiegene Erfahrungen. Diesen Prozess der Bewusstwerdung benennt auch die SRF-Tagesschau-Moderatorin Angélique Beldner mit dem Titel ihres Buchs *Der Sommer, in dem ich Schwarz wurde*.

Ich definiere mich aktuell und in der Schweiz als Schwarze Frau. Aktuell, weil ich mich nicht immer so definiert habe und sich das auch künftig wieder ändern kann. In der Schweiz definiere ich mich so, wobei ich etwa in Ghana als *mixed* gelesen werde und mich ebenso definiere, in meiner Teilwahlheimat Frankreich als *métise*. Es gibt keine abschliessende Definition des Schwarzseins, der Begriff befindet sich in einem ständigen Werden. Wissenschaftlich betrachtet gibt es keine eindeutige Theorie darüber, was Schwarzsein bedeutet und wer dieser Gruppe zugehörig ist.

Der Umgang damit variiert an verschiedenen Orten und in unterschiedlichen Sprachräumen, was auf die verschiedenen (Emanzipations-)Geschichten zurückzuführen ist. Schwarzsein umfasst eine Vielzahl ethnischer und kultureller Gruppen, die sehr heterogen sind und unterschiedliche Geschichten, Hintergründe und geopolitische Positionierungen haben. Wir sind nicht alle gleich, denken nicht alle gleich und handeln nicht alle gleich. Wenn ich spreche oder schreibe, dann tu ich das nicht für alle Schwarzen oder BIPoCs.

Obwohl Begriffe nicht einfach ohne ihren geografischen und

historischen Kontext übersetzt werden können, verwende ich den Begriff ‹Schwarz› synonym zum englischen ‹Black›. Achille Mbembe benennt diese neue Fungibilität, diese Löslichkeit, die Ausdehnung auf den gesamten Planeten wie folgt: »Becoming black of the world«[96]. Und die Psychologin Guilaine Kinouani beschreibt ‹Black› als etwas, das sich auf Menschen mit einer gemeinsamen Geschichte und Vorfahr*innen bezieht, die, wie entfernt auch immer, nach Afrika zurückverfolgt werden könne.[97]

Das Konzept des Schwarzseins beschreibt einen Prozess der Emanzipierung. Es ist eine Selbstdefinition. Solche Selbstdefinitionen kommen oft vor bei Menschengruppen, deren Menschlichkeit ihnen historisch abgesprochen oder als weniger wichtig kategorisiert wurde. Deswegen schreibe ich das Wort Schwarz wie viele andere immer gross: Um zu markieren, dass es sich um ein Konstrukt handelt und dass in dem Wort Widerstand und die kollektiven Kämpfe Schwarzer Menschen stecken.

Auch der Begriff *weiss* ist ein Konstrukt. *Weisse* Personen mögen es oft nicht, als solche bezeichnet zu werden. Aber let's face it: Rassifizierte (also nicht-*weisse*) Menschen haben sich das mit diesen Kategorien nicht ausgedacht. Daraufhin sagst du oft, dass wir eben gerade deswegen aufhören sollten, in Kategorien zu denken. Doch nur weil du fälschlicherweise glaubst, nicht in Kategorien zu denken, bedeutet das nicht, dass diese Kategorien nicht als gesellschaftliche Konstruktion existieren und wirken würden. Die Kategorien sind nicht neu. Neu ist, dass auch *weisse* Menschen benannt werden. Dass ich sie benenne und nicht umgekehrt. Die Autorin Kübra Gümüşay beschreibt in ihrem Buch *Sprache und Sein* zwei Kategorien von Menschen: die Benannten und die Unbenannten: »Die Unbenannten sind Menschen, deren Existenz nicht hinterfragt wird. Sie sind der

Standard. Die Norm. Der Massstab.«[98] Sie schreibt weiter, dass die Unbenannten die Benannten als Kollektiv verstehen, sie analysieren, inspizieren, kategorisieren wollen. Sie würden die Benannten auf die Merkmale und Eigenschaften reduzieren, die den Unbenannten an ihnen bemerkenswert erscheinen.

Weiss schreibe ich also kursiv und klein, weil es ebenfalls ein Konstrukt ist und nicht eine vermeintliche Farbe meint. Dennoch hat es eine andere Bedeutung als Schwarz. *Weiss* meint eine politische Kategorie. Es umschreibt die Macht, die *weisse* Menschen innehaben, und die Tatsache, dass sie sich dieser Macht oft nicht bewusst sind.

Es ist Mittag, die Sonne steht am höchsten und ich spaziere Richtung See. Von hier aus kann ich die Segelschiffe sehen, die mittwochs immer den Lac Léman zieren. In meinem Kopf rattern die Fragen, die du mir in deiner Praxis gestellt hast. Vielleicht hätte ich weniger sagen sollen. Vielleicht würde ich dann jetzt weniger denken. Vielleicht würde ich mich besser fühlen. Vielleicht hätte ich mehr erklären sollen. Meine Gedanken kreisen. Darüber, was ich alles falsch gemacht habe, und darüber, dass ich bestimmt überhaupt nichts falsch gemacht habe.

Ich stecke die AirPods in meine Ohren, schaue mich um, und als ich sehe, dass niemand da ist, bewege ich meine Armbeuge an meinen Mund und schreie hinein. Ich höre *Vuli Ndlela* von Brendie Fassie an und beginne, im Gehen zu tanzen. Je lauter ich die Musik drehe, je fester ich meinen Körper bewege, desto stiller werden meine Gedanken. Die Mittagshitze und meine rhythmischen Bewegungen führen mich einige Monate zurück: nach Südafrika.

UNTER DEM STERNENHIMMEL

Vor mir lodern mächtige Flammen und werfen ihr Licht Richtung Himmel. Das Feuer, das bis zu vier Meter hoch aufsteigt, verwandelt das Holzmonument in Asche. An diesem Abend weht ein kühler Wind durch die südafrikanische Wüste. Die Sonne ist längst untergegangen, und der Sternenhimmel ist mit weissen Punkten übersät. In der Ferne höre ich einen leisen Chor von Stimmen.

»Shosholoza (Shosholoza) Uyeyeee
Kulezontaba
Stimela siphum'eSouth Africa
Shosholoza (Shosholoza) Uyeyeee
Kulezontaba
Stimela siphum'eSouth Africa
Wen'uyabaleka (Wen'uyabaleka) Uyeyeee
Kulezontaba
Stimela siphum'eSouth Africa«

»Es bewegt sich schnell, bewegt sich stark
durch diese Berge
Zug aus Südafrika
Du fährst
Du fährst
durch diese Berge
Zug aus Südafrika«[99]

Ich erkenne den Gesang meiner Gruppe und gehe auf sie zu. Ihr Gesang wird lauter, und weitere Menschen, hauptsächlich Schwarze, schliessen sich uns an. Sie singen und transportieren damit eine Botschaft, die womöglich nicht für alle verständlich ist, aber für die Singenden von zentraler Bedeutung.

Das Festival *Afrikaburn* ist Teil meiner Reise auf dem afrikanischen Kontinent im vergangenen Jahr. Südafrika fühlt sich für mich sehr schmerzhaft an. Als ich ein paar Wochen zuvor in Kapstadt ankam, überfluteten mich Vorfreude und Unwohlsein gleichermassen. Ich verbrachte einige Wochen in der Stadt, die die Extreme des Lebens in einer einzigen atemberaubenden Kulisse vereint. Doch die Realität und meine Arbeit trafen mich dort mit voller Wucht. Ich kämpfte mit der Ignoranz *weisser* Bekannter, die von diesem Land ausschliesslich geschwärmt hatten – wenn sie es hier nicht verstehen, wie dann in der Schweiz? Noch nie sind Rassismus und seine Geschichte für mich so sicht- und spürbar gewesen wie hier, noch nie schien mir die Welt so hoffnungslos verloren. Noch nie habe ich mich so wenig *weiss* und so wenig Schwarz gefühlt. Noch nie habe ich Pinguine am Strand und Nationalparks mitten in der Stadt gesehen. Ich fühlte mich ständig zwischen den Welten und gleichzeitig mittendrin. Der Komiker Trevor Noah beschreibt in seinem Buch *Born a Crime* eindrücklich, inwiefern die Apartheid in Südafrika eines der ausgeklügeltsten rassistischen Systeme war, das diese Welt je gesehen hat. Dieses System ist bis heute spürbar. Die Schweiz war daran nicht unbeteiligt: Obwohl sie das Apartheid-Regime ab 1968 offiziell verurteilte, trug sie Wirtschaftssanktionen nicht mit. Dieselben Banken, die heute kein Budget für Weiterbildungen zum Thema Rassismus haben, trugen damals durch Bank- und Goldgeschäfte zur Aufrechterhaltung des Regimes bei.

Wer hätte gedacht, dass ich ausgerechnet die Sprache Afrikaans irgendwie verstehe? Afrikaans ist eine westgermanische Sprache, die vor allem in Südafrika und Namibia gesprochen wird. Sie hat sich aus dem Niederländischen des 17. Jahrhunderts entwickelt, als niederländische Siedler, bekannt als Buren, sich in der Region niederliessen. Afrikaans wurde stark von verschiedenen Sprachen beeinflusst, darunter Portugiesisch, Deutsch,

Französisch, Malaiisch und indigenen afrikanischen Sprachen, was zu seiner einzigartigen Entwicklung und seinem Charakter beigetragen hat. Als Deutschschweizerin schien mir die Sprache verwirrend bekannt.

Der *Afrikaburn* ist ein jährlich stattfindendes und mehrheitlich von *weissen* Menschen besuchtes Festival in einer Wüste in der Nähe von Kapstadt. Ich hatte das Glück, beim ersten Burn dabei zu sein, bei dem BIPoC ihren eigenen Raum respektive ihr eigenes Camp hatten: Ekasi. Denn obwohl radikale Inklusion eines der Leitprinzipien des Burns ist, erfahren viele Menschen auch dort Rassismus in Form von ausgrenzenden Verhalten, Othering, Mikroaggressionen, Exotisierung, Fetischisierung und offener Diskriminierung. Die Gründer*innen von Ekasi hatten in den Vorjahren beschlossen, ihren eigenen heiligen Raum schaffen zu wollen, sollten sie zum Burn zurückkehren. Sie wollten die Möglichkeit schaffen, Zuflucht in ihren Erfahrungen zu finden, und gleichzeitig ein Ventil bieten, um diese Erfahrungen auszudrücken, zu gestalten und in einem gemeinschaftlichen Raum zu teilen.

‹Ekasi› bedeutet ‹Township› auf Zulu. Die Idee war, die gleiche Energie, den Gemeinschaftssinn zu kultivieren, wie ich ihn in einem südafrikanischen Township finden würde, erklärt mir mein Freund Sipho, der wie viele weitere im Camp Ekasi in Khayelithsa lebt, einem der grössten Townships Südafrikas. Zum Camp gehören 25 nicht-*weisse* Menschen aus verschiedensten Regionen der Welt, deren Identitäten und Kulturen in das Camp mit einfliessen sollen. Während der Festivalwoche wird Ekasi nicht nur zu einem Ort der Zuflucht, sondern auch der Hoffnung und Inspiration.

Mein Freund Nishantha, der das Camp mitorganisiert hat, und ich sind uns einig: Es ist ein Ort der Heilung und der Akzeptanz dessen, wer wir sind, wo wir waren und wohin wir gehen. Wir verbringen Stunden damit, uns zu unterhalten. Auf den ersten Blick haben er und ich nicht viel gemeinsam: Seine Eltern wurden in Sri Lanka geboren und sind dort aufgewachsen, er selbst wuchs in Kanada auf. Was uns verbindet, ist die Suche nach Identität, das hartnäckige Erlernen der Sprache unserer Grosseltern und der Versuch, etwas zurückzugewinnen, das uns irgendwann genommen oder nie gegeben wurde. Aber auch das stetige Bewusstsein über die Tatsache, dass wir nicht vollumfänglich zu der Gesellschaft dazugehören, in der wir aufgewachsen sind.

Das Gefühl, sich aufgrund der in zwei oder mehr Kulturen verankerten Identität nirgendwo wirklich zuhause zu fühlen, ist weit verbreitet und wird oft als etwas Negatives beschrieben. Dabei gibt es uns die Fähigkeit, uns ortsunabhängig ein neues Zuhause oder gleich mehrere zu schaffen. Vielleicht ist auch das Konzept des Schwarzseins eine Art Zuhause für Menschen wie uns.

Wir werden häufig als *entwurzelt* beschrieben. Eigentlich trifft das Gegenteil zu. Wie auch die Psychologin Kinouani sagt, müssen die Wurzeln umso dicker und stärker sein, je weiter die Baumkrone vom Boden entfernt ist, damit die Äste gedeihen können.[100] Schwarzsein bedeutet, eine Community zu haben. Seit meiner Kindheit kenne ich die erkennenden, wohlwollenden Blicke von Schwarzen Menschen, denen ich begegne. Es ist ein wohlwollendes Nicken, ein stilles »Ich sehe dich.« Mein Vater pflegte zu sagen: »Birds of a feather flock together.« Und trotzdem: Das Bewusstsein für echte, aktive Community kam erst viel später in meinem Leben. Vielleicht lag es daran, dass ich im ländlichen Zentrum der Schweiz aufwuchs, fern von den Coiffeursalons der Zürcher Langstrasse, wo ich als Kind die Schwarze Community erlebte. Erst mit dem Aktivismus, der erhöhten Öffentlichkeit und meinem Umzug nach Paris wurde ich auf Menschen aufmerksam, die ähnliche Erfahrungen machten wie ich und sich zum Teil auch derselben Thematik widmeten. Der Kampf gegen Rassismus fühlte sich für mich lange sehr einsam an. Erst mit den Jahren wurde mir die Bedeutung von Gemeinschaft und Community tatsächlich und körperlich bewusst. Widerstand muss sich auf Verbindung konzentrieren. Die Verbindung mit unserer Vergangenheit, unserem Körper und Geist, der Gesellschaft und nicht zuletzt natürlich die Verbindung zueinander. Eine Community ist mehr als nur ein Netzwerk – sie ist der Raum, in dem Solidarität zur Tat wird, wo Zusammensein nicht nur geteilte Anwesenheit, sondern ein gemeinsames Erleben bedeutet, und wo echte Verbundenheit und damit Kraft entstehen können.

Über die letzten Jahre habe ich so viele Menschen begleitet, gecoacht, unterrichtet, habe Diskussionen und Kämpfe geführt, und kam dabei oft mit einer Leere nach Hause. Doch was ich eigentlich am meisten liebe – und auch vermisse – ist es, Räume zu schaffen, in denen wir einfach zusammen sein und heilen können. Wo wir reden, schreiben, schwimmen und gemeinsam Feuer machen. Orte, an denen wir träumen und Utopien zeichnen können. Ich bin überzeugt, dass Verbindung und Kampf keine Gegensätze sind, sondern vielmehr komplementäre Kräfte, die tiefgreifende gesellschaftliche Transformationen auslösen können.

Ich versuche, mich davon wegzubewegen, ständig in der erschöpfenden, reaktiven Energie zu sein. Stattdessen habe ich gelernt, unsere gemeinsame Kraft zu nutzen, um uns selbst zu stärken. Diese Räume der Verbindung sind für mich nicht nur ein Rückzugsort, sondern der Kern meiner Arbeit. Sie erinnern mich daran, dass Veränderung nicht allein durch Widerstand entsteht, sondern durch das, was wir gemeinsam erschaffen –

durch Solidarität, Gemeinschaft und den Glauben, dass es alles
auch anders sein könnte.

DIE EHE MEINER ELTERN

Du bist Teilnehmerin in einem meiner Kurse und sagst: »Das ist alles total anstrengend.« Natürlich ist es das, denke ich, und frage: »Was denn?«

Ich habe, wie in jedem Kurs, danach gefragt, was die Teilnehmer*innen von mir erwarten. Du hast, wie es in jedem Kurs mindestens drei Leute tun, versichert, dass du selbst schon auf gutem Weg in Richtung Antirassismus bist, aber unbedingt lernen möchtest, wie du andere darin unterstützen kannst. Du hast erzählt, dass dich ‹das Andere› schon immer faszinierte. Dass du eigentlich in der falschen Haut geboren bist und schon als junge Frau immer nur auf Schwarze gestanden hast. Jetzt bist du mit einem Schwarzen Mann verheiratet und Mutter von zwei Kindern, die ebenfalls Schwarz sind. »Also eigentlich ja nicht, sie sind ja braun, aber ja.« Darum weisst du auch, so erzählst du, wie das ist mit dem Rassismus. Du erlebst und spürst ihn ständig mit ihnen. Du willst unbedingt auf ‹meiner Seite› sein, darum erzählst du auch gleich noch die Anekdote eines Rassismusvorfalls auf der Strasse. Ich unterbreche dich vorsichtig und fahre mit dem Kurs fort.

Jetzt, zwei Stunden nach Kursbeginn, sitzt du da und bist erschöpft. Du tust mir leid, aber eigentlich sind es deine Kinder, die mir leidtun. Du hast es immer nur gut gemeint, doch seit ein paar Minuten ist dir bewusst, dass du Rassismus selbst weder direkt erlebst noch spürst, sondern ihn reproduzierst. Du bist Teil des Systems. Es wäre für dich nun viel einfacher, meine Haltung als extrem zu markieren und an deinem Standpunkt festzuhalten. Aber etwas in deinem Blick sagt mir, dass du das nicht tun möchtest.

»Das alles hier. Es ist so anstrengend. Warum und wie konnte das nur passieren? Oder nein, eigentlich weiss ich ja, wie es passieren konnte. Du hast es uns ja jetzt erklärt, aber das ist wie ein Fass ohne Boden ...«, sagst du, dann verschlägt es dir die Stimme.

»Es ist ein gutes Zeichen, dass du dich so fühlst«, sage ich.

»Es fühlt sich aber nicht gut an«, flüsterst du.

»Rassismus fühlt sich nie gut an. Vor allem nicht für die Menschen, die Opfer davon sind«, sage ich.

Nach dem Kurs bedankst du dich bei mir. Du wirkst erschöpft, aber entschlossen. Ich räume meine Sachen zusammen, mein Zug fährt in ein paar Minuten.

»Ich dachte immer, dass Liebe die Lösung sei. Dass unsere Kinder, die aussehen wie du, ein Zeichen gegen Rassismus wären«, sagst du, oder fragst du vielmehr.

»Liebe ist bestimmt Teil der Lösung. Ich glaube an Liebe als Revolution. Aber an aktive Liebe, denn die Frage ist, was wir unter Liebe verstehen.«

Du schaust mich verwirrt an.

»Ich würde behaupten, dass die allermeisten *weissen* Eltern keine Kurse belegen oder Workshops besuchen. Sie glauben oft, dass Liebe allein ausreicht, um Rassismus zu überwinden. Aber das hier ist nur der Anfang – ein Anfang, der zeigt, dass Liebe auch in Handlungen übergehen muss, in echtes Engagement.«

»Danke«, sagst du.

»Danke dir«, sage ich zurück und verschwinde aus der Tür.

Auf dem Heimweg denke ich über Liebe nach. Ich denke über meine Eltern nach. Manchmal zeige ich in meinen Kursen und Workshops den Film *Die Schweizermacher* von Rolf Lyssy aus dem Jahre 1978. Der Film schildert auf satirische Weise die Arbeit zweier Fremdenpolizisten, die gemäss der Schweizer Assimilationspolitik der 1960er- und 1970er-Jahre ‹Ausländer*innen› hinsichtlich ihrer kulturellen Eignung für eine Einbürgerung kontrollierten. Dabei prüften sie auf äusserst willkürliche Art und Weise binationale Ehen.[101] Das wird offenbar bis heute gemacht, um sogenannte Scheinehen zu identifizieren. Hier entscheidet letztlich die*der Zivilstandsbeamt*in darüber, ob die Liebe zwischen zwei Menschen echt oder nur ‹Schein› ist.

Meine Eltern haben in den 1990er-Jahren laut Artikel 97a eine solche verdächtigte binationale Ehe geschlossen, weshalb nach schweizerischem Gesetz Kontrollmassnahmen getroffen werden mussten. Die Behörden wollten die Beweggründe meiner Eltern für die Heirat erheben. Der reine Verdacht auf eine Scheinehe legitimierte den Eingriff in die Intimität meiner Eltern oder auch Paaren aus ihrem Freund*innenkreis. Ein Test bestand darin, bei unangekündigten Besuchen zu kontrollieren, ob zwei Zahnbürsten im Glas am Waschbecken standen. Mein Vater reinigte seine Zähne aber oft mit Miswak, einem Reinigungszweig, der aus dem Ast des Zahnbürstenbaums (Salvadora persica) hergestellt und als natürliche Alternative zur Zahnbürste verwendet wird, und den er im Kühlschrank statt im Badezimmer aufbewahrte.

Aufgrund dieses Indizes und der Tatsache, dass es sich um die Beziehung zwischen einer *weissen* Frau und einem Schwarzen Mann handelte, bestand also der Verdacht auf Scheinehe. Umgekehrt gab es keinerlei staatliche Kontrollmechanismen: *Weisse* heterosexuelle Männer konnten ohne Probleme nicht-*weisse* Frauen ehelichen, selbst wenn diese nicht aus der Schweiz kamen.[102] Im Grunde lässt sich also sagen, das Verfahren wurde entwickelt, um die *weisse* Frau, die als Schweizer Besitz galt, vor dem bösen, betrügerischen und fremden Schwarzen Mann zu retten.

Als die Liebe meiner Eltern irgendwann trotz des Nichtbestehens des Zahnbürsten-Tests ausreichend bewiesen worden war – etwa durch klassische Erzählungen, die der Schweizerischen Vorstellung eines *richtigen* Paares entsprachen –, nahmen die Kontrollen ab. Fortan wurde ihre Liebe in Szene gesetzt und medial romantisiert.

Zehn Jahre, bevor die Black-Lives-Matter-Bewegung die breite Öffentlichkeit erreichte, porträtierte eine Schweizer Zeitung in einem Artikel mit dem Titel *Grenzenlose Liebe* die Beziehung meiner Eltern sowie die zweier weiterer Paare. Sie waren angefragt worden. Die Geschichten wurden jeweils aus der Perspektive der *weissen* Person erzählt. Der Artikel erschien im Rahmen der Sommerserie *Die Zeitung geht fremd*. Obwohl es sich um drei Schweizer Ehepaare handelte, ist jeweils die Rede von einer Schweizer Frau und ‹ihrem› Ghanaer, Kubaner oder Nigerianer. Der Artikel drückt mit meiner heutigen Analyse die Sorge aus, dass *weisse* Schweizer Frauen die kulturelle Identität des Landes gefährden, indem sie vermeintlich *fremde* Einflüsse einführen. Auch im Titel wird diese Angst deutlich. Mit *Fremdgehen* ist wahrscheinlich die Reise ins Unbekannte und die Abweichung von der üblichen Berichterstattung gemeint gewesen. Doch im umgangssprachlichen Sinn bedeutet Fremdgehen auch Betrug. Diese *grenzenlosen* Liebesgeschichten können daher als eine Art Verrat an der Schweiz gesehen werden.

Laut einer Analyse der Historikerin Jovita dos Santos Pintos wird auch bei den Eltern der ehemaligen Schweizer Nationalrätin Tilo Frey eine mediale Romantisierung ihrer Beziehung erkennbar. Diese Romantisierung lässt jedoch wesentliche Aspekte wie den historischen oder sozialen Kontext komplett ausser Acht. In Bezug auf meine Eltern wurde beispielsweise nie über den Rassismus geschrieben, den sie erfahren haben und der eine ständige Belastung für die Familie gewesen ist. Genauso wenig darüber, dass ihre Liebe auf Echtheit kontrolliert worden war oder dass sich die Jobsuche meines Vaters trotz seines Hochschulabschlusses schwierig bis aussichtslos gestaltete.

Die Privatsphäre galt für meine Eltern nicht, und zwar aus dem schlichten Grund, dass mein Vater ein ‹Afrikaner› oder vielmehr, weil er Schwarz ist, denn Schweizer ist er irgendwann geworden. Dieses Zurschaustellen intimer Beziehungen, das sich oft hinter einer vermeintlich ‹positiven› Neugier oder Faszination verbarg, ist in der Schweiz tief verwurzelt und etwa in rassistischen Spektakeln historisch verankert – sogenannte Völkerschauen waren bis ins mittlere 20. Jahrhundert sehr beliebt. Die vermeintlich ‹positive› Neugier trägt zu einer Verfestigung der ‹Veranderung› bei.

Im Zuge meines Nachdenkens über das Thema sehe ich mir im Fernsehen eine Sendung an, in der es um Liebe und ihre vermeintliche Grenzenlosigkeit geht. Es soll gezeigt werden, wozu Liebe fähig ist, wobei Paare porträtiert werden, die einen Zusammenhang mit der Schweiz haben und die oft binational und/oder biracial sind. Zufällig bin ich bei einem Teil der Dreharbeiten zu dieser Sendung in Ghana dabei gewesen, weil ich gerade bei meinem Vater war. Das Fernsehen begleitete das Protagonist*innenpaar des Films bei ihrem Besuch des Unternehmens meines Vaters. Ziel war es, eine natürliche und freundschaftliche Situation zwischen meinem Vater und dem Paar darzustellen. Es war ein schreckliches Schauspiel: Die Aufnahmen waren von einem *weissen* Blick durchzogen. Das Filmteam zeigte kein wirkliches Interesse am Unternehmen meines Vaters, den Mitarbeiter*innen oder meinem Vater selbst. Während sich das gesamte Unternehmen auf den Besuch des Fernsehens gefreut und vorbereitet hatte, informierte das Fernsehteam niemanden über die Verspätung von mehreren Stunden oder den Inhalt der Filmaufnahmen. Erst bei der Ankunft wurde gesagt, dass sie sich für die Aufnahmen einen ‹richtigen Kakaobauern› vorstellten. Eine fünfminütige Recherche hätte ausgereicht, um zu erfahren, dass es sich bei der Firma nicht um eine Farm handelte und bei meinem Vater nicht um einen Kakaobauern. Während die Mitarbeiter*innen die Räumlichkeiten der Büros und die Lagerhalle zeigten, wollte das Fernsehteam ‹das richtige Afrika› sehen, und so wurden sie schliesslich zu einer Kakaofarm in der Nähe begleitet. Sie hatten also mehrere Flugstunden zurückgelegt, nur um das zu präsentieren, was sie durch den *weissen* Blick in der Schweiz bereits sahen: Ein rurales Afrika, in dem es sich nur aus ‹ganz starker Liebe› zu einem Menschen wirklich leben lässt.

Der Soziologe Stuart Hall schrieb einst, dass solche Bilder immer eine Ambivalenz widerspiegeln. Sie zeigen eine doppelte *weisse* Sicht. Einerseits beinhalte sie eine Art Sehnsucht nach Unschuld, die den ‹zivilisierten› *Weissen* für immer verloren gegangen sei, und andererseits die Gefahr, dass diese Zivilisation durch das Wiederaufleben dieser als minderwertig betrachteten Lebensart überrannt oder untergraben werden könnte.[103]

In einer der bereits ausgestrahlten Doku-Folgen begibt sich die Journalistin auf den Markt in Accra. Der Fokus wird auf Riesenschnecken gelegt, die in Ghana zwar als Delikatesse gelten sollen – mag sein, mir und meiner Familie war das unbekannt –, doch die Journalistin macht daraus ein ähnlich absurdes Narrativ wie etwa davon auszugehen, dass sich in Frankreich alle ausschliesslich von Schnecken ernähren. In derselben Folge wird eine Szene des Geldtauschs gezeigt, wobei sich die Journalistin verwundert zur Kamera dreht und sagt: »Bei uns geht man auf die Bank«. *Bei. Uns. Geht. Man. Auf. Die. Bank.* Mit diesem Satz wird für die Zuschauer*innen ein ganz bestimmtes Bild Schwarzer Menschen und von ganz Afrika reproduziert; ganz klar findet hier eine Form von Othering statt. Dabei fehlt es uns in der Schweiz ohnehin schon an emanzipatorischen Erzählungen und Repräsentationen von Afrika. Das Geld, das in Sendungen wie diese gesteckt wird, könnte auch dafür eingesetzt werden, *echte* Bilder zu kreieren. Solche, die nicht aus einer rein eurozentrischen und damit auch paternalistischen, vereinfachten und rassistischen Perspektive produziert werden. In dieser Serie wird impliziert, dass das *Anderssein* nur durch wahre Liebe überwindbar sei. Liebe, wie sie in der normativen Vorstellung als objektiv gilt. Liebe, bei der zwei heterosexuelle Menschen ein Zahnbürstenglas teilen. Denn nur dann ist sie echt.

Die Filmaufnahmen mit meinem Vater – der quasi als Vorbild inszeniert und dazu befragt wurde, wie er seine binationale Ehe lebt – haben es nie in die Doku-Sendung geschafft. Die Gründe kann ich nur erahnen. Wie kann es sein, dass es seit Jahren keine weitere Reportage über Kakao und den Zusammenhang zwischen der Schweiz und Ghana gegeben hat, aber ein komplettes Filmteam mal schnell nach Ghana fliegt, um zu filmen, wie Liebe so geht und was sie alles kann?

Seit ich Teenager war, bin ich bei vielen Interviews, die mein Vater gibt, dabei gewesen. Nun soll mein Vater bei einem Anlass über die Zukunft Afrikas sprechen. Seit der grossen Black-Lives-Matter-Welle in der Schweiz sind ein paar Jahre vergangen. Als wir eintreffen, empfängt uns eine Gruppe älterer *weisser* Menschen, es sind Gatekeeper und damit Entscheidungsträger, die ab und zu – und wenn wir unsere Rolle genügend gut spielen – zu Geldgebern für das Kakaoprojekt in Ghana werden. Sie alle haben eine Faszination für Afrika und für Schwarze Menschen. Ich stehe mit meinen beiden Schwestern zusammen, als du, einer dieser Herren, auf uns zukommst und uns auf Englisch begrüsst. Meine Schwestern antworten auf Englisch, wirken etwas unsicher. Die Situation ist ihnen unwohl, aber alles geht ganz schnell. Ich – ohnehin schon körperlich gross – türme mich auf. Antworte auf breitem Schweizer*innendeutsch und mache, was ich mir antrainiert habe: Ich treffe mein Gegenüber mit meinen Antworten wie mit Pfeilen. Innerlich fletsche ich die Zähne, fühle mich wie eine Löwin. Als du wieder gehst, sage ich meinen Schwestern: »Ihr habt zwei Minuten Zeit, um solchen Menschen zu beweisen, dass es eine zweite Generation nach unseren Eltern gibt, die genau weiss, was sie will. Zwei Minuten, um zu sagen, dass sie ihr Geld bei uns investieren sollen, wir uns aber nicht demütigen lassen.«

Ich frage mich, warum ich sie nicht einfach in den Arm nehme und sage, dass dein Verhalten völlig daneben war und dass sie gar nichts müssen? Dass wir niemandem etwas beweisen müssen. Warum habe ich das Gefühl, sie wie kleine Soldat*innen formen zu müssen? Du kommst zurück, und in diesem Moment gesellt sich eine ältere *weisse* Bekannte dazu. Sie stellt sich dir als »Teil der Familie« vor, eine grenzüberschreitende Behauptung. Ihre Beziehung zur Familie ist seit jeher beruflich gewesen, zwar unterstützend für die Projekte meines Vaters, aber durchzogen von Paternalismus und Saviorism. Meine Schwestern und ich sehen einander ungläubig an.

Der Anlass ist nur schwer auszuhalten. Der Moderator, ein langjähriger Afrika-Korrespondent, spricht gebrochenes Englisch, stellt grenzüberschreitende Fragen, erwähnt in einem Nebensatz, dass Menschen in Afrika oft meinten, er kenne Afrika besser als sie. Ich rutsche nervös auf meinem Stuhl hin und her, schaue in das nickende Publikum. Was ich seit Jahren mache, hat auch mein Vater perfektioniert: Er reagiert ruhig, antwortet auf jede noch so unangebrachte Frage, bringt das Publikum zum Lachen und zitiert Kant, Rousseau und Shakespeare. Ich atme langsam aus. Im Nachhinein frage ich ihn, warum er das tut. All die *weissen* Männer, die er zitiert, vertraten nicht nur deutlich rassistische Ansichten, sie trugen auch zu einem rassistisch homogenisierten Bild von Afrikaner*innen bei. Mein Vater presst die Lippen zusammen und schmunzelt, während er in Richtung Publikum blickt, das gerade den Apéro geniesst.

»Weil ich zu ihnen spreche.« Was er damit sagen will, ist, dass ein in ihren Augen belesener Schwarzer Mann nun mal mehr Aufmerksamkeit erhält. Hätte er W.E.B. du Bois, Audre Lorde oder Frantz Fanon zitiert, hätte kaum jemand folgen können.

Auf dem Weg nach Hause schaue ich aus dem Zugfenster, und während die Landschaft draussen an mir vorbeizieht, versuche ich zu verstehen, was mir durch seinen Auftritt gerade klar geworden ist. Ich habe einen Grossteil meines Lebens damit verbracht, zu performen, um für *Weisse* akzeptabel zu sein, um die Muster-Schwarze zu sein, um nicht überempfindlich zu wirken. Ich habe die Fähigkeit perfektioniert, auf Hass und Aggression mit Liebe und Verständnis zu reagieren. Ich weiss, wie ich lächeln kann, obwohl ich eigentlich weinen will, und wie ich schweige, wenn ich eigentlich schreien möchte. Ich verstehe es, vor *weissem* Publikum so liebevoll und sanft wie nötig darüber zu sprechen, was Rassismus ist und was er macht. Mein Vater tut dasselbe, verbringt aber inzwischen nur noch wenig Zeit in ausschliesslich *weissen* Räumen. Der Psychologe Kenneth V. Hardy schreibt: »Calibrating the incongruities between what one authentically feels and wants to express with what one is expected to feel and express requires immense emotional and psychological effort, energy, and restraint.«[104]

DAS POLIZEIPROBLEM

Ich war sehr jung, als ich Rassismus bewusst wahrzunehmen lernte. Mein Papi ist Schwarz, mein Mami ist *weiss*, nur meine kleine Schwester sah aus wie ich. Wir lebten in einem Vorort von Zürich, Schwamendingen. An einem Novembertag im Jahr 1997 kam mein Vater morgens nicht rechtzeitig nach Hause. Meine Mutter würde zu spät zur Arbeit erscheinen, wenn er nicht bald auftauchte. Obwohl sie gut darin war, Probleme vor uns Kindern zu verbergen, lernte ich schnell, zu erkennen, wann sie genau das tat. Ich spürte es, der Ausdruck ihrer Augen war ein anderer, die Aura trug eine andere Farbe. Mein Vater war wie jeden Tag frühmorgens in die Kälte losgezogen, um Zeitungen auszutragen. Als Kleinkind hatten meine Eltern mich in eine warme Decke gepackt und mitgenommen, da mein Vater anfangs noch Mühe mit der deutschen Sprache hatte und die Briefkästen ohne meine Mutter nicht fand. Er war nur einige Jahre zuvor aus Ghana in die Schweiz gekommen. Als er an diesem Novembermorgen endlich heimkam, war er ausser sich vor Wut, und auch meine Mutter war wütend und aufgebracht. Da keine Zeit blieb, eilte sie aus der Wohnung zur Arbeit, und mein Vater blieb wütend zurück. Er fluchte auf Englisch, sagte immer wieder »stupid racists«. Mich überkam dasselbe Gefühl, wie wenn ich mich nachts fürchtete: Ich wollte, dass es schnell vorübergeht, dass der nächste Tag anbricht und die Sonne scheint. Ich wollte, dass meine Eltern wieder glücklich und nicht mehr wütend sind, dass sie genügend Geld haben und dass die Monster wegbleiben. Zwar verstand ich damals noch nicht genau, wer diese Monster waren, aber ich wusste, dass es sie gab, und dass sie sich nicht unter meinem Bett versteckten, aber überall sonst. Erst Jahre später erklärte mir meine Mutter, was an jenem Morgen geschehen war: Die ortsansässige Polizei hatte nach einem Drogendealer gesucht, und offenbar war die gesuchte Person Schwarz gewesen. Also hatten sie den ersten Schwarzen Mann, den sie finden konnten, an die Wand gedrückt und ihre kläffenden Hunde an ihm hochsteigen lassen: meinen Vater.

Racial Profiling war immer wieder ein Thema bei uns zu Hause. Wir nannten es damals das ‹Polizeiproblem›. Es ist womöglich eine der sichtbarsten Formen von strukturell rassistischer Gewalt, und dennoch wird sie oft übersehen. Sie wird übersehen, weil es deine Vorstellungen übertrifft. Weil du, als ich von Monstern träumte, lerntest, dass die Polizei dich schützen würde. Weil du und ich gelernt haben, nicht-*weisse* Menschen mit Kriminalität zu verbinden. Es geht weniger um einzelne Arschlöcher unter den Polizist*innen, wobei es die sicherlich auch gibt, sondern um die institutionalisierte Praxis, die dahintersteckt.

»Ich dachte, das ist in der Schweiz nicht wirklich Thema«, sagst du, nippst an deinem Kaffee und schaust mich traurig an.

Du bist meine Freundin, warst in der Gegend, also haben wir uns auf einen Kaffee getroffen.

Warum habe ich dir das gerade erzählt? Warum sprechen wir nicht über was anderes? Wie du das mit deinen anderen Freund*innen machst?

»Nur weil es kein Thema ist, bedeutet es nicht, dass es nicht existiert«, sage ich.

»Ja, schon. Aber wie das im Film vorkommt, das ist doch echt krass.«

Du spielst auf den neuesten Dokumentarfilm über Rassismus an. In der Schweiz gab es im letzten Jahrzehnt ein paar wenige Dokus zu diesem Thema. Sie waren alle – wie auch dieser neue – auf die Betroffenenperspektive limitiert. In keinem von ihnen kamen Expert*innen oder Wissenschaftler*innen zu Wort, um über die institutionalisierte Gewalt zu sprechen.

Wie ist das möglich? Und wie kann es sein, dass diese Filme von einem so breiten Publikum als neuartig aufgefasst werden?

»Also mich hat das berührt, und ich finde, alle sollten den Film sehen«, sagst du, als ich nicht antworte.

»Ja, wahrscheinlich«, sage ich und glaube das auch. Und dann tust du mir leid. Du schaust mich mit diesem Blick an, der von mir mehr Zustimmung erwartet.

»Sorry, aber ich kann es einfach nicht glauben, dass ihr euch das nicht vorstellen könnt. Dass *du* dir das nicht vorstellen kannst«, sage ich.

Du nimmst deinen letzten Schluck Kaffee und bist nachdenklich. »Ja, ich glaube, da musst du noch ein bisschen Geduld haben mit uns. Weisst du, ich habe ja schon einige Bücher gelesen, ich beschäftige mich auch damit, aber ich finde es einfach so unfassbar.«

Da sind wir uns einig: Es ist unfassbar. Das alles ist und bleibt unfassbar.

Wir bestellen noch einen Kaffee und du wechselst das Thema: »Hast du dir schon den Barbie-Film angesehen?«

Doch meine Gedanken hängen noch woanders.

Mike Ben Peter
Lamin Fatty
Hervé Mandundu
Roger (Nzoy) Wilhelm

Sie alle sind zwischen 2016 und 2021 durch polizeiliche Gewalt ums Leben gekommen. In der Schweiz. Mike Ben Peter wurde am 28. Februar 2018 in Lausanne verhaftet. Er weigerte sich, eine Leibesvisitation über sich ergehen zu lassen, und wurde in Folge von sechs Polizist*innen mehrere Minuten lang in Bauchlage zu Boden gedrückt. Einige Stunden später starb er im Waadtländer Universitätsspital CHUV. Die Polizei macht eine Überdosis geltend. Doch die Autopsie ergibt, dass die Todesursache die Folge des gewaltsamen Polizeieinsatzes war.[105] Während ich dieses Buch überarbeite – im Juli 2024 – werden die entsprechenden Polizisten freigesprochen.

Mein Vater ist kein Einzelfall, und die Erlebnisse, die er hatte, sind nicht nur ein Problem der Vergangenheit. Anders als oft angenommen, ist Racial Profiling, das sogar zu Mord führen kann, nicht nur ein Problem der Vereinigten Staaten.

»Als Problem sichtbar, als Mensch unsichtbar«, heisst es im Gedicht *Helvetzid* von Mohamed Wa Baile[106]. Obwohl rassistisch motivierte Kontrollen im öffentlichen Raum stattfinden, wird diese polizeiliche Praxis von einem grossen Teil der Gesellschaft nicht als Rassismus erkannt. Es handelt sich dabei klar um ein Mittel der Rassifizierung, wobei diese durch die Praxis selbst zugleich normalisiert und legitimiert wird. Mohamed Wa Baile schrieb dazu:

> »Ich bin nicht sicher, dass ich aus dem Haus gehen, einkaufen oder hierherkommen kann, ohne kontrolliert zu werden [...] Ich möchte in der Schweiz leben und mit meinen Kindern rausgehen, wie alle [*weissen*] Menschen, und mich dabei nicht nerven oder aufregen, wenn ich meinen Ausweis vergesse. Aufregen möchte ich mich, wenn ich mein Handy vergesse, wie [*weisse*] Menschen.«[107]

»Racial Profiling wird zudem durch eine Assoziation verursacht und reproduziert, die nicht-*weisse* Körper mit dem Verdacht auf Kriminalität verbindet, namentlich auf eine illegale Praxis oder unerlaubte Anwesenheit«, schreibt die Politikwissenschaftlerin Michel Noémie.[108]

Im Februar 2015 wurde Mohamed Wa Baile, ein Bibliothekar an der Eidgenössischen Technischen Hochschule (ETH) in Zürich, während seiner täglichen Pendelfahrt am Bahnhof Zürich von drei Polizist*innen ohne ersichtlichen Grund kontrolliert. Während sie andere Pendler*innen ignorierten, forderten sie ihn wiederholt auf, seinen Ausweis zu zeigen. Sie durchsuchten seine persönlichen Sachen, und erst nach dem Auffinden seiner Sozialversicherungskarte durfte er gehen. Solche rassistischen Polizeikontrollen erlebte Wa Baile bereits seit über zwei Jahrzehnten immer wieder. Entschlossen, sich dem nicht länger zu unterwerfen, wehrte sich Wa Baile gegen die polizeilichen Anordnungen, was im März 2015 zu einer Geldstrafe von 100 Franken führte. Der Vorwurf basierte auf dem Verdacht eines Verstosses gegen das Ausländergesetz aufgrund als verdächtig empfundenen Verhaltens. Obwohl die Schweizer Gerichte in den Instanzen des Bezirksgerichts Zürich, des Ober- und Bundesgerichts keine Anzeichen von Racial Profiling erkannten, kämpfte er mit Unterstützung der Allianz gegen Racial Profiling, die im April 2016 gegründet wurde, um gegen rassistische Diskriminierung vorzugehen, erfolgreich bis vor den Europäischen Gerichtshof für Menschenrechte.

Fast ein Jahrzehnt später stellte der Gerichtshof fest, dass Wa Bailes Privatsphäre verletzt wurde und die Polizist*innen das Diskriminierungsverbot missachtet hatten. Er rügte die Schweizer Gerichte für mangelhafte Prüfung. Anfang 2024 wurde die Schweiz verurteilt. Dieser Fall markiert zwar einen Meilenstein, hat internationale Bedeutung und wird als Impact Case vom Europäischen Gerichtshof für Menschenrechte betrachtet. Dennoch ist der Kampf gegen institutionellen Rassismus noch nicht vorbei. Racial Profiling passiert weiterhin täglich.

Dabei stellt es nur eine Form der Kriminalisierung rassifizierter Menschen dar. Viele von uns kennen das Gefühl, sofort zu hoffen, dass es keine nicht-*weisse* Person war, wenn wir von einer

Straf- oder Gewalttat hören. Wir wissen, dass wir alle beschuldigt werden, wann immer eine nicht-*weisse* Person der*die Täter*in ist. *Weisse* Menschen hingegen haben das Privileg, als Einzelpersonen wahrgenommen zu werden. Die Schriftstellerin Sharon Dodua Otoo schreibt, dass die Medien bei *weissen* Tätern oft nach Gründen für ihre Taten suchen. In der Gesellschaft gibt es mehr Verständnis für *weisse* Verbrecher als für Schwarze Jugendliche, selbst wenn diese nichts falsch gemacht haben.

WAS IST ZUHAUSE?

Es ist still bis auf das Rauschen des Atlantiks. Die Sonne scheint auf das helle Gemäuer der Kapelle, die im 17. Jahrhundert für die *weissen* Gouverneure gebaut wurde. Gleich darunter liegen die Verliese, in denen Schwarze Menschen damals gefangen gehalten wurden, bevor sie in die ‹Neue Welt› transportiert wurden. Jene, die den Transport überlebten, sollten dort als Versklavte ihren *weissen* Besitzern dienen. In den Verliesen ist es dunkel, der Boden besteht aus Schichten getrockneter, menschlicher Fäkalien, der Geruch liegt noch immer in der Luft. In den sogenannten Slave Holes gibt es keine Lüftung, keine Fenster, keine sanitären Anlagen. Die Menschen wurden hier bis zu drei Monate lang eng zusammengepfercht festgehalten, bevor sie durch die ‹Door of no Return› (Tür ohne Wiederkehr) auf die Schiffe gebracht wurden, erklärt der Guide. Eine drückende Hitze herrscht hier unten. Nur wer die Treppen bis zum Zimmer des Gouverneurs hinaufsteigt, kann den frischen Wind spüren, der über den Atlantik zieht. Cape Coast Castle an der Küste Ghanas erzählt die Geschichte unzähliger Menschen. Von hier aus regierten die britischen Kolonialherren im 17. und 18. Jahrhundert Ghana, das damals Gold Coast (Goldküste) genannt wurde, und verkauften Menschen in die Sklaverei in die USA und andere Gebiete dieser Welt. Die Verliese unter der Kapelle erinnern an die unvorstellbaren Gräueltaten. Ghana ist nicht nur meine zweite Heimat, sondern auch das Zuhause ganz vieler Menschen, die gar nicht wissen, dass dem so ist.

Das Jahr 2019 wird in Ghana als das ‹Year of Return›, das Jahr der Rückkehr, gefeiert. Zum Gedenken an den 400. Jahrestag der Ankunft der ersten versklavten Afrikaner*innen im US-Bundesstaat Virginia wird ein einjähriges Programm mit Aktivitäten für Rückkehrer*innen gestaltet. Nur wenige Jahre zuvor wurden DNA-Tests populär, mit denen man die eigene Herkunft nachvollziehen kann. Für viele Menschen weltweit waren die Ergebnisse überraschend, schmerzhaft, lehrreich oder sogar inspirierend. So erfuhren überzeugte Patriot*innen von ihrer Herkunft aus einem anderen Land – und viele Schwarze US-Bewohner*innen erhielten erstmals Klarheit darüber, woher ihre Vorfahr*innen stammten. 2019 kehrten einige dieser Menschen auf den Spuren ihrer Vergangenheit nach Ghana zurück. Auch die erste Schwarze First Lady, Michelle Obama, besuchte in diesem Jahr Cape Coast. Neben vielen anderen Menschen aus der afrikanischen Diaspora durchschritt sie die neu errichtete ‹Door of Return›. Wie mag es sich wohl anfühlen, zu erfahren, dass ein Mensch diese Verliese überleben musste, damit man selbst Jahre später an einem ganz anderen Ort auf der Welt geboren werden konnte?

Meine Familiengeschichte ist eine andere. Mein Vater wuchs in einer Lehmhütte in der Voltaregion im Südosten Ghanas auf. Er arbeitete viel auf den Feldern meines Grossvaters und begann früh damit, mit Ziegen und Metallen zu handeln, die er gefunden und gesammelt hatte. In seinem Dorf war er dafür bekannt. Während der Schulzeit überlegte er sich, wie er Geld machen konnte. Er besuchte eine Missionarsschule, in der er früh die Geschichte von *Heidi* kennenlernte, die er uns später als eine seiner Kindheitsgeschichten erzählen würde. Ja, er lernte tatsächlich in den 1980er-Jahren in Sogakope, einem Dorf in der Voltaregion Ghanas, Heidi kennen. Die Basler Mission machte ihm die Schweiz schmackhaft und er tat alles dafür, so schnell wie möglich in Heidis Land zu gelangen. Einige Jahre später schaffte er es mit grossem Willen und Durchhaltevermögen, Glück und der Unterstützung seiner Familie, sich ein Flugticket in die Schweiz zu kaufen. Dort angekommen, absolvierte er nach einem einjährigen Vorbereitungskurs in Fribourg eine erweiterte Prüfung zur Anerkennung seiner Maturität. In Zürich lernte er dann meine Mutter kennen, die in den darauffolgenden Jahren ganze Nächte damit verbrachte, die Texte aus den Seminaren, die mein Vater an der Universität in Zürich belegte, ins Englische zu übersetzen. Ich weiss, wer meine Ahnen sind. Auf meiner ghanaischen Seite bin ich Ewe, und mein Familienname stammt ursprünglich von einem britischen Gouverneur, der in der Region meiner Vorfahr*innen in Ghana tätig war. Weil viele ansässige Familien keine Familiennamen hatten, wurden ihnen welche gegeben, oder sie suchten sich einen aus.

In den letzten Jahren bin ich oft nach Ghana gereist. Ich brauchte Pausen. Von den Auftritten, den Aufträgen, den Diskussionen und den Shitstorms. Ich tauschte meinen roten Pass gegen den grünen ein und liess in meinem Koffer stets viel Platz für Bücher, die ich nur in Ghana finden konnte. Ich verbrachte viel Zeit an der Legon Universität in Accra, bei der Familie, aber auch in den Kakaowäldern. Auch während der Arbeit an diesem Buch reise ich erneut nach Ghana. Die Reise gestaltet sich schwierig, weil ich für meinen schmerzenden Rücken viel zu lange sitzen muss. Ich nehme Schmerztabletten, die mir helfen, einzuschlafen und so den Flug zu verkürzen.

Cape Coast Castle war bisher immer Teil meiner Reisen. Um es herum herrscht aufgeregtes Treiben, und ich spüre die warme, schwüle Luft auf meiner Haut. Beim Verlassen des Castles, das über der Stadt thront, habe ich Mühe zu atmen; die eisernen Tore und massiven Steinmauern wirken beklemmend. Mit jedem weiteren Besuch der weissen Burg lerne ich mehr über die Geschichte, über mich, über die Welt, daher wird es auch mit jedem Mal schmerzhafter. Der Besuch erschöpft mich. Der Lärm der vorbeiziehenden Menschenmengen mischt sich mit den leisen Stimmen der Vergangenheit, die mir ins Ohr flüstern. Ich frage mich, wie viele Schicksale hinter diesen Mauern zerbrochen sind, wie viele Träume, Hoffnungen und Leben hier erstickt wurden.

Meine Wurzeln befinden sich auf beiden Seiten der Geschichte. Ich fühlte mich lange zerrissen und fragte mich, wie und wo ich mich selbst in diesem komplexen Geflecht aus Vergangenheit und Gegenwart verorten kann. Auch für mich ist eine Reise nach Ghana eine Art Heimkehr. Ich habe Familie hier, eine Geschichte, ein Zuhause. Doch was bedeutet eigentlich *Zuhause*? Und wie viel Zeit bleibt uns, um eine Antwort auf diese Frage zu finden?

Die Familientherapeutin Monica McGoldrick schreibt, dass Zuhause ist ein Ort sei, an dem wir in der Lage sein sollten, über unser kulturelles Erbe zu verfügen und an dem unsere tiefsten Geschichten nicht verleugnet würden. Es sei aber nicht nur ein Ort, an dem wir physisch lebten, sondern auch ein spiritueller und psychologischer Ort der Befreiung.[109]

Die Vögel, die in der Abenddämmerung umherfliegen, erinnern mich an den Sankofa-Vogel, den meine Mutter als Anhänger an ihrer Halskette trägt, ein Geschenk meines Vaters. Er ist ein Symbol der Religion der Akan in Ghana und steht dafür, dass wir für eine bessere Zukunft aus der Vergangenheit lernen sollen. Obwohl der Vogel Sankofa vorwärts fliegt, ist sein Kopf nach hinten gedreht. Im Schnabel trägt er ein Ei. Damit zeigt er uns, dass er den Weg nach vorne kennt, weil er die Weisheit der Vergangenheit bewahrt. Tatsächlich kann er nur in die Zukunft fliegen, weil er mit der Vergangenheit verbunden bleibt. Sankofa ist ein verkürztes Sprichwort aus der Akan-Sprache Ghanas, »Se wo were fi na wosankofa a yenkyi«, das frei übersetzt bedeutet: »Geh zurück und hole, was du vergessen hast.« Der Vogel soll uns daran erinnern, dass Fortschritt erfordert, in Kontakt mit den Traditionen unserer Vergangenheit zu bleiben. Ein ganz anderer Fortschritt als den, der mir im System beigebracht wurde. Wir müssen uns erinnern, an unsere Vorfahr*innen, an die Natur, an unsere Gefühle. Daran, dass wir selbst Natur sind.

»Geh dahin zurück, wo du herkommst.« Das ist ein Kommentar, der unter den meisten Artikeln steht, in denen über mich berichtet wird. Ich hatte diese Aussage durch deine Weltanschauung wahrgenommen und meine eigene darüber vergessen. Du fragst mich, woher ich komme, weil du dir kein anderes Zuhause als ein örtlich fest verankertes vorstellen kannst. Weil du dich nie so intensiv mit dir selbst auseinandersetzen musstest, dass du deinen Platz hättest suchen müssen. Weil die Welt für dich nur mit Heimat- und Ursprungsort Sinn ergibt. Weil du dich nur dort oder in sicherer Entfernung wohlfühlst. Das ist dein Privileg. Meines ist es, mein Zuhause suchen und erschaffen zu müssen. Es in mir selbst zu finden und mich dabei wahrhaftig zu erkennen. Also ja: Ich bin auf dem Weg dorthin, wo ich herkomme. Auf dem Weg zu mir selbst.

COCOA GHANA, GHANA COCOA

Mein zweiter Name hätte eigentlich mein erster werden sollen. Aber einen deutschen Namen zu haben, ist ein Privileg, das meine Eltern sich für mich ausgesucht haben. Mein Ewe-Name wurde mir durch eine spirituelle Eingabe meines Grossvaters in der Nacht meiner Geburt gegeben, so besagt es die Erzählung. Er ist von meinem Geist, meinen Vorfahr*innen und der Konstellation des Universums abhängig. Mir liegt am Herzen, meinen Grossvater danach zu fragen. Warum dieser Name? Welche Bedeutung trägt er? Welche Botschaft soll er mir vermitteln? Was wollen meine Vorfahr*innen von mir?

Mein Grossvater sitzt an seinem Schreibtisch, ein breites Lächeln auf den Lippen, die Hände ruhig ineinander gefaltet. Er muss über 90 Jahre alt sein, so genau weiss das niemand. Der schwarze Bürostuhl, auf dem er thront, steht im Zentrum des Raums. An der Wand neben ihm prangt ein Spruch auf einer leuchtend roten Flagge: »LIFE listens to those who STRUGGLE, your chance is near, NEVER GIVE UP.« Das Leben hört denen zu, die kämpfen. Deine Chance ist nah, gib niemals auf. Auf dem Pult vor ihm liegen fünf verschiedene Bibeln und eine Flasche Nivea-Bodylotion, ein etwas seltsamer, aber vertrauter Anblick. Mein Vater sitzt neben mir, seine Unruhe ist spürbar, wie immer in diesem Raum. Mein Grossvater bittet mich freundlich, mich auf einem der Stühle vor dem Pult niederzulassen. Als ich schliesslich die Frage nach meinem Namen stelle, wird sein Gesicht kurz ernst, einen Moment lang ist er still. Dann durchbricht sein herzliches Lachen die Spannung.

»Diejenige, die Gutes tut«, sagt er. »Du kannst Dinge wieder ins Reine bringen. Wenn etwas schiefläuft, sei es in deiner Familie oder anderswo, kannst du es wiedergutmachen.«

Ich lächle und stelle in der folgenden Stunde noch weitere Fragen. Wie war das damals während der Kolonialzeit? Wie hat er Nda (meine Grossmutter) kennengelernt? Wie hat er die Unabhängigkeit 1957 wahrgenommen? Mein Grossvater lacht mehr, als dass er antwortet, und schaut immer wieder verwirrt zu meinem Vater. »Was will sie, warum stellt sie all diese Fragen?« Mein Vater ist etwas ungeduldig und entgegnet: »Warum antwortest du nicht?« Ich verstehe ihre Konversation nicht, denn sie sprechen in Ewe miteinander. Mein Vater wird mir später im Auto übersetzen. Ich gebe mich mit den wenigen Antworten zufrieden, die ich kriege, besuche anschliessend noch meine Grossmutter und meine Tante, und dann fahren wir mehrere Stunden zurück zum Wohnort meines Vaters in Ghana.

Am nächsten Morgen um drei Uhr kräht der Hahn. Ich drehe mich nochmal um, kann aber nicht mehr schlafen. Vielleicht sollte ich die Morgenstunden nutzen, um ein bisschen Sport zu machen, bevor es zu heiss wird. Aus dem Wohnzimmer höre ich meinen Vater telefonieren, wahrscheinlich mit meinem Grossvater. Ein Ritual, das ich seit meiner Kindheit kenne. Obwohl ich nur Bruchteile verstehe, weiss ich, worüber sie reden: über die Welt und wie anders sie sein könnte, wenn. Und darüber, was wir jetzt alle unbedingt und dringend tun müssen. Über alles, was falsch läuft. Am Ende streiten sich die beiden. Hauptsächlich, weil sie nicht verstehen, dass auch sie älter werden, und dass mein Vater wohl niemals erfolgreich genug sein könnte, damit sein Vater ihm endlich sagen würde, wie stolz er auf seinen Sohn ist. Ich trete aus dem Schlafzimmer. Mein Vater, noch immer streitend, kommt mir in seinem traditionellen Kente-Umhang entgegen, die Stirn gerunzelt. Er nimmt das Smartphone vom Ohr und fragt mich lächelnd, ob ich gut geschlafen hätte. Das ist ihm wichtig. Schliesslich hat er all das hier für uns Kinder und meine Mutter aufgebaut – und dafür, dass mein Grossvater endlich stolz auf ihn sein kann.

Mein Grossvater, der wahrscheinlich in seinem Bürosessel sitzt, schreit am anderen Ende der Leitung weiter.

Ich nicke, lächle und öffne die eiserne Gittertür zur Terrasse. Ich höre den Gesang der Vögel, aber auch den Lärm der Strasse. Im Garten arbeiten bereits einige Menschen und winken mir zu. Egal zu welcher Tageszeit ich auf die Terrasse trete, immer arbeitet irgendjemand. Es fühlt sich etwas fehl am Platz an, hier oben meine Übungen zu machen. Ich muss an das Gespräch mit dir, einer älteren Bekannten, denken. Als ich erzählt habe, dass ich nach Ghana reisen werde, hast du gesagt, dass ich dort sicher wirklich zur Ruhe kommen könne, denn darin seien die Leute in Afrika ja besonders gut. Ich werde wütend und versuche, den Gedanken daran zu verdrängen. Du würdest es keine zwei Stunden aushalten, in dieser Hitze zu arbeiten.

Innerhalb von Minuten wird es heisser. Nach ein paar Übungen gehe ich zurück in mein Zimmer, um mich abzukühlen, ein bisschen zu schreiben und zu lesen. Ich hatte in der Bibliothek in Accra Bücher über die Kolonialzeit gefunden, die nur hier und in England erhältlich sein sollen. Aus dem Lautsprecher erklingt der Song *Adulthood Anthem* von Ladé. In der Küche pfeift die Bialetti, die meine Schwester vor ein paar Jahren aus der Schweiz mitgebracht hat. Ich nehme sie vom Herd, schenke mir Kaffee ein und greife im amerikanischen Riesenkühlschrank (mit Eiswürfelmaschine) nach der überteuerten Hafermilch. Dann schaue ich zum Eingangstor hinab. Für neun Uhr ist die ganze Equipe angekündigt, die in der kommenden Woche darüber entscheiden wird, ob die Firma meines Vaters das Fairtrade-Label erhält oder nicht. Doch Europäer*innen werden in Ghana immer seltsam unpünktlich. Wenn sie dann doch erscheinen, sind sie nurmehr verschwitzte Gestalten in Flipflops und Hawaiihemden, als ob sie in den Ferien wären. Ein riesiger Lastwagen, vollgepackt mit Bio-Kakao, fährt vor und hupt. Die

Security öffnet das Tor. Der Polizist mit seinem Sturmgewehr, der diese Nacht Wache gehalten hat, kommt zu uns hoch und berichtet, dass über Nacht nicht viel passiert sei. Er erzählt mir von den Hasen, die unten auf dem Gelände umher hopsen. Mein Vater wollte unbedingt Hasen haben, wie wir sie auch zu Hause in der Zentralschweiz hatten, als wir Kinder waren.

Allmählich beginnt der Tag und die Büroarbeiter*innen kommen an. Die Kinder, die ebenfalls hier leben, rennen ihnen entgegen, um sie zu umarmen oder etwas zu erzählen. »Die Schweizer wollen uns nicht, aber das hier werden sie immer wollen«, pflegt mein Vater zu sagen und spielt auf die Schokolade an. Womöglich hat er recht. Sich die Schweiz ohne Schokolade vorzustellen, ist wie Paris ohne den Eiffelturm. Vor ein paar Wochen ist sogar unser Schweizer Staatsoberhaupt hier zu Besuch gewesen, die Bundesrätin Simonetta Sommaruga.

Unten heben zwei Männer die rund 60 Kilo schweren Kakaosäcke vom Lastwagen und platzieren sie auf dem Rücken eines weiteren Mannes. Mit Stiefeln an den Füssen gehe ich an den beiden vorbei und grüsse sie – sie grüssen zurück, und ich weiss, dass sie sich freuen, mich zu sehen. Meine Geschwister und ich sind die Hoffnung, dass das Unternehmen weitergeführt wird. Aber wie soll jemand anderes als mein Vater das hier stemmen? Es ist nicht bloss ein Unternehmen, es ist eine Vision, eine Revolution, ein ganzes Lebenswerk, das die Machtstrukturen in Frage stellt und bekämpfen möchte, in die es letzten Endes selbst verwickelt bleibt. Das ist ein Thema, mit dem sich mein zukünftiges Ich beschäftigen muss.

Ich fühle mich nicht richtig wohl. In meiner Brust drückt das Gefühl, dass alles in unserer Welt falsch ist. Mein Körper ist Sinnbild für die Verbindung zwischen Ghana und der Schweiz, für Kakao und Schokolade, kapitalarm und kapitalreich, Ohnmacht und Macht, Vorherrschaft und Unterdrückung. In der Schweiz werde ich immer wieder gefragt, welche Schokolade man denn nun ohne schlechtes Gewissen konsumieren kann. Ehrlich gesagt glaube ich: gar keine. Doch das sage ich nicht, denn wenn plötzlich alle aufhören würden, Schokolade zu kaufen, was wäre dann mit all den Menschen in Ghana, die vom Kakaobusiness leben? Wie gerne hätte ich mit Kakao und Schokolade nichts zu tun. Ghanas Abhängigkeit in Bezug auf diese Produktion wurde von der Schweiz geschaffen. Und das Unternehmen meines Vaters war und ist der Versuch, die Dinge so zu zeigen, wie sie sind und gleichzeitig für Veränderung zu sorgen. Für meinen Vater ist es eine Revolution. Kakao, diese wundersame, wundervolle Pflanze. Über 6.000 Bäuer*innen in Ghana haben heute dank dieses Projekts ein Einkommen, in diesem Bereich das höchste im ganzen Land. Zudem sorgt das Unternehmen für Sozialversicherungen. Doch egal, wie sehr wir uns hier auch engagieren: Es ist und bleibt Kapitalismus, und Kapitalismus braucht Rassismus und Ausbeutung, um weiter fortzubestehen. Viele Menschen können sich eher den Weltuntergang vorstellen als das Ende des Kapitalismus.

Die Kakaowälder, die heute grosse Teile des Landes bedecken, gehörten nicht immer zu Ghana. Ursprünglich wurde der Kakaobaum von Brasilien an die Westküste Afrikas gebracht. Einige Jahre später, als die Nachfrage nach Schokolade weltweit explodierte, wurde in Ghana die Cocoa Marketing Board (Cocobod) gegründet. Diese Organisation hatte die Aufgabe, den Kakaomarkt zu regulieren und die Interessen der Bäuer*innen zu schützen. Doch im Laufe der Zeit entwickelten sich die Zustände in der Kakaoproduktion in Ghana zu einem komplexen und problematischen System. Die Schweiz spielt als einer der grössten Importeure von ghanaischem Kakao bis heute eine entscheidende Rolle darin. Die Nachfrage nach billigem Kakao führte dazu, dass der Lohn für die Bäuer*innen auf niedrigem

Niveau blieb, während die Kosten für den Anbau stiegen. Dies führte zu einer Spirale der Armut und zur Abhängigkeit von Zwischenhändler*innen. Seither arbeiten die Bäuer*innen unter schwierigen Bedingungen. Sie leben oft in extremer Armut und haben keinen Zugang zu angemessener Gesundheitsversorgung oder zu Bildung. Ihre Kinder werden oft zur Arbeit auf den Plantagen gezwungen, statt zur Schule zu gehen. All das bekämpft mein Vater mit seinem Unternehmen. Mit diesem Wunsch und den Bemühungen ist er nicht allein. Aber all das ist historisch, wirtschaftlich, politisch, strukturell und institutionell tief verankert.

Die Zustände in der Kakaoproduktion Ghanas sind ein kolonialer Schatten, der bis heute besteht. Immer wieder gibt es Skandale bei grossen (Schweizer) Schokoladenherstellern, und immer wieder wird wenig bis gar nichts verändert. Die Schweiz gehört nicht nur zu den grössten Schokoladenproduzenten, sondern führt inzwischen auch die Konsument*innenliste an. Die allermeisten von ihnen wissen weder, woher der Kakao kommt, noch, wie er angebaut wird oder wie etwa eine Kakaoblüte aussieht. Während sich in vielen Cafés die Herkunft des Kaffees erfragen lässt und uns das Wissen darüber ähnlich Ansehen verschafft wie bei Wein oder Whiskey, bleibt die Frage nach der Herkunft von Kakao oft unbeantwortet. Schokolade scheint in der Schweiz einfach vorhanden zu sein. Vor ein paar Jahren, mit gerade einmal 23, hatte ich die Nase voll und versuchte, das *Schweizer Schoggifestival* ins Leben zu rufen, um auf dieses Problem aufmerksam zu machen. Wie ist es möglich, dass es in der Schweiz ein Schokoladenmuseum gibt, das kein Wort über Armut und Ausbeutung verliert? Nachdem ich zusammen mit dem damaligen Team deutlich machte, dass ich nur Produzent*innen am Festival haben wollte, die sich in Bezug auf Gerechtigkeitsfragen grosse Mühe gaben und ihre Schattenseiten nicht verdeckten, wurden uns sämtliche Finanzierungen gestrichen. Ich verbrannte mir mit dem Projekt die Finger, war überfordert und erschöpft. Das Festival hätte im April 2020 stattfinden sollen, wurde jedoch aufgrund der Pandemie nach jahrelanger Arbeit drei Wochen zuvor abgesagt. Statt für das Festival interessierte sich die breite Öffentlichkeit für exklusive Schokoladenshows, Konditor*innen-Darbietungen und die grossen Produzenten. Doch die wenigen Menschen, die an die Vision des Festivals und an eine Veränderung glaubten, tun es bis heute. Inzwischen geht das *Schoggifestival* in Zürich in die vierte Ausgabe, wächst und führt das Unterfangen weiter. Zudem ist daraus der *Good Chocolate Hub* entstanden.

Die Sonne steht inzwischen hoch am Himmelszelt. Im Garten bücke ich mich, um unter den Kakaobäumen hindurch zu schreiten. Dann bleibe ich stehen und schliesse für einen Moment die Augen. Die warme, feuchte Luft erfüllt meine Lungen und verleiht mir einen Hauch von Hoffnung. Hier, am Rande des Kakaowaldes, sind die bösartigen Mächte der Kakaobranche nicht spürbar. Das Rascheln der Blätter über mir, das Zirpen der Insekten, der ferne Ruf eines Vogels – alles verschmilzt zu einer harmonischen Symphonie. Die schlanken Stämme wachsen wie Wächter des Waldes aus dem Boden, und die glänzenden grünen Blätter schaukeln sanft im Wind. Ich berühre vorsichtig eine der Kakaoschoten, befühle die raue Oberfläche und denke an die lange Reise, die diese Schote zurücklegen wird, bevor sie als Schweizer Schokolade verspeist werden wird. In den letzten Jahren haben sich die Anbaukonditionen durch den Klimawandel spürbar verschlechtert; die Kakaobäume leiden unter höheren Temperaturen und veränderten Regenmustern, und das empfindliche Gleichgewicht dieses Ökosystems gerät zunehmend ins Wanken. »The trees are confused«, sagt mein Vater. Dem Markt ist das egal. Immerhin haben sich die Daten von Valentinstag, Ostern, Halloween und Weihnachten nicht verändert. Die Konsument*innen wollen ihre Hasen immer genau gleich und zur gleichen Zeit.

Ich bleibe nicht lange hier, mein Vater wird nach mir suchen. Beim Verlassen des Kakaowalds hat sich etwas in mir verändert. Ich fühle mich ruhiger.

Was bedeutet es, in einem Land geboren und aufgewachsen zu sein, das bis heute behauptet, dass Schokolade nun mal schweizerisch sei, ohne die Ignoranz dahinter zu verstehen? Was bedeutet es, in einem Land zu leben, das mehr damit beschäftigt ist, einen traditionellen Namen für eine Süssigkeit zu bewahren, anstatt sich Gedanken über die Arbeitsbedingungen zu machen, die hinter der Herstellung dieser Süssigkeit stecken?

An meinem Körper läuft der Schweiss hinab. Mein Vater steht vor den Büros, die Hände hinter seinem Rücken verschränkt, die Augen zusammengekniffen. Wahrscheinlich denkt er weniger an das bevorstehende Meeting, sondern eher an Politik und eine weltweite Revolution. Als er mich sieht, lacht er, als hätte ich ihn bei etwas ertappt. Er fragt nach der Uhrzeit.

»Wir brauchen dieses Fairtrade-Label«, sage ich.
Mein Vater sieht nachdenklich aus. »Ich bin noch nie Labels hinterhergelaufen.«
»Aber ich bin mir sicher, dass wir mit diesem Label in Europa einen viel grösseren Markt hätten. Die Bäuer*innen könnten mehr verkaufen«, versuche ich ihn zu überzeugen.
Mein Vater runzelt die Stirn und schürzt seine Lippen, als sei er längst an die Ignoranz der Konsument*innen gewöhnt, als ob mein Gedanke naiv wäre.
»Das ist das Problem, die Leute verstehen nicht wirklich, was Fairtrade bedeutet. Was wir hier tun, übertrifft bei Weitem ihre oberflächlichen Prinzipien«, sagt er.

»Eben. Sie sehen aber das Label. Selbst die Geschäfte, die die Produkte auswählen, achten mehr auf das Label als auf die Komplexität oder die historischen Hintergründe.«

Mein Vater nickt. »Ja, da hast du recht. Und trotzdem will ich mich nicht nach ihren Prinzipien richten.«

Ich gehe ins Büro und grüsse das gesamte Team, das bereits in die Vorbereitungen für die Ankunft der Gruppe aus Europa vertieft ist. Schokolade esse ich in Ghana fast nie. Sie muss bei der Hitze im Kühlschrank gelagert werden und schmeckt somit weniger intensiv. Ich habe auch wenig Appetit darauf bei diesen Temperaturen. Die Kultur des Schokoladenessens in der Form, wie es heute massenhaft praktiziert wird, wurde tatsächlich in und für Europa erfunden.

Das Fairtrade-Team erscheint zwei Stunden zu spät. Das sei halt so, Accra und Stau – jetzt bräuchten sie erstmal eine Erfrischung. Ich sehe meinen Vater an und weiss genau, was er denkt. Selbst Google Maps weiss, dass mit stundenlangem Stau gerechnet werden muss, also fährt man zwei Stunden früher los. Dem Team wird Wasser und Ananas serviert. Während du, der Testleiter, dir Ananas in den Mund stopfst und davon schwärmst, wie viel Glück wir hier mit all diesen saftig-süssen Früchten hätten, wartet das gesamte Team des Unternehmens darauf, dass endlich mit dem Labeling-Prozess begonnen werden kann. Niemand weiss so genau, was passieren wird, aber offenbar wird das Team aus Europa eine Woche lang hier sein und alle möglichen Fragen stellen.

Man stelle sich vor, in der Schweiz würde ein Team von Menschen vom afrikanischen Kontinent anreisen und die gesamte Belegschaft für eine ganze Woche zwecks Bewertung aus afrikanischer Sicht in Anspruch nehmen – und zusätzlich noch selbstverständlich davon ausgehen, dass für das leibliche Wohl gesorgt wird.

Am Abend unterhalte ich mich mit meinem Vater darüber. Er wirkt genervt, aber nicht ausser sich: »Europeans«, sagt er und spielt damit auf eine längst vergangen geglaubte Zeit an. In der Küche riecht es nach Black Eyed Beans, meinem Lieblingsessen. Es erinnert mich an meine Kindergeburtstage in Zürich. Die Person aus dem Fairtrade-Team isst mit uns zu Abend und erzählt, dass sie ‹World Citizen› sei und dieses Rezept schon von Reisen nach Mexiko und Brasilien kennt. Gut möglich: Um 1580 wurden Tausende von Westafrikaner*innen gefangen genommen und in den Hafen von Veracruz am Golf von Mexiko gebracht, später auch nach Acapulco an der Pazifikküste und nach Campeche auf der Halbinsel Yucatán. Die versklavten Menschen brachten ihre Traditionen und Rezepte mit, und so kommt es, dass sich heute zahlreiche Gerichte, Tanzstile und Religionen in Lateinamerika auf Westafrika zurückführen lassen.

In den nächsten Tagen beobachte ich das Fairtrade-Team. Mittags sitzt du, der Leiter dieses Unterfangens, auf unserer Terrasse und bestehst darauf, am Boden und mit den Händen zu essen. Das tust du weder mit der traditionell richtigen Hand, noch ist es ein Gericht, das die anderen Anwesenden hier so essen.

Mein Vater ist in der Küche, schaut nach draussen auf die Terrasse und sagt: »Schau ihn dir an.« Ich folge seinem Blick, wir krümmen uns vor Lachen. Mein Vater lädt Reis auf seine Gabel, lehnt sich zurück und lacht weiter.

Am Abend trinken mein Vater und ich ein Glas Wein und sprechen über dein unmögliches Verhalten tagsüber. Aufgrund meiner Arbeit fällt es mir enorm schwer, ruhig zu bleiben. Zum

Beispiel wolltest du tatsächlich mit kurzen Hosen in den Wald gehen, um ein, wie du sagtest, »richtiges Dschungelerlebnis zu haben«. »Und da hatte er sein Erlebnis«, lacht Kojo, einer der Mitarbeitenden, »heute konnte er kaum mehr gehen vor lauter Stichen an den Beinen.« Es mag schrecklich klingen, dass wir uns so über dich und dein Team lustig machen. Aber das ist oft das Einzige, das uns bleibt: Während wir aufgrund der Machtstrukturen deinem Takt folgen müssen, können wir nicht wirklich sagen, was wir denken, ohne uns damit selber in Gefahr zu bringen. Gemeinsam zu lachen, bedeutet auch, der Tragik etwas Leichtigkeit zu geben.

Ein paar Tage später erzählst du mir, nun auch die Seite der Bäuer*innen genauer kennenlernen zu wollen. Zusammen mit deiner Kollegin wirst du bei einer *echten* Bäuer*innenfamilie übernachten. Du bietest mir an, mitzukommen, und berichtest von Erfahrungen in Kolumbien und vielen anderen Ländern, wo du ebenfalls bei den Bäuer*innen übernachtet hast. Ich überlege, ob ich nun doch mal etwas sagen soll. Beispielsweise: Hey, stell dir mal vor, ein Team von Entscheidungsträger*innen kommt in Bordeaux oder im Lavaux zu einer Weinbäuer*innenfamilie und sagt: »Wir wollen das echte Erlebnis, heute Nacht schlafen wir bei euch. Ich weiss, ihr habt kaum Platz und fühlt euch durch uns beobachtet – und um ehrlich zu sein, genau dazu sind wir auch da –, aber hey, wir haben einfach Bock auf das zwischenmenschliche Erlebnis. Denn eigentlich sind wir doch alle gleich.« Ich lehne ab, woraufhin du mir entgegnest: »Das dachte ich mir schon, dass du dich nicht von deinem bequemen Bett ins Abenteuer stürzen willst.«

Ich sage: »Für manche Menschen ist das Leben schon abenteuerlich genug.«

Er schluckt und sagt dann: »Übrigens wollte ich dir noch ein paar Fragen stellen. Dein Vater hat es recht schön hier, oder? Mehrere Zimmer, Betten, Duschen, kaltes Wasser. Er lässt es sich gut gehen. Steht das im Verhältnis zu den Bäuer*innenfamilien?«

Ich schnappe nach Luft.

Iss deine verdammten Finger, du ignoranter Arsch, denke ich. Da wirst du dafür bezahlt, ins Flugzeug zu steigen, dich mit Früchten vollzufressen, eine abenteuerliche Reise zu Bäuer*innenfamilien zu unternehmen und anhand eines veralteten Fragenkatalogs zu beurteilen, ob dieses Unternehmen hier nun fair genug ist. Nichts an deiner Anwesenheit hier ist fair. Hast du etwa kein Bett, keine Toilette, keine Dusche zu Hause? Ist das in deinem Fall okay, weil du *weiss* bist? Weil das in Europa nun mal so üblich ist? In welchem Zeitalter leben wir bitte, dass Leute aus Europa ohne jegliches Hintergrundwissen über die Lebensrealitäten vor Ort hierherkommen, schnell etwas beurteilen und damit über die Zukunft so vieler Menschen entscheiden? Du sprichst nicht mal eine der Sprachen hier. Weisst du, wie viel mehr du am Handel verdienst als irgendein*e Bäuer*in hier in Ghana? Wer gibt dir überhaupt das Recht, darüber zu entscheiden? Behalte dein verfluchtes Fair-Trade-Label für dich! Aber das sage ich nicht.

Stattdessen antworte ich mit verschränkten Armen: »Ich muss etwas verpasst haben. Seit wann haben Bäuer*innen in Europa denselben Lebensstandard wie Grossunternehmer*innen? Versteh' mich nicht falsch, aber der Lebensstil meines Vaters kann im Vergleich zu irgendeinem Unternehmer dieser Grösse als absolut minimalistisch bezeichnet werden. Und was du als Abenteuer bezeichnest, ist die Lebensrealität vieler Menschen, unter anderem war es auch lange die meines Vaters. Wenn meine Familie heute kaltes Wasser, Betten und Badezimmer hat, dann nur, weil mein Vater sein gesamtes Leben dafür gekämpft hat. Dafür hat er alles andere aufgegeben, selbst die Möglichkeit,

seine Kinder und seine Ehefrau regelmässig zu sehen. Aber hey:
Falls du noch weitere Fragen hast, frag einfach.«

Dann gehe ich duschen. Kalt.

INS KALTE WASSER

Am Horizont zucken die ersten Blitze, begleitet von dumpfem Donnergrollen. Die Luft ist feucht. Meine Hände fühlen sich aufgedunsen an. Ich ziehe meine beiden Ringe ab, lege sie in meine Bauchtasche und reibe an den Stellen, an denen sie sich befunden haben.

Ich bin zurück in der Schweiz und betrete eine psychologische Praxis. Am liebsten würde ich mich hinlegen. Du, die Therapeutin, sitzt mir gegenüber, drückst die Brille fester an die Nasenwurzel und schlägst die Beine übereinander. In deinem Schoss liegt ein Heft, in dem du dir kaum etwas notierst. Ich bin zum zweiten Mal hier, und wieder wurde ich zu spät reingelassen. An der Wand hängt ein schwarz-weisses Bild, das drei Wale zeigt. Null persönlich, null inspirierend. Aber ich bin ja auch nicht hier, um inspiriert zu werden. Trotzdem würde ich hier gern einiges umgestalten. Es ist viel zu dunkel. Ich verstehe Deckenbeleuchtungen nicht. Licht muss von unten oder von der Seite kommen, es sollte gelblich oder rötlich sein, nicht weiss, schliesslich sind wir nicht in einer Tiefgarage.

Du schaust mich aufmerksam an. Zum Glück kannst du meine Gedanken nicht lesen. Ich reibe immer noch die Stelle an meinen Fingern. Die Stille zwischen uns dauert schon etwas zu lange. Schliesslich fragst du: »Worüber denken Sie nach?«

»Über meine Arbeit«, lüge ich und beginne erst in diesem Moment, an meine Arbeit zu denken.

»Und wie geht es Ihnen, wenn Sie darüber nachdenken?«

»Ich fühle mich müde. Ich bin sehr müde.«

Ich spreche es nicht aus, aber: Ich wäre gerne pensioniert. Extra-früh-pensioniert. Nicht weil ich nicht gerne arbeite, sondern weil ich so viel lieber ohne (finanziellen) Druck arbeiten würde. Wieder ist es still. Dann sagst du, dass der Effekt meiner Arbeit auf meine Psyche nicht zu unterschätzen sei. Meine Rückenschmerzen kämen schliesslich nicht aus dem Nichts. Da sind wir uns einig, genau darum bin ich hier. Du vergleichst meine Situation mit der eines Stand-up-Comedians, was mich verwirrt. »Comedians unterhalten ihr Publikum oft mit Dingen, die in ihren Leben nicht funktionieren. Mit ihren Schwachstellen. Und das immer und immer wieder. Sie machen im Prinzip dasselbe. Sie erzählen immer und immer wieder von Ihren Rassismus-Erfahrungen. Gehen ständig auf verletzende und schwierige Fragen ein. Das kann zwar mitunter befriedigend sein, aber auch eine retraumatisierende Wirkung auf Sie haben.«

Stille.
Nach einer Weile des Schweigens und kurzem Austausch über meinen Gefühlszustand ist unsere Zeit vorüber.
»In zwei Wochen? Selber Tag, selbe Zeit?«
»Ja«, sage ich und bin dankbar. Vielleicht einfach darüber, dass du mich nicht fragst, ob es Rassismus denn wirklich noch gibt, wie ich es von anderen Therapeut*innen kenne.

Du reichst mir einen Briefumschlag. »Ich habe Ihnen die Rechnung ausgedruckt.«
Meine Versicherung will ausgerechnet diese Therapie nicht übernehmen. Ob ich weitermachen soll?

Ich habe inzwischen neue Medikamente gegen meine Rückenschmerzen. Sie sind so stark, dass sie mich schläfrig machen, doch wenn ich sie nicht nehme, lassen mich die Schmerzen nicht schlafen. In den nächsten Tagen schleppe ich mich durch die halbe Schweiz, um immer wieder dieselben Fragen zu beantworten. Mein Rücken schmerzt, meine Lungen drücken, und trotzdem mache ich weiter. Inzwischen habe ich die Mail- und Instagram-App vom Handy gelöscht und versuche, mich auf die täglichen 10.000 Schritte zu konzentrieren. Dazu spaziere ich mit einem Podcast oder Hörbuch in den Ohren hinunter zum See.

Der See liegt ruhig vor mir, das Wasser glitzert im Sonnenlicht. Die Natur um mich herum ist lebendig. Bäume rauschen im Wind, bunte Blumen blühen am Wegesrand. Ich bin vom Summen der Insekten und Gezwitscher der Vögel umgeben und atme ruhiger.

Gerade ist ein mehrmonatiges Projekt für eine Ausstellung zu Ende gegangen. Es war ein voller Erfolg, doch ich bin froh, dass es vorüber ist. Innerlich hat es sich für mich nie wirklich gut angefühlt. Aber nachdem ich zugesagt hatte, kam eine Absage für mich nicht mehr in Frage. Ich denke an eines der Gespräche, die ich mit den Beteiligten geführt hatte.

»Gibt es noch Einwände zum Konzept?«, fragte eine Person des Auftraggeber*innenteams.

Zusammen mit zwei weiteren Personen hatte ich dieses Konzept vor ein paar Wochen eingereicht. Ich befand mich während des Meetings in Kapstadt und war per Zoom zugeschaltet. Zunächst sagt niemand was, dann räuspert sich eine Person. »Ich hätte da schon noch ein Anliegen«, sagt er. »Ich denke, dass wir erklären müssen, warum jetzt bei diesem Projekt ein so subjektiver Standpunkt gewählt wird. Immerhin haben wir den Auftrag objektiv, historisch und faktenbasiert zu behandeln.«

Ich war froh, nicht physisch im Raum anwesend zu sein. Mit diesem subjektiven Blick war ich gemeint. Meine Mitarbeit galt als unzureichend faktengestützt. Mein erstes Konzept war einige Monate zuvor abgelehnt worden. Unter anderem wurde die Sorge geäussert, ich könnte zu aktivistisch sein. Dennoch wurde ich vom erkorenen Team zur Mitarbeit angefragt. Ich zögerte, denn nun war ich nicht mehr Projektleiterin, sondern Mitarbeiterin und verdiente bei dem ohnehin schlecht bezahlten Auftrag kaum etwas. Ich brachte neben einer weiteren nicht-*weissen* Person den einzigen Input als Schwarze Person der afrikanischen Diaspora ein, war zudem die jüngste Person im Team und hatte das unangenehme Gefühl, vielleicht auch dazu zu dienen, die Institution vor Kritik zu schützen.

Niemand sagte etwas. Für mich war es nicht das erste Mal, das mir mit Skepsis und Kritik an mangelnder Objektivität begegnete. Die eigentliche Aussage bestand darin, dass mich meine persönliche Verbindung zum Thema daran hindern würde, die wissenschaftliche Arbeit sachlich und ordnungsgemäss durchzuführen. Nach einer Weile wurde deutlich, dass bis auf die Person, die die Kritik geäussert hatte, alle der Meinung waren, dass es falsch wäre, bei diesem Projekt eine Ausnahme zu machen und zu begründen, weshalb betroffene Personen Mitsprache erhalten. Trotzdem wird nur zögerlich dagegen gehalten. Ich melde mich und sage, dass es für mich in Ordnung wäre, wenn begründet werden würde, weshalb ich bei dem Projekt mitwirke. Unter einer Bedingung: »An derselben Stelle, an der die Begründung stehen soll, soll auch stehen, weshalb sich die Institution zum ersten Mal dafür entscheidet, die Wahl der Projektmitarbeiter*innen zu begründen.«

Der Grund für die Annahme, dass *weisse* Menschen objektiv forschen, sprechen und handeln können, liegt darin, dass sie glauben, die Norm zu sein, die es nicht zu erklären bedarf. Und alles, was von dieser Norm abweicht, muss zwingend erklärt werden. Drehen wir die Situation nämlich um, funktioniert die Logik der Skepsis nicht mehr. Ich könnte nämlich auch fragen, inwiefern die Tatsache, dass acht von zehn bei der Sitzung anwesenden Menschen selbst nie Rassismus erlebt haben, die Ergebnisse verzerren könnte. Es wird behauptet, dass Nicht-Betroffenheit ein Beweis für Sachlichkeit, Neutralität und Rationalität ist. Doch ist es nicht gerade die Vielfalt an Perspektiven, die uns der Realität am nächsten bringt? Der Sozialanthropologe Rohit Jain geht noch ein Schritt weiter und schreibt: »Ich würde sogar behaupten, dass diese und andere Stimmen, gerade weil sie sich an Rändern und in Zwischenräumen der Gesellschaft entwickelt haben, eine kritische Perspektive auf die Normen und Strukturen werfen, die uns tagtäglich dominieren sowie Ungerechtigkeit hervorbringen und Freiheit verhindern.«[110]

An meinem kleinen Strand am Lac Léman angekommen, ziehe ich mich bis auf mein Badekleid aus. Ich gehe wann immer möglich ins Wasser, auch im Winter steige ich ins kalte Nass. Heute steht die Sonne noch ziemlich hoch, und die Hitze hat das Wasser angenehm erwärmt. Der sandige Grund unter meinen Füssen ist weich, und ich spüre die sanfte Bewegung der Wellen um meine Knöchel. Ich sehe den Möwen zu, die über den See fliegen, zu den dahinterliegenden Bergen, die so mächtig und doch so ruhig wirken. Das Wasser umhüllt mich und wäscht mir den Stress und die Gedanken ab. Ich tauche meinen Kopf unter, höre den leisen Klang der Welt unter der Oberfläche und spüre meinen ganzen Körper. Das Flüstern des Windes und das Rauschen des Wassers lassen mich ganz im Hier und Jetzt ankommen.

AUF DER LEINWAND

Am nächsten Tag bin ich zu einem Podium eingeladen. Ich möchte nur schnell hingehen und dann gleich wieder nach Hause.

»Du kommst aber schon noch zum Apéro?«, fragst du, ein Mensch aus dem Publikum, nach dem Podium.

Grundsätzlich nicht, denke ich. Ich bevorzuge es, den früheren Zug nach Hause zu nehmen und mit Menschen anzustossen, die nicht meine Fachkenntnisse in Frage stellen. Ich bin müde. Während es für dich ein spannender Austausch ist, geht es bei mir um meine Lebensrealität. Und dann stehe ich mit einem Glas Orangensaft in der Hand inmitten der zurückhaltenden, aber starrenden Menschenmenge und bin doch am Apéro. Alkohol geht jetzt nicht, nicht mit all den Medikamenten. Stimmt eigentlich, den Rücken spüre ich gerade gar nicht, das funktioniert also mit den Medis. Du grinst mich aus viel zu geringer Distanz an, und plötzlich wird mir bewusst, dass ich ja eigentlich in eine Konversation verwickelt bin. Wie so oft hat diese folgendermassen begonnen:

»Also, das wollte ich Sie jetzt noch fragen. Glauben Sie wirklich, dass Rassismus in der Schweiz ein Problem ist?«

Ich antworte nicht. Nein, das glaube ich nicht, ich mache das alles hier einfach, um irgendwas zu tun zu haben. Du verschränkst deine Arme, blickst in die Weite und beginnst, von deiner schwierigen Kindheit zu erzählen, weil du als Junge langes Haar hattest. Wir seien ja echt alle ein bisschen von was betroffen, aber ob man das denn nun immer thematisieren müsse? Wenn ich noch länger nicht antworte, wird es unangenehm. Oder vielleicht auch nicht. Du hast dich nur zu mir gestellt, damit dir auch mal jemand zuhört. Beim Sprechen fliegen dir Spucktröpfchen aus dem Mund, bis zu mir ins Glas. Dieser Orangensaft ist für mich Geschichte. Ich möchte fliehen, und frage mich, warum es eigentlich keine Mindestabstandsregelung mehr gibt? Du bist echt komplett uninteressant. Ich schaue mich um, ihr steht Schlange. Also nicht direkt. Aber ihr steht so ein bisschen abwartend da, bis diese Unterhaltung endet, damit ihr eure Meinung auch noch kundtun könnt. Warum sprecht ihr nicht einfach während des Podiums? Dann, wenn wir fragen, ob es noch Fragen gibt? Das ist doch viel angenehmer, dann sitzt ihr im Publikum und kommt mir körperlich nicht zu nahe. Egal ob Universität, Politikveranstaltung, Medienanlass, Konferenz oder sonstige Veranstaltung: Es ist immer dasselbe. Ich möchte mir nicht eure persönlichen, schwierigen Geschichten anhören und auch keine Rassismusvorfälle geschildert bekommen.

Einige Anlässe stehen noch im Kalender, danach bin ich weg. Ich muss hier raus, ich muss mich um mich kümmern, um meinen Rücken, mein zuckendes Auge, meinen Kopf.

Zurück zum Zug, meinem Heim. Du bist nicht die einzige Person, die das nicht versteht. Selbst die Zugfahrtgesellschaft, der ich so treu ergeben bin, scheint es nicht zu begreifen. Schliesslich habe ich ihr Personal in Sachen Antirassismus geschult. Erst 13 Monate später und nach mehrmaligem Ermahnen wurde die Rechnung zu dieser Schulung bezahlt. Stell dir vor, ich würde mein landesweites Reiseabonnement nicht bezahlen mit der Begründung: Ich muss mal schauen, wer da bei mir zuständig ist, aber ich könnte mir vorstellen, dass die Rechnung einfach nicht dem Modell entspricht, das ich mir unter einer Rechnung vorstelle. Mein System konnte eure Rechnung wahrscheinlich nicht lesen. Jänu, wenn sie bis in zwei Wochen immer noch nicht beglichen ist, dann meldet euch doch nochmals. Bis dahin fahre ich weiterhin mit der Bahn. Ade, merci.

Ich sollte mich glücklich schätzen, dass ich für die grössten Unternehmen dieses Landes arbeiten, ihnen meine Beratung anbieten darf. Aber diese riesigen Unternehmen sind so tief im System verwurzelt, dass mir jedes Mal klar wird, wie froh ich bin, dass unsere Zusammenarbeit nur vorübergehender Natur ist.

Es ist Donnerstag, heute steht ein neuer Anlass auf meinem Programm. Es handelt sich um ein Organisationskomitee eines traditionellen Festes. Es sind kurz vor Beginn nur sechs von zehn Menschen anwesend. Auf einem Tisch liegen belegte Brötchen bereit. Die hier sind vegan, die hier vegetarisch und der Rest ist normal, informiert mich eine der anwesenden Personen.
    »Danke. Ich werde später was essen«, sage ich.
    »Wie Sie wollen, aber die sind gut.« Er lehnt sich in seinem Stuhl zurück und sagt, dass die anderen noch kommen werden. Du, eine der Personen, die zu spät kommen wird, bist immerhin Anwalt und darum einfach beschäftigter als alle anderen, ich zum Beispiel bin ja auch nur durch die halbe Schweiz gereist, um pünktlich zu sein. Der Mensch, der mir die Brötchen angepriesen hat, informiert mich darüber, dass zwei, drei Personen noch im Stau stecken und der Rest ist halt einfach nicht da. That's life.

Dann kommst du, der Anwalt, an und stürmst alles andere als unauffällig in den Raum. Ein Sandwich in dich hineinstopfend, öffnest du deinen Laptop, spuckst ungefähr drei Mal drauf und wischst mit deinem Anzugärmel darüber, während du sagst: »Gut. Kannst du uns sagen, welche Massnahmen wir treffen können, um einen Shitstorm zu verhindern?«
    Dann hebst du zum ersten Mal den Kopf und schaust mich an. Erwartungsvoll.

»Ich bin nicht als PR-Beraterin hier, sondern als Beraterin in Bezug auf Antirassismus«, sage ich.

»Ja, natürlich. Aber das meine ich auch. Wir wollen keinen Rassismus-Shitstorm«, sagst du.

Ich schlucke und zwei, drei andere auch, aber sie sind *weiss* und bleiben still. *White silence.* Ich schaue auf die Uhr. Zwei Stunden geben sie mir, um diesen Workshop durchzuführen. Ich entscheide mich kurzerhand, den Workshop nicht durchzuführen, sondern ein paar grundlegende Fragen in den Raum zu werfen. Viel werde ich nicht bezwecken können, aber vielleicht etwas anstossen. Mein Ziel ist es, dass alle, sobald sie diesen Raum verlassen, wenigstens ein paar neue Denkanstösse mitgenommen haben. Wenn ich einen Raum für eine Veranstaltung betrete, habe ich als Vorinformation in der Regel nur das Anmeldeformular, das die Organisator*innen ausgefüllt haben. In den meisten Fällen steht dort, dass sich die Gruppe bereits mit Rassismus auseinandergesetzt hat und vieles schon weiss. Dass wir also während der Veranstaltung gleich konkret darauf eingehen sollen, was jetzt zu tun ist. Ich brauche bei jeder Veranstaltung rund zehn Minuten, um einzuschätzen, wie es tatsächlich um das Vorwissen zum Thema Rassismus steht. In acht von zehn Fällen fangen wir fast bei null an.

Nach zwei unangenehmen Stunden und wenigen weiteren Hirnzellen, die aktiviert werden konnten, bedanke und verabschiede ich mich. Und dann kommt es, dein verdammtes letztes Wort. Es kotzt mich an, wie du immer noch eine Schlusszusammenfassung machen musst. Wenn ich als Moderatorin in die Runde schaue und sage: »Gibt's noch Fragen?«, dann meldest du dich garantiert. Du bist meistens ein *weisser* älterer Mann. Du sagst, dass du zwar keine Frage hast, aber gerne das von mir Gesagte noch mit deiner eigenen Erfahrung bestätigen möchtest. Und dann laberst du uns voll. Du laberst, sagst aber nichts. Einfach, weil du es kannst. Weil du du und nicht ich bist.

Weil du dein ganzes Leben schon gelabert hast, ohne etwas zu sagen, und weil wir dir alle zuhören. Am Schluss sagst du, dass wir nun Schritt für Schritt vorwärtsgehen müssen, und dass gleichzeitig alles Zeit braucht und wir nichts überstürzen sollten. Ich habe es mir mal zum Spass gemacht, eine letzte Folie in meiner PowerPoint-Präsentation zu ergänzen, auf der es heisst: ‹Schlusswort eines älteren *weissen* Mannes›. Ich habe sie nur einmal verwendet, aber sie zeigte deutlich auf, inwiefern es auch hier nicht um ein Individuum, sondern um eine strukturelle Wiederholung ging. Nach deinem Monolog sage ich »Danke« und lächle. Was ich dir nicht sage: Wie unnötig das jetzt schon wieder war. Kannst du nicht einfach mal deinen Mund halten?

An diesem Abend gehe ich in Lausanne in die Cinématheque, es findet die Retrospektive von Spike Lee statt. Ich schaue mir den Film *Bamboozled* an, und obwohl ich ganz genau weiss, worum es geht, kullern mir während des Films plötzlich Tränen über die Wangen. Was ist bloss los mit mir? Warum bin ich so müde? In dieser Nacht träume ich davon, Teil des Films zu sein. Der Film ist aus dem Jahr 2000 und handelt von einem Schwarzen Fernsehautor namens Pierre Delacroix, der frustriert über die stereotypen Darstellungen von Schwarzen im Fernsehen ist. In einem Akt der Verzweiflung und Ironie entwickelt er eine Fernsehshow mit dem Titel *Mantan: The New Millennium Minstrel Show*, die auf den Minstrel Shows des frühen 20. Jahrhunderts basiert, in denen *weisse* Schauspieler Schwarze Charaktere durch überzeichnete Stereotypen darstellten. Die Show wird wider Erwarten ein sensationeller Erfolg, was Pierre Delacroix zunächst schockiert und anschliessend zutiefst verstört. Er erkennt, dass seine eigene Kreation zur Verstärkung rassistischer Stereotypen beiträgt und die Gemeinschaft, die er zu unterstützen hoffte, weiterhin erniedrigt. Als er versucht, die Show zu beenden, wird er von seinen Vorgesetzten dazu gezwungen, sie fortzusetzen.

Der Film zeigt die Komplexität des Rassismus in den Medien und die Schwierigkeiten, die mit dem Wunsch nach Erfolg und Anerkennung in einer von Stereotypen geprägten Gesellschaft verbunden sind. Es ist eine kritische Auseinandersetzung mit der Unterhaltungsindustrie sowie den Mechanismen der Macht und Kontrolle, die oft hinter den Kulissen wirken.

In meinem Traum bin ich eine performende, tanzende Person vor einem *weissen* Publikum. Ich lächle und erzähle von meinen Schwierigkeiten. Ich mache zwar keine Show, aber ich bin doch zur Unterhaltung da. Ich bin die einzige Schwarze Person im Raum. Es ist ein Traum, aber der Schmerz ist so real. Mein Rücken sackt im Traum plötzlich in sich zusammen, und in diesem Moment wache ich schweissgebadet auf. Ich stemme mich vom Bett hoch und gehe ins Badezimmer, spritze mir kaltes Wasser ins Gesicht und nehme eine Tablette. Dann gehe ich zurück ins Bett, stelle beruhigende Musik ein und versuche, an etwas anderes zu denken.

In den vergangenen Jahren habe ich mich zunehmend mit Filmproduktionen und den Konzepten des ‹White Gaze› und ‹Male Gaze› – dem *weissen* und dem männlichen Blick – auseinandergesetzt. In einer von visuellen Medien geprägten Welt spielen die Filme und Serien, die wir konsumieren, eine entscheidende Rolle für unsere Wahrnehmung von Rassismus und für unsere antirassistischen Praktiken. Der ‹White Gaze› beschreibt die Darstellung *weisser* Menschen als Protagonist*innen und im Mittelpunkt der Geschichte stehende Helden*innen, die Personen of Color helfen. Der Film *The Help* ist ein prägnantes Beispiel für White Saviorism. Er kam 2011 in die Kinos, und nach dem Mord an George Floyd im Jahr 2020 fand er erneut viel Beachtung. Der Film spielt in den 1960er-Jahren in Mississippi und erzählt die Geschichte einer jungen *weissen* Autorin, die das Leben Schwarzer Hausangestellter aufschreibt, um auf den von ihnen erlebten Rassismus aufmerksam zu machen. Die Protagonistin ist eine typische White Savior: Sie ist entschlossen, optimistisch, progressiv – steht also für Veränderung, für das Moderne, für die Zukunft. Wie für White Savior-Geschichten üblich, erzählt der Film von People of Color, die auf die wohlwollenden Handlungen einer *weissen* Person angewiesen sind. Im Zentrum steht diese *weisse* Person. Zuschauer*innen können sich ganz bequem von den rassistischen Menschen auf der Leinwand distanzieren, indem sie sich nicht mit ihnen, sondern mit der rettenden *weissen* Person identifizieren. Rassismus wird auf die individuelle Ebene reduziert, die Botschaft lautet: Es gibt böse, absichtlich rassistische Menschen, aber im Grunde kannst du dich einfach dazu entscheiden, nicht rassistisch zu sein und Personen of Color zu retten. In Wirklichkeit war es so, dass Schwarze Menschen immer schon versucht haben, ihre eigenen Geschichten zu erzählen. Das bedeutet keinesfalls, dass einzelne Personen keinen Einfluss haben können – sondern nur, dass in dieser Geschichte nicht erzählt wird, wie gross die Bemühungen der Betroffenen selbst waren. Abilene Cooper, eine Schwarze Frau, die für die Familie der Autorin des Films *The Help* gearbeitet hatte, verklagte die Autorin, weil sie ihr Bild ohne Zustimmung verwendet und in einer verzerrten und erniedrigenden Weise dargestellt hatte.

Historisch lässt sich der White-Savior-Komplex bis zum Beginn des europäischen Imperialismus zurückverfolgen. Die Beliebtheit von White-Savior-Geschichten hat in den 1950er- und 1960er-Jahren stark zugenommen. Das hat damit zu tun, dass Mainstream-Filme hauptsächlich von *weissen* Männern produziert wurden und noch immer werden. Da ist also der männliche Blick und zusätzlich der *weisse*. Den ‹Male Gaze› erkennt Mensch sehr schnell, zum Beispiel, wenn Frauen in einer Szene auftauchen: Oft werden sie von unten nach oben abgefilmt, was sie sexualisiert und objektifiziert. Was bedeutet es, wenn

Frauenkörper immer wieder nur fragmentiert gezeigt werden, dazu weichgezeichnet und gut ausgeleuchtet? Nina Menkes, Regisseurin des Films *Brainwashed*, macht deutlich, dass sich gesellschaftliche Machtverhältnisse nicht nur auf Ebene der Story spiegeln, sondern auch in der Wahl der Kameraeinstellung, der Beleuchtung und dem Sounddesign. Fiktion ist nicht einfach unschuldig.

In der Filmbranche besteht wie in verschiedenen anderen Branchen die Annahme, dass Geschichten über Rassismus hauptsächlich von *weissen* Menschen verstanden werden müssen, also explizit für *weisse* Zuschauer*innen gemacht werden. Deutlich erkennbar wird das im Film *Wer die Nachtigall stört* von 1962. Der Film handelt von einem *weissen* Staatsanwalt, der versucht, einen zu Unrecht angeklagten Schwarzen Mann zu verteidigen. Obwohl der Anwalt nicht erfolgreich ist, wird sein Mut als heroisch dargestellt, sowohl für die Schwarze Gemeinschaft als auch als Vorbild für seine Tochter. Das bedeutet, dass seine Tapferkeit und seine Geschichte im Vordergrund stehen, obwohl das eigentliche Thema ein anderes ist.

Weitere Filme, die vor allem durch ihre Stereotypisierung schockieren, sind deutschsprachige Werke wie *Die weisse Massai*. Auch hier steht eine *weisse* Person im Zentrum, es geht fast ausschliesslich um ihre Probleme und Schwierigkeiten. Deutsche Filme, die auf dem afrikanischen Kontinent spielen, sind auffallend oft Meisterwerke des White Saviorism. Das wird auch in Serien wie *Das Traumschiff* deutlich. Viele bekannte White-Savior-Filme werden von *weissen* Zuschauer*innen mit Anerkennung und Auszeichnungen gefeiert. Rassismus ist ein Thema, mit dem sich die Zuschauer*innen gern auseinandersetzen, aber eben nur dann, wenn sie den Film mit einem positiven Gefühl abschliessen und sich selbst als ‹die Guten› fühlen können. Noch immer gibt es viel zu wenige BIPoC in Positionen, die mitentscheiden, welche Geschichten wie erzählt werden. *Weisse* und zumeist männliche Produzenten haben das Zepter in der Hand. Und sie bekommen einen Preis nach dem anderen, obwohl sie Schwarze oder andere nicht-*weisse* Charaktere eindimensional und nicht so vielschichtig wie *weisse* Charaktere darstellen. Nicht-*weisse* Charaktere werden oft auf ihre Leidensgeschichte reduziert oder als völlig übermenschlich dargestellt, mit Kräften und Fähigkeiten, die sonst niemand hat.

Wir sollten uns im Kino also immer die Frage stellen, wer den Film produziert hat. Wie sieht die historische Realität aus, auf der der Film basiert? Wer steht im Mittelpunkt der Geschichte? Ich sage nicht, dass ein Film die Realität eins zu eins wiedergeben muss. Eine gewisse fiktionale Freiheit muss möglich sein. Im Zusammenhang mit Antirassismus ist es aber wichtig, zu verstehen, wie gross die Unterschiede zwischen der Realität und dem, was gezeigt wird, sind. Zum Beispiel sieht man dies oft in Produktionen mit der Schauspielerin Viola Davis. Sie wird häufig als eine Person dargestellt, die Probleme löst, die sonst niemand lösen kann, und die emotional wesentlich stärker ist als alle anderen. Dies reproduziert das Stereotyp, dass BIPoCs immer besser und herausragender sein müssen. Ein weiteres Beispiel ist Morgan Freeman, der überdurchschnittlich oft die Rolle Gottes gespielt hat. Die Zuschreibung übermenschlicher Kräfte Schwarzer Menschen ist auch in *The Matrix* erkennbar: Eine Schwarze Person ist am höchsten positioniert, nicht aber der Held des Films.

Der Film *Lawrence of Arabia* stellt T. E. Lawrence als zentrale Figur dar, die eine entscheidende Rolle in der arabischen Revolte spielt, wodurch die einheimischen Charaktere abhängig erscheinen und mit ihren eigenen Geschichten und Fähigkeiten in den Hintergrund rücken. Lawrence wird als überlegener, fast messianischer Retter porträtiert, der den Araber*innen hilft, ihre Ziele zu erreichen. Arabische Kultur und die politische Komplexität werden vereinfacht, homogenisiert und romantisiert dargestellt, um Lawrence als den entscheidenden Helden zu präsentieren, der die weniger zivilisierten Menschen führt und rettet.

Der Film *Hidden Figures* erzählt die wahre Geschichte von drei afroamerikanischen Mathematikerinnen, die bei der NASA arbeiten und entscheidend zum Erfolg der US-amerikanischen Raumfahrtmissionen während des Kalten Krieges beitragen. Der *weisse* NASA-Manager, gespielt von Kevin Costner, reisst in einer Schlüsselszene das ‹Colored Bathroom›-Schild ab und beseitigt damit ein rassistisches Hindernis für die Hauptfigur Katherine Johnson. Der Film stellt also die realen und anhaltenden Kämpfe gegen rassistische und geschlechtsspezifische Barrieren auf eine Weise dar, die letztlich durch die unterstützenden Handlungen einzelner *weisser* Charaktere überwunden werden, was eine vereinfachte Lösung komplexer gesellschaftlicher Probleme suggeriert. Ein weiteres Beispiel für White Saviorism ist *Pocahontas* – eine nicht-*weisse* Hauptfigur, die von ihrem *weissen* Helden durch seine Liebe gerettet und sogar gleich mitgenommen wird. Im Film wird das sehr romantisch dargestellt, obwohl die reale Pocahontas zur Heirat gezwungen und nach Grossbritannien entführt wurde.

Rassismus wird in Filmen und Geschichten als individuelles Fehlverhalten dargestellt, das nicht in einem strukturellen Kontext verankert ist. Es wird suggeriert, dass rassistisches Verhalten eine bewusste, absichtliche Entscheidung ist, anstatt zu zeigen, dass wir alle Teil dieses Systems sind. Oft wird eine vergangene Zeit gezeigt, in der eine bewusste rassistische politische Struktur existierte, aber selten wird Rassismus so thematisiert, wie wir ihn täglich erleben. Für *weisse* Zuschauende ist es einfach, einen Film anzuschauen und zu sagen: »Nun, das war damals und es war wirklich schlimm, ich weiss nicht, wie diese Menschen so handeln konnten, aber jetzt ist es anders.« Dies verhindert die Auseinandersetzung mit ihrem eigenen verinnerlichten Rassismus. Dadurch, dass nur vermittelt wird, dass wir alle tolerant, offen und freundlich sein und vielleicht ab und zu über unsere eigenen Vorurteile nachdenken sollten, wird verhindert, dass konkrete Vorstellungen davon entstehen, wie Veränderungen auf einer strukturellen Ebene stattfinden könnten. White Saviorism legitimiert *weisse* Privilegien – und führt letztlich auch dazu, dass in meinen Workshops ab und an jemand behauptet: »Nein, ich kann überhaupt nicht rassistisch sein, ich habe sogar Schwarze Kinder adoptiert.«

Zum Glück gibt es inzwischen immer mehr Filme von nicht-*weissen* Filmemacher*innen, in denen die Geschichten Schwarzer Menschen in den Vordergrund rücken. Sie erinnern daran, dass der Kampf gegen Rassismus noch nicht vorbei ist und dass die Realität von Rassismus eine unangenehme ist und sich in 90 Minuten Filmzeit nicht lösen lässt. In diesen Filmen Schwarzer Filmemacher*innen rücken *weisse* Charaktere oft in den Hintergrund oder tauchen manchmal gar nicht erst auf, was für *weisse* Zuschauer*innen ungewohnt sein kann.

In der Serie *Insecure* ist zu sehen, wie eine *weisse* Person vom falschen Glauben, nicht rassistisch zu sein, zu einer tatsächlichen antirassistischen Haltung findet. Das lädt dazu ein, sich selbst mit dem eigenen Denken und Handeln auseinanderzusetzen. In *Dear White People* wird deutlich gezeigt, wie *weisse* Menschen, die sich ihrer Privilegien oft nicht bewusst sind und ungewollt Dinge tun, die nicht-*weisse* Menschen in Gefahr bringen. So sieht eine antirassistische Perspektive aus: *Weisse* Personen werden weder als Retter*innen noch als offensichtlich böse Personen darstellt. Auch empfehlenswert ist der Film *Get Out*. Er thematisiert Rassismus auf erschreckende Weise und handelt von einem jungen Schwarzen Mann, der bei den scheinbar liberalen Eltern seiner *weissen* Freundin zu Besuch ist. Bald erkennt er, dass hinter der freundlichen Fassade gefährliche rassistische Strukturen lauern. Der Film zeigt subtil, wie tief Rassismus in der Gesellschaft verankert ist, auch dort, wo man ihn nicht sofort vermuten würde. Auch die Musik trägt dazu bei, die bedrohliche Atmosphäre zu verstärken.

Was wir in all dem nicht vergessen dürfen: Schwarze Menschen sind keine homogene Gruppe. Wir haben unterschiedliche Hintergründe, Erfahrungen und Perspektiven. Deshalb ist es wichtig, dass wir endlich mehr Diversität in unsere Narrative bekommen. Nur so können wir die vielfältigen Geschichten und Realitäten von BiPoC authentisch darstellen und ihnen Anerkennung geben.

PART 3: HEILUNG

Der Aktivist Malcom X soll gesagt haben, dass es kein Fortschritt sei, wenn man ihm ein Messer in den Rücken steche und es ein bisschen herausziehe. Selbst wenn es ganz herausgezogen würde, sei es kein Fortschritt. Fortschritt würde bedeuten, die Wunde zu heilen, die der Stich verursacht hat. Aber das Messer sei noch nicht einmal herausgezogen worden, geschweige denn die Wunde geheilt. Es würde nicht mal zugegeben, dass das Messer überhaupt da ist.[III] Wenn das System, in dem wir leben, also weder die Wunde erkennt, noch die Ursache für den Schmerz und die Verletzungen, wie können wir dann Heilung finden?

ZEIT ALS PRIVILEG

Ich fahre in ein kleines Holzhäuschen an der Atlantikküste, um mich zu erholen. Dort richte ich mir auch einen Arbeitsplatz ein, um zu schreiben. In einer Gesellschaft, die Erschöpfung und Überlastung glorifiziert, sind Erholung und Entschleunigung Teil der Revolution, denn diese findet nicht ausserhalb von uns statt, sondern beginnt in unserem Inneren. Zu heilen oder zumindest endlich zu verstehen, dass ich heilen muss, gehört dazu. Audre Lorde beschrieb Self Care in ihrem Essay *A Burst Of Light* als eine Form politischer Kriegsführung.

Es ist an der Zeit, dass ich mir Zeit nehme. Ich sitze auf dem Schaukelstuhl auf der Terrasse und höre zwei Tauben gurren. Lächelnd denke ich daran, dass meine Mutter dieses Geräusch hasst. Es erinnert sie an die langweiligen Sonntagnachmittage im Dorf ihrer Kindheit. Fehlen nur noch die Kirchenglocken, die alle 15 Minuten läuteten. Ich hingegen mag das gurrende Geräusch, es beruhigt mich. Auch mich erinnert es an die freien Sonntagnachmittage meiner Kindheit. An die Momente, in denen ich nicht zur Schule musste.

Ich denke über Produktivität nach. Was wir darunter verstehen, ist im Grunde die möglichst schnelle Zerstörung der Umwelt und von uns selbst. In unserer Gesellschaft lernen wir früh, dass wir nur dann wertvoll sind, wenn wir mit unserer Energie am Ende sind. Die Autorin Teresa Bücker stellt in ihrem Buch *Alle_Zeit* die Frage, warum wir nicht deutlich weniger arbeiten, wenn wir durch moderne Errungenschaften in der gleichen Zeit viel mehr Wert schöpfen und produzieren können.[112]

Ich wollte eigentlich schreiben, doch ich kann es nicht erzwingen. Also wickle ich mir ein Tuch um die Hüfte, packe Sonnenbrille, einen Roman und die Kopfhörer ein und schlendere zum Strand, der nur wenige Gehminuten von meinem Häuschen entfernt ist. Der Spaziergang über die Dünen ist das Tor zum weiten Horizont des Atlantiks. Hier kann ich atmen. Nur wenige Menschen spazieren am Strand, einige haben sich bereits in die Wellen geworfen. Auch ich tauche meinen von der Sonne gewärmten Körper ins kühle Nass.

Die letzten paar Monate bin ich wie unter Wasser gewesen. So habe ich das oft genannt, wenn ich vor lauter Terminen nicht mehr atmen konnte.

Ich schwimme weit raus. Dem Ozean gebe ich mich gerne hin, ich vertraue ihm. Er trägt mich. Obwohl die Strömungen in dieser Gegend sehr stark sein können, haben wir uns inzwischen so gut kennengelernt, dass ich weiss, an welchen Stellen ich nicht ins Wasser gehen sollte. Weiter draussen ist die Wasseroberfläche ruhig. Ich lege mich auf den Rücken und blinzle der Sonne entgegen.

Vor ein paar Monaten bin ich 30 geworden. Damit ist statistisch gesehen – wenn es gut kommt – ein Drittel meiner Zeit vorbei. Bisher bin ich in meinem Leben sehr fleissig gewesen, habe viel geleistet und mich immer wieder innerhalb unseres Wertesystems, das aus Zahlen besteht, bewiesen. Alter, Noten, Ergebnisse, Leistungen, Saläre und Follower*innen. Was hast du bisher schon erreicht? Ständig müssen wir uns messen und vergleichen. Und dabei merken wir gar nicht, wie wir uns durch das ewige Rumgehetze die eigene Lebenszeit stehlen. Wohin eilen wir denn alle? Für wen rennen wir so? Warum muss alles immer schnell gehen? Ich muss schnell antworten, schnell reagieren, schnell helfen, schnell duschen, schnell noch etwas erledigen, schnell fast-fooden und speed-nappen. Ich rase geradezu durchs Leben, als ginge es nur darum, vor dem Tod möglichst viel zu erledigen. Stress ist längst ein Statussymbol, aber auch zur Volkskrankheit geworden. Ich habe gelesen, dass es in Japan für den Tod durch Überarbeitung sogar ein eigenes Wort gibt: ‹Karoshi›.

Wir müssen das natürlich auch alles irgendwie tun, um überleben zu können. Um die Miete zu bezahlen, die Rechnungen. Doch eilen und hetzen nicht auch diejenigen, die sich über Geld keine allzu grossen Sorgen machen müssen? Fakt ist: Nicht alle Menschen haben gleich viel Zeit zur Verfügung. Soziale Gerechtigkeit würde also auch eine faire Verteilung der Zeitressourcen bedeuten. Ob die Zeit aber dafür reif ist? Wahrscheinlich nicht.

Mit der Zeit ist es so eine Sache. Wir sind Meister*innen darin, das Leben auf später zu verschieben. Wir versprechen unseren Liebsten, dass wir morgen mehr Zeit für sie haben, wir versprechen uns selbst, nicht jetzt, aber irgendwann dann wirklich zu verreisen. Reden uns immer wieder ein, dass eines Tages der Punkt kommen wird, an dem wir uns um uns selbst und das eigene Leben kümmern. Doch wir wissen alle nicht, wie viel Zeit uns überhaupt noch bleibt. Und je mehr wir versuchen, sie zu sparen, desto weniger haben wir von ihr.

Ich möchte reich an Zeit sein, materiellen Wohlstand gegen Zeitwohlstand eintauschen. Seit meiner Kindheit begleitet mich die Geschichte von *Momo*, einem meiner Lieblingsbücher von Michael Ende. Doch hat sie mich wirklich etwas gelehrt? Seit ein paar Monaten steht in meinem Kalender regelmässig ein ganztägiger Termin namens ‹Erholtag›. Wenn jemand fragt, ob ich an diesem Tag Zeit habe, antworte ich: »Nein, da habe ich schon etwas vor«. Zeit *haben* wir wahrscheinlich nicht einfach, sondern müssen sie uns nehmen, wenn wir das Privileg dazu haben.

Ich lasse mich von den Wellen zurück an den Strand treiben. Heilung ist oft salzig: Tränen, Schweiss, der Ozean. Ich setze mich hin und mache mir Gedanken darüber, was ich im Leben eigentlich will. Ich möchte meine Zeit so nutzen, dass sie jenen zugutekommt, die weniger davon haben. Ich versuche, meine Stimme für ein Umdenken zu nutzen. Wenn ich dabei jedoch eile und ausbrenne, bleibt mir auch keine Zeit mehr, die ich anderen zur Verfügung stellen könnte. Es geht nicht um Work-Life-Balance, sondern um das Bewusstwerden über die begrenzte Ressource Zeit an sich.

Ich stelle mir eine Frage und möchte dich einladen, sie dir ebenfalls zu stellen: Was würde ich tun, wenn unser Wertesystem sich nicht an Zahlen, sondern an kostbarer Zeit orientieren würde?

DANKE, MAMI

Vor mir tobt der wilde Ozean, die Wellen brechen sich weit draussen und treffen dann auf Land. Es hat etwas Beruhigendes, dieser ungezähmten Naturgewalt zuzusehen. Das Rauschen der Brandung vermischt sich mit dem Duft des Salzwassers.

Du, Mami, warst es, die mir von der Welt da draussen erzählt hat und mich ermutigt hat, sie zu bereisen.

Obwohl das kleine Dorf in der Zentralschweiz nie der richtige Ort für mich war, warst und bleibst du mein Zuhause. Wir sind uns immer sehr nah gewesen, wir harmonieren wie die Wellen mit dem Strand. An den Tagen hier denke ich oft an meine Kindheit. Ich denke sehr oft an dich und frage mich, wie du das gemacht hast: alleine mit uns Kindern, mit deinem kleinen Salär in dieser kleinen Wohnung, die uns keine andere Wahl liess, als eng beieinander zu sein. Unsere Ferien fanden oft im Zelt statt. Nie war es kompliziert, nie mühsam, nie langweilig. Es gab weder Regeln noch Ämtli-Pläne, weder Spielzimmer noch Nachhilfe, weder Sparkonto noch Babysitter. Wir hatten dich.

Als ich 14 war, ist Papi für das Kakao-Projekt zurück nach Ghana gezogen. Es war nicht einfach, vor allem nicht für dich. Von da an waren es immer du und wir – und all die anderen Kinder, die oft glücklicher gingen, als sie zu uns gekommen waren. Du hast nie gejammert, nie Blumen oder Autos gehabt, deren Unversehrtheit dir wichtiger gewesen wäre als unsere Spiellust. Du hast uns nie zurückgehalten oder bevormundet, und das, obwohl du sehr früh alles selbst machen musstest: den Umzug, die Erziehung, das Geldverdienen, den Garten, die Pflege unserer Tiere. Du hast Bäume gepflanzt und Wände gestrichen, unsere Kleider geflickt, aber auch unser Auto repariert, du bist kilometerweit gefahren, damit wir das Meer sehen konnten, und hast stundenlang mit uns diskutiert, damit wir zu argumentieren lernen. Vor allem hast du uns immer zugehört.

Du warst vor allen anderen Menschen in meinem Leben da und bist immer geblieben. Auch heute noch bist du der Nabel meiner Welt, in der Sicherheit für mich immer dasselbe Gesicht trägt.

Du bist *weiss*, ich bin es nicht. Ständig wurdest du gefragt, woher du uns Kinder adoptiert hättest oder ob du noch mit dem Vater zusammen seist. Du wurdest für uns Kinder gelobt, aber auch bemitleidet. Es tut mir leid, dass ich damals zu klein war, um dich zu unterstützen. Doch du hast es auch ohne meine Hilfe geschafft, du hast alles immer hingekriegt. Und dann bin ich gewachsen, älter geworden, habe viele Fragen gestellt und Antworten gefunden. Nie habe ich dich zwingen müssen, dir diese Antworten anzuhören. Im Gegensatz zu so vielen *weissen* Eltern bist du stets bereit dazu gewesen, auch wenn es immer mal wieder schmerzte. Du lernst nach wie vor jeden Tag dazu. Du verstehst mittlerweile, was du damals nicht verstanden hast, was wir alle nicht verstehen konnten.

Du hast dir stets Mühe gegeben, mit unserem Haar genauso wie mit allem, was unsere Sicherheit betrifft, unsere Zukunft, unsere Vergangenheit. Alles in deiner Macht Stehende hast du getan und tust es noch immer. Und doch bist du immer *weiss* geblieben. Es gab und gibt Dinge, die du selbst nie erlebt oder gespürt hast, die du nicht nachvollziehen konntest. Rassismus zeigt sich auch in den Dingen, die wir nicht sehen, nicht erkennen. Er macht keinen Halt vor Liebe, nicht einmal vor Familienliebe, nicht einmal vor Selbstliebe.

Der Prozess der Heilung, den ich durchlaufe, ist mir nur möglich, weil ich vor nichts und niemandem Halt mache. Wenn nicht ich, wer würde dann all die Schichten unserer Leben auseinandernehmen und hinterfragen? Ich weiss, dass all die Liebe, die du für uns hegst, nicht ohne Preis zu haben war und es noch immer nicht ist. Dennoch hast du eine Basis geschaffen, die mir Sicherheit und Resilienz schenkt und mir ermöglicht, mich weit hinauszulehnen, bis auf den Grund zu bohren, ohne dabei meinen Halt zu verlieren.

Ich arbeite mit so vielen *weissen* Eltern und Grosseltern, so vielen Adoptiveltern und erziehungsberechtigten Personen, so vielen Gottis und Göttis und Familienfreund*innen. Viele von ihnen schaffen es nicht, ihre Denkmuster und ihr Handeln tatsächlich in Frage zu stellen, sie sind nicht bereit dazu. Es ist zu schmerzhaft für sie, dabei wäre es so notwendig. Ich danke dir, Mami, für dein Durchhaltevermögen, deine Kraft, deine Zeit und die Selbstverständlichkeit, mit der du uns all das geschenkt hast. Danke, dass du mir stets zuhörst, dass du ständig dazulernst, dass du dich entschuldigen kannst und dass du mir beigebracht hast, mich zu entschuldigen. Danke, dass wir gemeinsam lernen und wachsen können.

Von meinem Platz am Strand, den Blick auf den Ozean gerichtet, kann ich sagen: Ja, die Welt da draussen ist wunderschön. Und sie wäre noch schöner, hätten mehr Kinder eine Person wie dich in ihren Leben.

Je mehr Zeit ich alleine verbringe, desto mehr Erinnerungen an meine Kindheit zeigen sich mir. Ich versuche, mich so in die Wellen zu werfen, wie ich es als Kind getan hätte. Ich wärme mich in den kleinen Salzwasserpfützen am Strand, ich renne die sonnengewärmte Düne hinab und tanze nachts nackt unter dem Sternenhimmel. Ich gehe barfuss, spiele mit den Schatten der Bäume und mit meinem eigenen, und ich denke an dieses kleine Mädchen, das ich einmal gewesen bin. Ich höre die Musik meiner Kindheit, versuche, mich weiter zu erinnern. Und

vor dem Einschlafen mache ich, was mein Grossmi, dein Mami
mit uns Kindern immer gemacht hat: Ich zähle auf, was am
Tag besonders schön gewesen ist und wofür ich dankbar bin.
Natürlich erst, nachdem ich Zähne, Füsse und meinen Nacken
geputzt habe.

WIE EINE JOSEPHINE

Ich blinzle Richtung Sonne. Beim Gedanken daran, dass ich bald nicht mehr hier sein, sondern wieder auf Bühnen stehen und statt in die Sonne in auf mich gerichtete Scheinwerfer blinzeln werde, beginnt mein Herz zu rasen. Ich schliesse die Augen, atme tief ein und aus. Während ich mich mit meinem Inneren zu verbinden versuche, reisen meine Gedanken ein paar Monate zurück zu einem meiner Auftritte. Ich habe Mühe, meine Arbeit loszulassen, spüre den Druck selbst hier am Strand.

Grelles Licht beleuchtet die Bühne, die ich gleich betreten soll. Ich stehe hinter dem Vorhang, die Moderationskarten in den Händen, das Headset bereits eingeschaltet. Von hier aus sehe ich das erwartungsvolle Publikum. Menschen blättern im Programm, tauschen sich aus, blicken gespannt Richtung Bühne und hantieren mit ihren Telefonen. Gleich werde ich auf die Bühne treten und damit uns alle vertreten: alle Schwarzen Frauen. Ich kann das, das weiss ich. Ich bin auch nicht nervös. Sollte ich nervös sein? Warum bin ich nie nervös? Warum habe ich dieses Lampenfieber nicht? Erkenne ich es einfach nicht, wenn ich es empfinde? Ich blicke an mir hinab, alles sitzt. Die weite bunte Stoffhose, das Hemd, die weissen Turnschuhe. In ein paar Stunden wird es vorbei und alle Anwesenden beeindruckt sein. Und trotzdem ist es jedes Mal ein Test, eine Herausforderung.

Über dem Atlantik schiebt sich eine Wolke vor die Sonne, das helle Licht verschwindet sofort. Ich setze mich hin und betrachte, wie sich die Wellen brechen und dann den sandigen Strand hocharbeiten. Bald ist die Ebbe vorüber, der Strand wird kleiner. Ich greife nach meinem Tuch und wickle es mir um die Hüfte. Dann nehme ich meine Strandtasche und laufe langsam die Düne hinauf. Auf dem Weg zu meinem kleinen Häuschen laufe ich an einem Restaurant vorbei, wo du gerade dein Fahrrad abschliesst. Ich schätze dich auf etwa Mitte 50. Du trägst eine Brille, wie jemand, der gern und viel liest und dieses Bild der viellesenden Person auch nach aussen tragen will. Als du mich siehst, richtest du dich auf und lächelst mich an. Ein ganz breites, wohlwollendes Lächeln, als würden wir einander kennen. Ich lächle zurück.

»Madame, Sie sehen wunderschön aus. Wirklich schön.«

»Danke«, sage ich noch immer lächelnd und gehe an dir vorbei.

Du drehst dich in meine Richtung und fügst hinzu: »Ja, wirklich. Wie eine Josephine.«

Ich schaue kurz zurück, mein Lächeln friert ein. Ich möchte nicht unfreundlich sein, nicht immer das Schlechte sehen. Ich weiss, dass du das sicherlich nett meinst. Aber hast du gerade tatsächlich »Josephine« gesagt? Mein Magen zieht sich zusammen. Ich wollte dieses ‹Kompliment› nicht.

Ich gehe schneller, meine Gedanken kreisen. Du meinst nicht: wie *eine* Josephine, sondern wie *die* Josephine. Josephine Baker. Ich ziehe das Tuch etwas enger um meinen Körper, als wäre es ein Panzer, der vor solchen ‹Komplimenten› schützt. Ich denke daran, wie es wohl in Josephine ausgesehen haben muss, wie sie mit den ‹Komplimenten› umgegangen ist. Anfang des 20. Jahrhunderts wurde sie als Enkelin versklavter Grosseltern in St. Louis geboren und floh irgendwann nach Frankreich, um der Rassentrennung in den USA zu entgehen. Dort machte sie eine Karriere, die für sie als Schwarze Frau in den Vereinigten Staaten zu dieser Zeit unmöglich gewesen wäre.

Im Wald schaue ich hoch zu den Pinien. Sie sind wunderschön, so natürlich. Als wären sie immer schon hier gewesen, als würden sie hierher gehören. Dabei wurden sie von Napoleon gepflanzt, was wir normalerweise nicht hinterfragen. Wir sehen die Pinien als Teil dieses Ortes.

Josephine Baker geht mir nicht aus dem Kopf. Ich wähle meinen Lieblingssong von ihr –*J'ai deux amours* – und stecke mir die AirPods in die Ohren. Ihre Geschichte habe ich vor ein paar Jahren nach meinem Umzug nach Paris kennengelernt. Ihr Gesang in meinen Ohren bringt mich zurück in diese Zeit. Josephine Baker war sozusagen der erste internationale Schwarze Star und wurde sowohl zu einer Schönheitsikone als auch einer der meistfotografierten Frauen ihrer Zeit. Irgendwann nahm sie die französische Staatsbürgerschaft an, setzte sich bei der Résistance gegen Nazideutschland ein und nutzte ihren Status, um zu reisen und Informationen zu sammeln. Sie war die einzige Frau, die 1963 beim Marsch auf Washington an der Seite von Martin Luther King Jr. sprach. 2021 war sie die erste nicht-*weisse* Frau und erste Künstlerin, die im Panthéon in Paris beigesetzt wurde, in dem sich die sterblichen Überreste der bedeutendsten französischen Bürger*innen befinden.

Ohne Frage war sie eine wunderschöne Frau, eine Kämpferin, eine Heldin. Doch sie wurde auch benutzt, um zu demonstrieren, wie ‹fortschrittlich› Frankreich doch im Kampf gegen Rassismus sei. Seit jeher wird geleugnet, wie viel Rassismus Josephine Baker ertragen musste, um ihre Karriere durchleben zu dürfen. Tatsächlich hatte Frankreich im 20. Jahrhundert ein Narrativ der offenen Nation aufgebaut, indem es viele afroamerikanische Künstler*innen aufnahm, darunter Sidney Bechet, Richard Wright, James Baldwin, Nina Simone und andere, die die Unterdrückung in den Vereinigten Staaten nicht mehr ertragen konnten. Es war bequem, diejenigen aufzunehmen, die keinen historischen Streit mit Frankreich auszutragen hatten. Frankreich war und ist aber gleichzeitig auch eine gewalttätige Kolonialmacht. Während Josephine auf Pariser Bühnen tanzte, stellte Frankreich immer noch kolonisierte Bevölkerungsgruppen in sogenannten ‹Menschenzoos› aus wie weiter vorne erwähnt, die Schweiz übrigens auch. Die Auftritte von Josephine Baker sollten das Bild Schwarzer Frauen in der französischen und internationalen Vorstellung über Jahrzehnte hinweg prägen. Wenn ich heute an sie denke, dann kommt mir sofort ihre bekannteste Darbietung in den Sinn: der Tanz im Bananenrock. Eine stereotype Vorstellung von Afrika, die indirekt das koloniale Ziel und die rassistische *weisse* Vorherrschaft feierte.

Als sie damals dazu aufgefordert wurde, den Rock anzuziehen, soll sie geweint und darum gebeten haben, nach Hause fahren zu dürfen. Doch schliesslich machte sie die Performance zu ihrer eigenen, indem sie clowneske Posen einnahm und ein Stück parodierte, das auf Hypersexualisierung angelegt war. Zwischen Josephine und mir ist viel Zeit vergangen, vieles hat sich verändert. Obwohl auch ich heute noch vor ignoranten *weissen* Personen stehe, sie unterhalte und dafür sorge, dass sie sich ein bisschen weniger rassistisch fühlen können. Und obwohl auch ich noch eine Menge internalisierten, selbstzerstörerischen Rassismus überwinden muss, um mich weiter zu befreien.

Im Häuschen angekommen, dusche ich sowohl den Sand als auch das ‹Kompliment› ab. Ich stecke mein Haar hoch und creme die von der Sonne strapazierte Haut vorsichtig ein. Ich schaue in den Spiegel. Du, mein Spiegelbild, schaust zurück. Oft verlangst du viel von mir, sprichst in einer groben Sprache mit mir. Heute ist dein Blick liebevoll. Du betrachtest meine breiten Hüften, die grossen schweren Brüste, die dunkle Haut, das salzige Haar, das voluminöse Haar. Ich bin schön. Nicht wie eine Surferin, nicht wie Josephine, sondern wie ich selbst.

NOT MY HAIR

Hier am Atlantik befindet sich meine Dusche draussen, unter der Eiche in meinem Garten. Ich nehme mir Zeit, mein nasses Haar zu kämmen. Sanft ziehe ich die Bürste Locke für Locke durch, separiere sorgfältig die verknoteten Strähnen. Sofort springen die Locken in ihre Position zurück. Dann spüle ich mein selbst zubereitetes Leinsamengel aus dem Haar. Nehme mir Zeit, ein anderes Gel in die Locken zu kneten, setze mich mit einem Buch und einer Tasse Tee auf meinen Schaukelstuhl und lasse die Haare lufttrocknen. Es hat lange gedauert, bis ich meine Haare wieder hatte. Bis ich sie als das erkennen konnte, was sie sind. Die Autorin bell hooks beschreibt treffend, dass die Praxis der Selbstliebe in einer Gesellschaft, die mehr an Profit als am Wohlbefinden interessiert ist, für alle schwierig, doch besonders für Schwarze Menschen herausfordernd sei, da sie ständig negativen Wahrnehmungen des Schwarzseins widerstehen müssten, die von der dominierenden Kultur gefördert werden.[113] Ich erinnere mich an meine erste Haar-Streck-Session.

Aufgeregt sass ich in dem kleinen Coiffeursalon in der Nähe des Limmatplatzes in Zürich. Die Friseurin, deren Hände in Handschuhen steckten, zog meinen Kopf behutsam nach hinten, während sie die weisse, beissende Substanz auf mein Haar auftrug. Ein intensiver Geruch erfüllte den Raum, ich verband ihn mit dem Glücksgefühl, den Salon mit glattem Haar zu verlassen. Trotz meiner wiederholten Nachfrage gab sie mir keine klare Antwort auf die Inhaltsstoffe der Substanz. Vielleicht ein geheimes Rezept, dachte ich. Es schien mir tatsächlich magisch. Der Effekt war den Preis von 220 CHF allemal wert. Ich hatte monatelang dafür gespart. Doch trotzdem blieb ein mulmiges Gefühl.

»Es ist aber doch ungefährlich, oder?«, fragte ich unsicher.

Sie lachte, strich ihre eigenen glatten Haare über die Schulter
zurück und sagte: »Keine Sorge, es ist völlig ungefährlich. Du
machst es ja so selten, und Schwarze Frauen tun dies schon seit
Jahren. Kein Risiko!«, versicherte sie mir. Tatsächlich schien es
jede erfolgreiche Schwarze Frau zu tun. Die Friseurin justierte
kurz den Stuhl mit ihrem rechten Fuss, während sie die Schale
mit der Substanz in einer Hand und den Pinsel in der anderen
hielt. Vorsichtig trug sie die Masse auf meine Kopfhaut auf, in
die kleinen Zwischenräume zwischen meinen Haaren, die sie
sorgfältig vorbereitet hatte. Als ein Spritzer auf meinem Gesicht landete, stellte sie die Utensilien ab, ging zum Waschbecken und eilte mit einem nassen Lappen herbei. Sofort begann
meine Haut zu brennen. Auf meiner Kopfhaut hinterliess die
Substanz kleine braune Spuren, Narben, auf die ich heute beim
Durchkämmen ab und zu stosse. An diesem Tag im Salon trug
ich nur ein Shirt, obwohl Winter war, doch ich wusste aus Erzählungen, dass ich während der Prozedur schwitzen würde.
Ich schloss meine Augen, atmete tief ein und aus. Dachte daran,
wie schön mein Haar danach aussehen würde, wie glatt, wie
geschmeidig.

»Wer schön sein will, muss leiden«, sagte die Friseurin lächelnd und summte zu Romeo Santos, der im Radio sang. Als
ich die Augen zukniff, hielt sie kurz inne: »Brennt es?«

»Ja«, antwortete ich. »Aber es geht schon.«

»Die ersten Male sind am schlimmsten«, sagte sie. Ich wollte
nicht wirklich ganz glattes Haar, einige Locken waren schon
okay. Solche, wie sie Jessica Alba in *Honey* trug, oder wie bei
Julia Roberts oder Shakira. Schöne, aber doch irgendwie *organisierte* Locken. Nicht so auffällige, nicht so voluminöse, nicht so
unkämmbare wie meine. Wir liessen die Masse nicht ganz so
lange einwirken. Als ich endlich den Sitz wechseln und meinen
Kopf unter das fliessende Wasser halten konnte, fühlte es sich
an wie eine Befreiung. Das kühle Nass beruhigte meine bren-
nende Kopfhaut. Ich atmete tief aus, hätte mich am liebsten

hingelegt, aber dann kam der Adrenalinschub, und ich konnte es spüren: Die Friseurin fuhr mit ihren Fingern durch mein glattes Haar. Die Befreiung vom Brennen fühlte sich an wie eine Erlösung des Schwarzseins. Mit einer Art Essig beruhigte sich meine Kopfhaut noch etwas mehr. Es folgten Wickelrollen und 15 Minuten unter einer viel zu heissen Kopfhaube, meine Ohrläppchen wurden dabei ganz rot, und ab und zu brannte sich eine metallene Spange, die die Haarrollen festhielt, in meine Kopfhaut. Ich riss sie jeweils schnell raus, wenn die Friseurin nicht hinsah. Die ganze Prozedur dauerte ungefähr sechs bis acht Stunden. Dazwischen wurde gegessen und geredet, auch getanzt und gesungen. Als es draussen längst dunkel geworden war, verliess ich den Zürcher Haarsalon und reiste die zwei Stunden wieder zurück nach Hause.

Ich war damals 17 Jahre jung und hatte am Gymnasium blaugemacht, um mich um meine Haare zu kümmern. Einen ganzen Tag. Ich war zu diesem Zeitpunkt wieder bei einer Modelagentur und verdiente damit etwas Geld – für eine Schülerin sehr gutes Geld sogar. Meine Mentorin hatte gesagt, dass Leute wie sie und ich – damit meinte sie light-skinned Schwarze Personen – nun wieder *in* seien. Aber natürlich nicht mit unserem natürlichen Haar, da müsste man schon etwas machen. Also hatte sie mich in den Salon geschickt. Schon als Kind war ich bei Modelagenturen *in* gewesen. Kleine light-skinned Schwarze Kinder waren gern gesehen, wenn sie älter und – wie beispielsweise ich – kurviger wurden, waren sie nicht mehr so gefragt. Aber anscheinend waren wir jetzt zurück, mit geglättetem, flachem Haar und einem möglichst flachen Körper. Mit dem Auslassen einiger Mahlzeiten vor allem abends – das war damals ein grosser unausgesprochener Trend an unserem Gymnasium – passte ich ab und zu in die Vorstellungen der Auftraggebenden. Von da an ging ich alle sechs Monate zum Haareglätten, acht Jahre lang. Ich verdiente mit Modeljobs und einem Schreibjob bei einer Lokalzeitung Geld, das ich für Kleider, meine Haare, Ferien und später für mein Studium brauchte.

Mein Haar bewegte sich nun im Wind, bei einer Kopfbewegung; ich legte es mir sanft über die Schultern, um meinen Hals und Nacken freizuhalten, wenn ich mich nach vorne bückte. Ich fühlte mich weiblich, wie eine schöne Frau. Die Leute schauten mich an und ich war mir sicher, sie fanden mich schön. Einige sagten es auch, zumindest am nächsten Tag in der Schule. Sie fanden mich *so* viel schöner, weiblicher. Die physischen Schmerzen der Prozedur hatte ich schnell vergessen, auch wenn sie bei stärkeren Verbrennungen manchmal ein paar Tage anhielten. Aber niemand sah das, niemand wusste, dass meine Haare nicht wirklich so waren. Niemand ahnte, wie schmerzhaft die Prozedur gewesen war. Niemand wusste, dass ich bei Regen nicht das Haus verliess, weil die glatten Haare sich sonst wieder mehr lockten. Niemand wusste, wie viel ich dafür bezahlte, nicht mehr meine Haare zu sein, sondern eine schöne Frau.

Wenn ich heute in Workshops über Schwarzes Haar spreche, dann verstehst du als Teilnehmer*in oft nicht, warum Schwarze Frauen nicht einfach ihr natürliches Haar tragen. Du findest es wunderschön – und musst zugeben, gar nicht zu wissen, dass Schwarze Frauen oft Perücken tragen. Auch weisst du nicht, dass viele von uns mit Satin-Hütchen oder -Kissen schlafen. Manchmal erzählst du dann, früher auch Dauerwelle getragen oder die Haare mit einem Glätteisen frisiert zu haben. Das sei halt ein Ausprobieren gewesen, der Wunsch, dazuzugehören, Mode. Manchmal erzählst du mir auch, wie schlimm es gewesen sei, als Junge langes Haar zu tragen. Oder dass alle Teenager so ihre Probleme gehabt hätten, da müsse man nicht dramatisieren. Daraufhin gibt es dann oft heftiges Nicken der anderen Teilnehmer*innen, das bestätigen soll: Es sei jetzt auch nicht *alles* gleich Rassismus. Ich bringe den Teilnehmer*innen dann bei, dass es bei gesellschaftlichen Diskriminierungsformen immer eine historische Verankerung gibt, dass wir oft einfach nicht um die Historizität wissen.

Bei meiner Geschichte geht es nicht um meine persönlichen Probleme mit meinem Aussehen, um die Unsicherheit eines Teenagers. Ich habe selbst erst spät die kulturhistorische Einbettung verstanden. An der Uni wollte ich mich damit auseinandersetzen und darüber schreiben, aber der Professor war der Meinung, dass diese Sache mit den Haaren nicht wirklich ein soziologisches Thema sei. Heute bin ich selbst Soziologin und kann sagen: Natürlich ist es das.

Der Weg zu meinem natürlichen Haar war lang. Ich musste mir zuerst viel historisches und gesellschaftliches Wissen aneignen und im Anschluss lernen, damit umzugehen, dass ich in einer Gesellschaft lebe, in der kaum jemand etwas zu diesem Thema wusste. Ich musste verstehen lernen, dass ich glatte Haare nicht schöner fand, weil das einfach mein Geschmack war, sondern weil es mir von der Gesellschaft so beigebracht wurde. Die Journalistin Aurélie Louchart beschreibt in ihrem Buch *Trop Crépu*, dass Afrohaare seit der Versklavung Schwarzer Menschen als Symbol für Minderwertigkeit gelten. Versklavte Menschen seien oft dazu gezwungen worden, unter unhygienischen Bedingungen in kleinen Baracken zu leben, und rasierten ihr Haar, um Flöhe zu verhindern. Dies betraf vorwiegend versklavte Menschen, die auf Feldern arbeiteten. Von jenen, die in den Häusern ihrer Besitzer*innen arbeiteten, wurde ein ansehnliches ‹Auftreten› verlangt, und sie wurden mit Bürsten ausgestattet. Das Haar zu bürsten oder zu bedecken war die einzige Methode, um den Anforderungen zu entsprechen. Die Bürsten waren jedoch für *weisses*, glattes Haar gedacht, und so musste das Haar dieser Bürste und letztlich dem *weissen* Ideal angepasst werden. Zu Beginn wurde dies mit im Feuer erhitzten, aufeinandergepressten Gabeln getan. Aus den Geisteswissenschaften wissen wir, dass die Haarpflege durch die *weissen* Besitzer*innen für Schwarze Menschen auch dazu führte, ihre natürliche Haarstruktur zu verachten oder zu hassen.

Nach der Abschaffung der Sklaverei war es nach wie vor so, dass ein Mensch als umso menschlicher und mächtiger angesehen wurde, je *weisser* er war. Damit entstand ein neuer Markt: Es galt, möglichst *weiss* zu werden, um die Chancen auf eine Anstellung zu erhöhen. Die Haarstreckprodukte erlebten einen Aufschwung. So verdankt auch die erste Millionärin der Vereinigten Staaten, Sarah Breedlove, bekannt als Madam C. J. Walker, ihren Reichtum der Nachfrage nach Produkten, die Schwarzem Haar dazu verhelfen, ‹weisser› zu werden. Etwas wohlhabendere Schwarze Menschen wollten sich in der Folge von den ärmeren und zum Teil noch versklavten Schwarzen Menschen abgrenzen und investierten viel Zeit und Geld, um möglichst *weiss* zu werden. Diese Distinktion wurde wiederum von *weissen* Menschen unterstützt, da sie darin die Möglichkeit sahen, die Verbündung freier und versklavter Schwarzer Menschen zu verhindern. Die Art und Weise, wie das Haar getragen wurde, sagte also etwas über den sozialen Status aus. So galt ein Afro oder geflochtenes Haar als ‹rural› und unmodern. In diesem Zuge kam die Frage auf: Ist geglättetes Haar nicht auch ein Verleugnen der eigenen Identität? Es gab also relativ schnell Personen, die ihr natürliches Haar trugen und es wertschätzten, und andere, die im Strecken der Haare eine Emanzipation im Vergleich zum Status versklavter Schwarzer Menschen sahen. Diese historische Verbindung von flachem, geglättetem Haar und sozial höherem Status dürfen wir heute nicht vergessen.

Auf eine Art und durch soziale wie politische Strukturen unterstützt, trug Schwarzes Haar also zur Aufrechterhaltung der

Sklaverei bei. In einer Entscheidung des Obersten Gerichtshofs von Virginia aus dem Jahr 1806 führte Jackey Wright ihr langes, glattes, dunkles Haar gar als Beweis dafür an, dass sie *weisser* und indigener Abstammung und es daher illegal war, sie und ihre Kinder als Versklavte zu halten. Umgekehrt wurden in Beschreibungen entlaufener Versklavter deren Haare zur Identifizierung verwendet. So kam es vor, dass sich versklavte Menschen vor ihrer Flucht das Haar glätteten in der Hoffnung, dass diese Frisuren es ihnen erleichtern würden, sich der Gefangennahme zu entziehen. Die höhere Machtstellung mit *weissem* Haar zeigt sich bis heute. Menschen, die ihr Haar so tragen, dass es wie das von *Weissen* aussieht, tun dies oft – wenn auch unbewusst, um in der Gesellschaft ernst genommen zu werden. Die beschriebene Haar-Tortur des Glättens hat auch psychische Folgen, doch nicht ausschliesslich: Inzwischen weiss ich, dass dieses weisse ‹Wundermittel› unter anderem aus Natriumhydroxid bestand. Eine Studie der Boston University hat ergeben, dass Schwarze Frauen, die regelmässig und über längere Zeit Haarrelaxer-Produkte mit Natriumhydroxid verwenden, ein um etwa 30 Prozent erhöhtes Risiko haben, an Östrogenrezeptor-positivem Brustkrebs zu erkranken, verglichen mit Frauen, die diese Produkte seltener verwenden.[114] Malcolm X beschreibt sein erstes Haarestrecken in seiner Autobiografie und erklärt, dass je länger man durchhalte, desto glatter werde das Haar. Er beschreibt die Tränen in den Augen und die laufende Nase.[115] Sein Ziel war es damals, einen Conk zu tragen. Der Conk war ein Symbol für Anpassung und das Streben nach gesellschaftlicher Akzeptanz. Die Sehnsucht nach Anpassung an eine *weisse* Norm ist in verschiedener Hinsicht toxisch.

Ich erinnere mich an ein Spiel in der zweiten Primarschule, bei dem wir für jedes Kind eine positive Charaktereigenschaft auf einen kleinen Zettel schreiben sollten. Freitags durften wir dann jeweils ein Zettelchen ziehen, um mit einem guten

Gefühl ins Wochenende zu gehen. Zwölf Wochen in Folge erhielt ich dieselbe Botschaft: »Mir gefallen deine Haare«, »Deine Haare sind schön«, »Du hast schöne Haare.« Ich war damals sieben Jahre alt, und das, was sich irgendwie falsch anfühlte, konnte ich erst viel später benennen: Mein Haar ist keine Charaktereigenschaft. Ich mochte mein Haar, und anders als viele Schwarze Kinder fand ich es auch schön. Also trug ich es oft stolz und scheute mich nicht vor der Ausbreitung des Volumens. Auf vielen Klassenfotos aus der frühen Schulzeit trage ich mein Haar natürlich und offen, je älter ich wurde, desto mehr ‹bändigte› ich mein Volumen. Als wir einige Jahre später in der Schule lernten, uns auf Vorstellungsgespräche vorzubereiten, sagte meine Lehrperson: »Wenn es dann aber wirklich zum Vorstellungsgespräch kommt, musst du dir eine anständige Frisur machen.«

Das Tragen natürlicher Frisuren wird in der Gesellschaft, in der ich lebe, als Mangel an Professionalität wahrgenommen. Würde ich mich weigern, mein Haar zu glätten oder so zu tragen, dass es möglichst nah an *weisses* Haar herankommt, würde ich wie viele andere Schwarze Frauen in der Berufswelt benachteiligt werden – unter anderem hier liegt der Unterschied zu den vorhin erwähnten Dauerwellen. 2009 gewann mit Sara Nuru zum ersten Mal eine Schwarze Frau die Castingshow *Germany's Next Topmodel*. Im Zuge des für die Sendung üblichen Umstylings wurden ihr glatte, lange Extensions verpasst. Ich erinnere mich an meinen Gedanken, dass das genau war, was auch ich brauchte, um wirklich schön, aber auch glücklich zu sein. Nebst der Tatsache, dass die Sendung an sich sehr fragwürdig ist in Bezug auf eine ganze Palette an Themen, vermittelte sie hiermit: Ihr alle könnt euch dem *weissen* Ideal annähern und entsprechend schön werden. Sara Nuru selbst sagte damals, dass sie sich wunderschön fand, noch nie so langes Haar gehabt hatte und sich die ganze Zeit hinein fassen wollte.

Bis dato waren Friseur*innen immer masslos überfordert gewesen mit meinem Haar. Sie hatten schlichtweg nicht gelernt, Schwarzes Haar zu frisieren. Auch meine Mutter wusste nicht genau, was mein Haar brauchte. Und als wir aus Zürich weg waren, gab es nur noch wenige Schwarzen Frauen in meinem Umfeld. Weder in unserem Dorf noch im Fernsehen. Wir probierten viele Dinge aus, einige funktionierten besser als andere, doch letztlich waren alle Versuche erfolglos: Mein Haar blieb trocken und kraus, es wurde nicht blond, nicht glatt, es wehte nicht im Wind – selbst wenn ich alle Produkte verwendete, von denen in den Werbungen versprochen wurde, dass durch sie genau das erreicht werden könnte.

Im Jahr 2009 hat die Sängerin Solange Knowles ihr Haar zum ersten Mal öffentlich einem breiten Publikum gezeigt. Die *Natürliches-Haar*-Bewegung begann in den USA bereits einige Jahre davor, in den 1960er-Jahren und wurde in den 2000ern unter der Bezeichnung *Nappy* erneut aufgenommen. ‹Nappy› ist eine Zusammensetzung aus den Worten ‹natural› und ‹happy› und möchte zum Ausdruck bringen, dass Personen, die ihr Schwarzes Haar natürlich tragen, glücklich sein können. Die Bewegung schaffte es, wenn auch schleichend, bis in die Schweiz: So eröffneten Ende 2018 Tina Berner-Azigbo und Hanna von Allmen ihren auf Afro-Haare spezialisierten Haarsalon in Zürich. Im Interview mit dem SRF sagen sie, dass sie, geprägt von ihren eigenen Erfahrungen, einen Ort für die nächste Generation kreieren wollen, wo die Kund*innen wissen würden, »die chömed drus«.[116] Im Juli 2022 veröffentlichen die beiden gemeinsam mit Shedea Dona und Simiux mit *Natural* zudem einen Natural-Hair-Empowerment-Song. In der französischen Schweiz gab es mit Mahine Hairstyles und Tribus Urbaines bereits ein bisschen länger bekannte Angebote. Es dauerte bis zum Jahr 2021, bis in England die erste Weihnachtswerbung im Fernsehen für Schwarzes Haar zu sehen war. Die Werbung wurde von Afrocenchix, einer Marke für natürliche Haarpflegeprodukte für Afro-Haare, produziert und lief auf Channel 4.

Rassismus in Bezug auf das Haar zu untersuchen, ist deshalb interessant und relevant, weil dem Haar in verschiedensten Kulturen eine grosse Bedeutung zukommt und es für den sozialen Status von Menschen entscheidend ist. In vielen afrikanischen Ländern sagen geflochtene Haare und die spezielle Art, wie sie geflochten sind, etwas über den Status einer Person aus. Daran lässt sich erkennen, aus welcher Familie eine Person kommt oder welchen Beziehungsstatus sie hat, und teilweise sagen die Frisuren auch etwas über die Spiritualität aus. Da die Haare dem Himmel am nächsten sind, werden sie auch als Zugang zur Seele oder einem Kommunikationsmittel zu Gott oder Geistern gesehen. In gewissen Kulturen ist selbst der Kamm ein heiliges Objekt. Schwarzes Haar hat in vielen Kulturen einen hohen Stellenwert. Das zeigen auch die vielen, vielen Stunden, die in Coiffeursalons verbracht werden, wie ich es etwa aus meiner Kindheit mit meinem Vater kenne, oder die zeitintensive Aktivität des Haareflechtens, die immer auch ein sozialer Moment ist.

Zur Zeit des transatlantischen Sklavenhandels wurden Schwarze Menschen kahlgeschoren, sobald sie in der ‹neuen Welt› ankamen, und damit ihrer Identität beraubt. Ein Akt, der auch aus Gefängnissen oder etwa dem Zweiten Weltkrieg bekannt ist, als den Frauen aus besetzten Gebieten die Haare kahlgeschoren wurden, wenn sie ein Verhältnis mit Deutschen gehabt hatten.[117] Schwarze Frauen sind sich der Bilder und sozialen Vergleiche bewusst, die mit der Wahl ihrer Frisur einhergehen. Sie wissen, dass geglättetes oder relaxtes Haar zu unterschiedlicher Behandlung, sozialer Akzeptanz und manchmal zu besseren Arbeitsmöglichkeiten führen kann, und wie andere ihre persönliche und rassifizierte Identität wahrnehmen. Sich mit dem eigenen Haar zu versöhnen und es zu mögen, kann deshalb mit dem Verlust eines Privilegs einhergehen, aber auch dazu beitragen, transgenerationale Wunden zu heilen.[118]

Erst im Sommer 2020 – und eher unbewusst – schnitt ich mein Haar zum ersten Mal ganz kurz. Das Gefühl, das ich in der Primarschule empfunden hatte, hatte im Jahr 2006 einen Namen erhalten: *I am not my hair*. Ein Song der amerikanischen Soul- und R&B-Sängerin India Arie, auf den sich viele Betroffene etwa in den sozialen Medien beziehen. Sie singt: »Ich bin nicht mein Haar. Ich bin nicht meine Haut. Ich bin nicht deine Erwartungen.« Im Jahr 2019 wurde der Rassismus aufgrund der Haare insofern anerkannt, als in Kalifornien der sogenannte National CROWN Act ins Gesetz aufgenommen wurde, der Diskriminierung aufgrund von Frisur und Haarbeschaffenheit verbietet. Das Gesetz existiert allerdings geografisch nur sehr beschränkt, und Recht und Gerechtigkeit sind nicht dasselbe: Die rassistischen Zuschreibungen und Annahmen bleiben in vielen Bereichen bestehen. 2024 wurde auch in Frankreich ein Gesetz gegen die ‹Discrimination capillaire› verabschiedet. Obwohl James Baldwin bereits 1955 während seines Besuchs in Leukerbad auf Othering hinwies, erlebe auch ich, seit ich meine natürliche Haarfrisur, einen Afro, trage, immer wieder Othering-Situationen. So zeigte beispielsweise eine Freundin mit dem Finger auf mich, um ihrem Neffen zu erklären: »Hast du die Haare gesehen, die sind echt. Das sind ihre normalen Haare.« Der subversive Aspekt des Afro ist unter anderem auch in seinem geschlechtsneutralen Charakter begründet: Die Grenzen zwischen den binären Geschlechtern werden verwischt, wie sich das etwa auch bei den langen Haaren von Hippies beobachten lässt. Indem sie die Normen von Weiblichkeit und Männlichkeit infrage stellen, greifen Afro-Tragende ein grosses gesellschaftliches Tabu an, erklärt die Journalistin Aurélie Louchart.[119]

Viel Wissen dazu kommt aus den USA oder England. Doch auch in der Schweiz gibt es Beispiele aus der Öffentlichkeit. So erklärte die Schwarze SRF-Tagesschau-Moderatorin Angélique Beldner in ihrem Dokumentarfilm *Der Sommer, in dem ich Schwarz wurde*, dass sie ihre Haare zu Beginn ihrer Karriere im Jahr 2015 nicht natürlich tragen sollte. Die SRF-Chefstylistin Tatjana Kotoric sagt dazu, dass sie für Angélique Beldner ein Styling ausgesucht hatten, das elegant und ausdrucksstark wirken sollte. Die Stylingrichtlinien seien im Jahr 2015 so gewesen, dass Kleider und Haare nicht durch Volumen oder Dominanz vom Inhalt ablenken sollten.[120]

Ich blicke in den Spiegel und schenke mir ein Lächeln. Mein Afro ist voll und prächtig, er ist gesund. Die Reise, mein Haar zu verstehen und zu akzeptieren, war lang und manchmal mühsam, und ich wünsche mir, dass neue Generationen sie sich ersparen können, dass die Suche weniger anstrengend ist. Mein Ziel ist nicht, dass alle ihr Haar natürlich tragen. Wenn ich an etwas von ganzem Herzen glaube, dann, dass wir alle über unsere Körper selbst entscheiden können sollen. Aber wenn wir nicht wissen, woher unsere Ideen und Vorlieben kommen, wie sollen wir dann entscheiden? Ich möchte alle Informationen haben, um wirklich wählen zu können – und nicht einfach das über Schönheit zu glauben, was mir beigebracht wurde. Mein Afro ist mehr als nur eine Frisur; er ist Symbol meiner Identität. Mit einem letzten zufriedenen Blick drehe ich mich um und setze mich an den Schreibtisch.

BAUMRINDE UND SEIDENPAPIER

Ich spaziere langsam durch den Wald, wo die Sonnenstrahlen nur vereinzelt ihren Weg durch das Blätterdach finden. Über mir rauscht leise und beruhigend der Wind. Ich spüre den weichen Boden unter meinen nackten Füssen. Betrachte sie, meine Füsse, die viel zu selten barfuss sein dürfen. Während ich zwischen den alten Bäumen hindurchgehe, überkommt mich eine tiefe Ruhe. Meine Gedanken schweifen zu meinen Vorfahr*innen. Ich stelle mir vor, wie sie in vergangenen Zeiten durch ähnliche Wälder gewandert sind, verbunden mit der Natur, die ihnen Nahrung, Schutz und Weisheit geschenkt hat. Ich trage meine Vorfahr*innen in mir. Trage ihre Wünsche und ihre Ängste, ihre Hoffnungen und ihre Träume.

Ich denke an meine Nda in Ghana. Erinnere mich daran, wie sie in gebückter Haltung zu mir hochschaute, die Sonne in ihren Augen und ein zahnloses Lächeln auf den Lippen. Sie ist viel kleiner als ich. Als ich sie besuchte, streckte sie ihre Hände nach den meinen aus. Ich sehe meine ghanaische Grossmutter nur selten. Ich weiss auch nicht genau, wie alt sie ist, eine Geburtsurkunde gibt es nicht. Aber ihre Haut erinnert an zerknülltes Seidenpapier, das jemand wieder glattzustreichen versucht hat. Wir können leider auch nicht miteinander sprechen. Mein Vater verbrachte trotz seines Kampfs um Sichtbar- und Gerechtigkeit viel Zeit damit, die Spuren seines Schwarzseins verschwinden zu lassen und damit die Chancen auf den sozialen Aufstieg zu erhöhen. Darum brachte er mir seine Sprache auch nicht bei. Meine Grossmutter spricht Ewe. Wie geht es dir? Gut? Mir auch, danke – das kann ich sagen. Toilette, Ziege, Ananas, Ei, Göttin, noch ein paar weitere Wörter und meinen Namen. Das war's. Wir sahen einander lange an, meine Grossmutter und ich. Sie hielt meine Hand und ich fragte mich, welche Gedanken und Fragen sie wohl hegte. Wie sah sie mich? Was hätte sie mir erzählt, wenn sie gekonnt hätte?

Ihr Anblick war für mich zugleich tröstlich und schmerzhaft. Grosse graue Flecken ziehen sich über ihre Wangen, über die Stirn und bis hinunter zum Hals. Mein Grossvater, erzogen in einer Missionarsschule, lachte und wiederholte, dass sie kein Englisch versteht. Er war der Mann im Haus, ein Patriarch, verkörperte Stolz und Tradition. Eine meiner Tanten kam heran, in einem beschwerlichen Gang, und überreichte mir die Kiste mit alten Fotos, die sie mir versprochen hatte. Ich setzte mich unter den alten Mahagoni-Baum auf einen der Plastikstühle und öffnete sie. Da waren einige Bilder von meinen Geschwistern und mir. Eines von meinen Eltern bei ihrer Hochzeit. Eines meiner Taufe, die gleich hier nebenan in der alten Kirche von Sogakope stattgefunden hatte. Aber da war auch ein Bild von Nda in traditioneller Kleidung: jung, stolz und Schwarz, umgeben von anderen stolzen Schwarzen Frauen.

Die salzige Meeresbrise vermengt sich mit dem erdigen Duft des Waldes. Ich gehe den schmalen Pfad entlang, der sich zwischen den Bäumen hindurchschlängelt. Es ist ausgesprochen heiss heute, aber unter den Bäumen ist die Temperatur angenehm. Noch immer höre ich das Rauschen der Wellen. Der Boden unter meinen Füssen ist mit Tannennadeln und kleinen Blättern übersäht, die bei jedem Schritt ein gedämpftes Knistern erzeugen. Hier verschmelzen die Elemente des Ozeans und des Waldes zu einem harmonischen Ganzen.

Wenn ich meine Nda fragen könnte, würde sie wahrscheinlich sagen, dass sie helle Haut schöner findet. Dass jede*r helle Haut schöner findet. Dass helle Haut schöner *ist*. Faktisch gesehen. Schönheit ist so verklärt wie etwa romantische Liebe. Wir glauben so fest an sie, dass wir sozial-historische Kontexte einfach ausblenden. Wir glauben, dass Schönheit im Auge der betrachtenden Person liegt. Ohne zu fragen, was die betrachtende Person gelernt hat, als schön zu betrachten. Ohne zu fragen, wem dieses Bild von Schönheit dient.

Der Wald hat eine beruhigende Wirkung auf mich. Ich atme tiefer, denke klarer. In Japan gibt es für diese Art von Therapie sogar einen Begriff, ‹Shinrin-Yoku›, das Waldbaden. Es soll den Blutdruck senken, Stress lindern, den Kreislauf verbessern. Bei einer grossen Eiche bleibe ich stehen, lege meine Hand auf die raue Rinde. Alten Bäumen gegenüber fühle ich mich immer schuldig. Sie sind schon so lange da, und wir machen alles kaputt. Ich schaue mich kurz um, niemand da, und dann umarme ich die Eiche. Ich presse meine Wange an die Rinde, deren einzigartige Wachstumsringe und Narben die Zeit erzählen. Ähnlich wie die Baumrinde eine Geschichte erzählt, tut es auch die Haut meiner Grossmutter. Die grauen Spuren in ihrem Gesicht erzählen von jahrelanger Verwendung von Bleaching-Produkten. Meine Grossmutter wollte *weiss* werden. Sie erhoffte sich damit einen sozialen Aufstieg. So lebte sie nach einem Standard, den sie doch niemals erfüllen konnte.

Du als Workshopteilnehmerin meinst oft, dass es ja logisch sei, dass das Schönheitsideal in Europa nun mal *weiss* ist. Doch das ist nicht nur in Europa so. Laut Public Health and Toxicology[121] bleichen etwa in Nigeria 77 % der Frauen ihre Haut, womit sie den höchsten Anteil an Bleichmitteln in Afrika abdecken. Gemäss dieser Studie glauben aber auch in Ghana die meisten Frauen, dass Schönheit unvollständig ist, solange ihre Haut Schwarz bleibt; das Bleichen mit Chemikalien, Seifen, Lotionen und anderen Produkten zeigt, wie stark sie sich bemühen, ihre Haut in eine hellere zu verwandeln. Sich einem *weissen* Ideal annähern zu wollen, ist ein globales Phänomen. »We disconnect from our heritage as we learn to internalize shame about the land, the customs of our forebears and our histories«[122], schreibt Kinouani. Frantz Fanon hat in *Peau Noir, Masque Blanc* ebenfalls anschaulich beschrieben, wie der Kolonialismus das Verständnis der Schwarzen Menschen für ihr Schwarzsein verzerrt hat, da Schwarze Menschen den Blick der *weissen* Kolonisatoren und die rassistischen Konstruktionen von Wildheit, Minderwertigkeit und Mangel verinnerlicht hätten.[123] Ebendiese Konstruktionen führen nach wie vor zu tiefen Gefühlen der Scham und des Selbsthasses. Hierarchien des Schwarzseins wurden historisch mit der Nähe zum Meister oder der Nähe zum *Weiss*sein in Verbindung gebracht. Die Erwartung, dass Schwarze Frauen das Aussehen *weisser* Frauen kopieren, ordnet ihr Leben unter, da alle Nachahmungen letztlich nicht authentisch sind.

Weder die dichte Baumrinde noch die Narben unserer Ahnen sind umsonst. Sie sind da, damit wir nicht vergessen. Ich glaube an eine Verbindung, die über unsere Sprachen hinausgeht. Die Versöhnung mit meinem Haar, meinem Körper und meinem Erbe kann dazu beitragen, die Wunden meiner Vorfahr*innen zu heilen. Aber sie gaben mir mehr als nur Wunden mit – sie gaben mir die Kraft und die Freiheit, mich heute selbst lieben zu lernen. Denn Schmerzen fliessen durch Generationen, bis jemand die Freiheit und die Stärke hat, sie zu fühlen und zu heilen.

Ich merke kaum, wie schnell die Zeit vergeht. Eigentlich wollte ich längst schon am Ozean sein. Als ich endlich unterwegs bin, beginnt es zu regnen. Dicke Tropfen fallen auf mich herab. Seltsam, denn ich sehe gar keine Wolke über mir. Ich gehe trotzdem weiter, nass werde ich ja ohnehin bald sein. Ich renne in die Wellen und tauche unter, und dann sind sie plötzlich da: Grosse, dunkelgraue Wolken stehen bedrohlich am Himmel. Ich gehe aus dem Wasser, nehme mein Tuch und mache mich auf den Weg Richtung Häuschen. Die Atmosphäre verändert sich, kalter Wind huscht über meine nasse Haut. Der Geruch von Regen liegt in der Luft, und ich beschleunige meine Schritte. Die Regentropfen sind gross und schwer, als würden sie aus einer anderen Welt herabfallen. Das prasselnde Geräusch ist hypnotisch, irgendwie ist dieser Wetterumschwung ganz schön. Die

Bäume um mich herum ächzen. Ich mag Stürme. Ich mag es, wenn die Natur alles aus dem Konzept bringt. So war es zumindest als Kind, als ich das Privileg hatte, zu glauben, dass ich in Sicherheit bin. Zu glauben, dass die Natur und ich auf derselben Seite sind. Ich hatte die leise Hoffnung, dass sie uns an unseren Unsinn erinnern würde. Selbst damals, als wir aufgrund einer Überschwemmung nicht in die Schule konnten, gefiel mir etwas daran. Ebenfalls mochte ich, als während meiner Zeit in New York ein grosser Schneesturm dafür sorgte, dass niemand dem geplanten Alltag folgen konnte. Auch den Sturm Lothar mochte ich, der in meiner Kindheit dafür sorgte, dass wir im Kerzenlicht spielen mussten. Heute ist mir bewusst, dass diejenigen, die eigentlich von der Natur ermahnt werden sollten, am allermeisten geschützt sind. Und dass diejenigen, die ohnehin im Einklang mit der Natur leben, am meisten unter den Katastrophen leiden. Diese kleinen Stürme mag ich trotzdem. Viele Menschen mögen ja auch Geld, dabei kostet es genauso viele Leben – wenn nicht sogar noch viel mehr.

Als ich endlich in mein Häuschen eile, zucken die ersten Blitze am Himmel. 21 ... 22 ... 23 ... der Donner grollt noch in der Ferne. Ich trockne mich ab und setze mich aufs Bett, ans Fenster, beobachte die sich biegenden Bäume und kann nicht anders, als die Kraft der Natur zu bewundern. Ich bin ihr komplett ausgeliefert. Mein Häuschen würde dieser grossen Eiche nicht standhalten. Tannenzapfen fallen von den grossen Kiefern aufs Dach. Ich denke an den Ozean und wie er wohl gerade toben muss. Die Natur zeigt mir deutlich, wie klein und verletzlich ich angesichts ihrer Macht bin. Trotzdem spüre ich auch eine Verbindung, als würde dieser Sturm mich auf einer tieferen Ebene mit der Welt vereinen.

Ich denke darüber nach, dass wir durch den Verlust der Verbindung zu unseren Geschichten auch Wissenssysteme, Weisheiten, Bräuche und Traditionen verloren haben, die uns dienen und unser Leben sinnvoller gestalten könnten. Endloses Wachstum und Kapitalismus haben uns bislang nicht glücklicher gemacht, sondern stattdessen Angst und Entfremdung geschaffen. Der europäische Kolonialismus zog um die Welt und verkündete, dass es nur einen Weg gebe, ein *zivilisiertes* Leben zu führen – möglichst nah am christlich geprägten *Weiss*-Sein, an westlich-europäischen Vorstellungen. Darüber hat auch Europa selbst viele Traditionen und Bräuche verloren. Viel altes Wissen, das von Frauen getragen wurde. Wir sind inzwischen an einem Punkt angelangt, an dem wir die tief verwurzelten, kulturellen Vorstellungen von der Überlegenheit imperialen Denkens herausfordern müssen. Wir müssen fragen, was mit Land und Ressourcen, aber auch mit indigenem Wissen und Ideen, traditioneller Medizin und spirituellen Vorstellungen geschehen ist.

SCHWEIGEN

Irgendwann muss ich eingeschlafen sein. Etwas erschrocken wache ich auf, der Atlantik hat sich schon weit in den Strand hineingespült. Wie spät ist es? Wie lange habe ich geschlafen? Ich drücke einen Finger in die Haut auf meinem Brustkorb, um zu schauen, ob ich mich verbrannt habe. In der Sonne eingeschlafen, wie ungeschickt. Aber meine Haut scheint okay.

Ich blicke in die Weite des Ozeans, denke an Cape Coast in Ghana. Alles ist verbunden. Die raue Schönheit des Ozeans erinnert mich daran, wie der transatlantische Handel einst über genau diese Wellen verlief. Die Kolonialmächte nutzten sie als Verbindung zwischen den Kontinenten, um ihre Macht auszudehnen und ihre Gier zu befriedigen.

Inzwischen bin ich seit einigen Tagen hier am Ozean und spüre, wie sich die Verspannungen in meinem Körper zu lösen beginnen. Es gelingt nicht ganz, aber mein Körper kämpft. Morgens und abends schwimme ich, lasse mir die Gedanken wegwaschen und komme gestärkt wieder aus dem Wasser. Wenn die Wellen nicht zu hoch sind, schwimme ich etwas raus und lege mich auf die Oberfläche, spüre die enorme Weite unter mir. Ich stehe auf, um genau das zu tun. Mit der zweiten Welle tauche ich unter. Weiter draussen lege ich mich auf die Wasseroberfläche. Ich spüre, wie sich das Wasser um meinen Körper schmiegt, und konzentriere mich aufs Atmen. Ich nehme das Salz auf meinen Lippen wahr. Heute kann ich nicht sicher sagen, ob es Tropfen aus dem Ozean sind oder Tränen. Und plötzlich verlässt mich all das bisher Ungeweinte: Es fliesst und fliesst, meine Tränen vermischen sich mit dem Ozean. Salz zu Salz. Ich bin so unglaublich müde. Das schlechte Gewissen nagt an mir. Ich brauche eine Pause, brauche Erholung, aber es fällt mir schwer, loszulassen. Was, wenn ich danach nicht mehr gut genug bin? Was, wenn mich und meine Arbeit dann niemand mehr will? Ich denke an bell hooks' Worte; sie schreibt, dass es Mut und Wachsamkeit erfordert, einen Kontext zu schaffen, in dem Selbstliebe entstehen kann.[124] Es kostet mich enorm viel Mut, das sorgfältig aufgebaute Bild von mir, die sorgfältig erlernten Codes, all das mit dem Schreiben dieses Buchs aufs Spiel zu setzen. Aber noch mehr Mut erfordert es, bei Anfragen und E-Mails einfach mal »Nein« zu sagen. Ich bin nicht da. Und ich arbeite im Moment nicht. Nicht für jemand anderen. Ich arbeite an mir, ich muss gesund werden.

Gäbe es Rassismus nicht,
hätte ich dieses Buch vielleicht nicht selbst herausgeben müssen.
Gäbe es Rassismus nicht,
wäre ich Moderatorin, und zwar nicht nur dann, wenn das Thema Diversität ist.
Gäbe es Rassismus nicht,
würde ich forschen, ohne meinen Forschungsinhalt ständig rechtfertigen zu müssen.
Gäbe es Rassismus nicht,
hätte ich mir nicht alles im Selbststudium beibringen müssen.
Gäbe es Rassismus nicht,
wäre ich angestellte Journalistin bei einem Medium.
Gäbe es Rassismus nicht,
würde ich auch schreiben, aber eben nicht über Rassismus.

Zurück am Strand, nehme ich mein Notizbuch hervor und versuche aufzuschreiben, worin ich wirklich gut bin. Was macht mich liebenswert? Was kann ich gut – abgesehen von meiner Arbeit? Wer bin ich, wenn ich nicht gerade erkläre, was Rassismus ist? Dann ziehe ich mich an, um mich mit dir, einem Freund, zu treffen.

»Also, ich finde das irgendwie schade«, sagst du. Es ist Freitagabend, wir trinken Club Mate. Du bist ein Freund von mir, der gerade in der Gegend ist, um zu surfen. Wir sind, was diese Sommerbar in ihrem Businessplan als ihr Zielpublikum definiert hat: weltoffen, für Gerechtigkeit, wir trennen den Abfall, fahren Zug und engagieren uns nebst unseren Brotjobs ganz viel im Ehrenamt. Du fragst mich, worüber ich gerade schreibe. Ich erkläre kurz, ohne zu weit auszuholen. Du findest es spannend, doch dann eben »irgendwie schade«. Du fragst mich, warum ich die Dinge, die ich dir nicht sage, nicht einfach – sage.

»Ich antworte dir jetzt nicht darauf, du kannst ja dann das Buch lesen.«

»Mal im Ernst. Müssten wir nicht viel ehrlicher sein miteinander?«

»Wir?«

»Ja, wir als Gesellschaft.«

»Es ist nicht dasselbe, ob ich ehrlich bin oder ob du es bist«, sage ich. »Und nein, müssen wir nicht.«

»Also ich verstehe das ja, wenn du nicht ständig dasselbe erklären möchtest. Aber du kannst es diesen Arschlöchern doch sagen! Wenn jemand Argumente hat, dann du.«

»Es geht nicht um Arschlöcher und auch nicht um Argumente.«

»Geht's um Menschen wie mich? Menschen, die du Gutmenschen nennst?«

Ich muss lächeln und trinke noch einen Schluck Club Mate. »Wer sagt, dass du kein Arschloch bist?«, frage ich.

»Das behaupte ich jetzt einfach mal so«, sagst du ein bisschen eingeschnappt.

»Und da wären wir«, sage ich und lache.

»Ich weiss schon, was du meinst, ich verstehe dich. Also, es ist nicht so, dass ich es wüsste, weil ich es nachvollziehen kann – das kann ich nämlich nicht und darum habe ich keine Ahnung, wie …«

»Keine Sorge, du bist kein Arschloch. Aber ja, es geht um Menschen wie dich, und manchmal auch um andere.«

Du schaust auf deine Armbanduhr. »Trinken wir noch was?«

Es ist vollkommen legitim, als betroffene Person zu schweigen. Allerdings ist es, wie bereits erwähnt, auch so, dass Schweigen bedeuten kann, dass Rassismus nicht konfrontiert wird, und damit wird wiederum die *weisse* Vorherrschaft gestärkt. Wenn eine rassifizierte Person schweigt, kann das auch Ausdruck von verinnerlichtem Rassismus sein. Für mich ist es längst Alltag, Rassismus zu thematisieren. Ich verdiene meinen Lebensunterhalt damit. Zu sprechen oder zu schreiben kann befreiend sein, das Schweigen kann allerdings auch eine bewusste Form von Protest sein: Das Verweigern der Interaktion. Manchmal schweige ich ganz einfach, um meine Energie zu schützen. Damit gehe ich potentiell sadistischen Interaktionen aus dem Weg und konzentriere mich auf mich selbst und mein Leben.

Aus genau diesem Grund entschied ich mich im Sommer 2020 bewusst, nicht an einem geplanten Gespräch teilzunehmen, und teilte meine Gedanken dazu auf Instagram. Dort erklärte ich, dass ich mich nach längerem Austausch mit dem Sendeteam und einem vielversprechenden Vorgespräch entschieden hatte, ein Live-Gespräch über Rassismus abzusagen. Ich hatte die klare Bedingung gestellt: Mein*e Gesprächspartner*in sollte sich mit dem Thema auskennen, respektvoll argumentieren können und keine rassistischen Aussagen machen. Als ich erfuhr, dass ein bekannter Politiker der (extremen) Rechten eingeladen wurde, zog ich meine Teilnahme zurück. Ich betonte in meinem Instagram-Post, wie frustrierend es ist, dass wir über Rassismus oft nur dann sprechen können, wenn wir gleichzeitig rechtfertigen, dass er überhaupt existiert. Statt diese Realität immer wieder verteidigen zu müssen, wünschen wir uns in der Schweizer Medienlandschaft Räume, in denen wir aufklären, informieren und darüber sprechen können, wie Rassismus effektiv bekämpft werden kann. Rassismus sollte weder als Meinung noch als politische Haltung dargestellt werden.

Der Post wurde viele Male kommentiert, geteilt und geliked und gelangte so auch zu Medienschaffenden, die entschieden, darüber zu berichten, teilweise ohne mich nochmals zu kontaktieren. Der Politiker wurde ebenfalls zum Vorfall befragt. Aufgrund der medialen Welle erhielt ich an diesem Tag verschiedenste Hassnachrichten. Und dann kam der erste Anruf. Ich ging ran. »Du verdammter Scheiss-N*, ich schwör's, dich sollte man umbringen. Geh doch zurück, wenn es dir nicht passt.«
Ich erstarrte. Der Anrufer legte auf. Ich liess das Handy sinken und schnappte nach Luft. Was hatte ich getan? Hätte ich schweigen sollen? Meine Absage nicht öffentlich machen? Aber wenn mein Ziel ist, Rassismus zu bekämpfen, muss ich dann nicht genau solche Dinge aufzeigen?

Mein Partner raste vor Wut, während ich vor mich hin starrte. Er bat mich, zurückrufen zu können, der Anrufer hatte nicht einmal seine Nummer unterdrückt. Aber das wollte ich nicht. Mein Partner nahm die weiteren Anrufe entgegen – und mich immer wieder in den Arm. Ich löschte alle möglichen Angaben, die online von mir zugänglich waren. Ich weinte nicht. Warum weinte ich nicht? Wann hatte ich eigentlich zum letzten Mal geweint?

In dieser Nacht erlebte ich zum ersten Mal eine Panikattacke. Ich wachte plötzlich auf, die Dunkelheit um mich herum erdrückte mich. Ein Gefühl der Beklemmung legte sich auf meine Brust, und ich versuchte, tief Luft zu holen, doch meine Lungen fühlten sich verschlossen an. Mein Herz raste, während ich verzweifelt um Atem rang. Der Raum, der vorher so ruhig und friedlich gewesen war, wurde zu einem stickigen Gefängnis, und ich fühlte mich gefangen in meinen eigenen Gedanken und Ängsten. Der Schweiss brach auf meiner Stirn aus, meine Hände zitterten. Ich konnte meinen eigenen Herzschlag in den Ohren hämmern hören, er wurde lauter und lauter, als ob er mir zurief, dass etwas Schreckliches passierte. Ich dachte an den Anruf, den Shitstorm, die bösen Kommentare, die Hassnachrichten und Bedrohungen, die mir online entgegenschlugen. Ich wollte nach meinem Handy greifen, um mich zu überzeugen, dass es gar nicht so schlimm war. Aber ich spürte eine regelrecht körperliche Abwehr meinem Handy gegenüber. Mein Partner neben mir wachte auf und nahm meine Unruhe wahr. Er legte seinen Arm um mich und flüsterte mir beruhigende Worte zu, sagte, dass alles gut sei, dass er da sei und alle anderen, die mich lieben würden, auch. Mein Atem wurde allmählich ruhiger, und dann begann ich zu weinen. Ich weinte schluchzend, bis ich irgendwann einschlief.

Was die Menschen über mich sagen, sagt mehr über sie selbst als über mich. Über ihren Glauben, ihre Ängste, ihre Wünsche. Das weiss ich. Trotzdem kann ich mich nicht immer davon abgrenzen. Wenn ich jetzt zurückdenke, dann war es während dieser Zeit, dass mein Körper zu schmerzen begann. Es war in genau dieser Woche, dass mich mein Rücken zum ersten Mal in die Knie zwang. Ich fürchtete mich davor, meine Familie, meine kleinen Geschwister in Gefahr gebracht zu haben. Davor, nicht mehr zurückgehen zu können, zu weit gegangen zu sein. Die Schuldgefühle und die Angst sollten noch wochenlang anhalten; das schreckliche Gefühl, wenn ich Nachrichten bekomme, sowie der Stress, wenn ich Mails oder Nachrichten-Apps öffne, hält bis heute.

Ich sitze mit meinem Freund in der Strandbar, nippe an meinem Getränk und wünsche mir, dass einfach nicht mehr von mir verlangt wird, jede Auseinandersetzung zu führen. Ich habe keine

Energie und auch keine Lust dazu. Aus diesem Grund setze ich mich auch nicht mit rechten Parolen auseinander. Oft wird mir gesagt, dass das falsch sei, denn gerade die hätten es doch dringend nötig. Doch für mich ist es eine ganz simple Rechnung: Wenn ich auf all die Hassnachrichten und rechten Trolle eingehen würde, würde mich das extrem viel Energie und auch Zeit kosten – in dieser Zeit kann ich Menschen, die wirklich dazulernen wollen, ganz schön viel beibringen. Ich wünsche mir, dass diese Menschen zu Multiplikator*innen werden und weiteren Menschen Dinge beibringen. Und gern dürfen sie dann auch mit denen reden, die intentionell rassistisch sind, die es also nicht *gut meinen*. Für mich ist schon schwierig genug, *offenen Menschen* jedes Mal dasselbe zu erklären. Ich wünsche mir, dass mehr Menschen erkennen, dass wir alle internalisierten Rassismus in uns tragen, und dass wir alle Personen, die offensichtlich rassistisch denken und handeln, im direkten Umfeld haben. Wer das verleugnet, lebt entweder alleine im Wald – oder erkennt sie nicht. Ich schätze, Letzteres ist der Fall.

SCHREIBEN UND HEILEN

Wie alle Orte hat auch mein Häuschen eine Seele. Es fliesst Energie, und auch ich kann sie hier frei fliessen, mich durchdringen und atmen lassen. Ich habe inzwischen einen Rhythmus gefunden in meiner kleinen Bleibe. Ich verbringe in den kommenden Wochen viele Nächte auf der Terrasse, wo ich mir unter dem Vordach gleich neben der Eiche ein Bett eingerichtet habe. Das sanfte Geräusch des Windes in den Ästen wiegt mich in den Schlaf.

Morgens, wenn die ersten Sonnenstrahlen hinter den Bäumen hervordringen und auf mein Gesicht fallen, öffne ich die Augen. Es wird schnell heiss – die Temperaturen erinnern mich an Ghana. Ich krieche aus meinem Bett, trinke ein grosses Glas Wasser und laufe zum Strand, die Düne hinunter, lege mein Tuch ab und gehe ins Wasser. Es trägt mich, hebt langsam meine Wirbelsäule an. Ich atme, spüre das Salz auf meinen Lippen und die Sonne auf meinem Körper.

Zurück in meinem Häuschen setze ich mich an den Schreibtisch

etwas hinter jemandes Rücken tun
etwas auf dem Rücken anderer austragen
jemandem den Rücken stärken
jemandem den Rücken freihalten

jemandem in den Rücken fallen
kalt den Rücken herunterlaufen
mit dem Rücken zur Wand stehen

Ich schreibe, tagelang schreibe ich alles auf, was ich normalerweise für mich behalte, alles, was ich dir sonst nicht sage. Es gibt Erinnerungen, die mich bewohnen, derer ich mir jedoch nicht ganz sicher bin. Da sind die Dinge, die wir wirklich erlebt haben, und solche, die uns so oft erzählt wurden, dass wir glauben, sie erlebt zu haben. Sobald ich in Kontakt mit Wasser bin, werden meine Erinnerungen klarer. Das Wasser verlangt von mir, ganz präsent zu sein.

MA TERRACE

Auf meinem Weg vom Atlantik zurück in die Schweiz mache ich immer Halt in meiner zweiten Heimat: Paris. Nachdem ich aus der Zentralschweiz wegging, habe ich in verschiedenen Teilen der Welt gewohnt. Ich hatte das Privileg, viel zu reisen, und irgendwann habe ich mich in Paris niedergelassen. Ich setze mich wie damals zum Schreiben auf einen der bunten Stühle meiner Lieblingsterrasse im Restaurant meiner Freund*innen, *La Sardine* bei Belleville. Hier habe ich damals meine Arbeiten für die Uni geschrieben. Hier habe ich Französisch gelernt, viele meiner Vorbilder kennengelernt, unermüdlich diskutiert und realisiert, was mir in der Zentralschweiz gefehlt hatte, hier fand ich eine Community.

Ich beobachte das Treiben auf der Strasse. Die Bezeichnung ‹Terrasse› ist nicht buchstäblich, sondern im übertragenen Sinn als Ausdruck eines bestimmten kulturellen Lebensstils – der sich vor allem in Paris zeigt – zu verstehen. Selbst architektonisch ist die Terrasse eigentlich keine, es sind damit die Stühle und Tische gemeint, die vor einem Bistro oder einem Restaurant stehen. Wenn die frühe Abendsonne auf die Tische scheint und sich die Diskussionen ebenso wie die Gemüter erhitzen, gewinnt die Terrasse ihre besondere Bedeutung. Wenn dann die Nacht hereinbricht und ich die Beleuchtung geniesse, die ebenso simpel wie malerisch gestaltet ist, wirkt sie besonders lieblich. Eine bunte Lichterkette erhellt den Terrassenhimmel. Auch den Strassenlaternen rundum haftet etwas Romantisches an. Ich habe mich hier immer wohlgefühlt und konnte hier immer schreiben. Es ist ein Ort des Kommens und Gehens, ein Ort, der oft Antworten auf ein dringendes Bedürfnis nach Kontakt gibt, sei dieser aktiv oder passiv. Hier ist man öffentlich und privat zugleich. Auch der französische Philosoph Jean-Paul Sartre beschreibt dieses Gefühl: »Das ist ein indifferentes Milieu,

wo die anderen, ohne sich um mich zu kümmern, existieren
[...], ohne dass ich mich um sie kümmere.«[125] Die Terrassen und
Cafés in Paris gelten seit ihrer Entstehung als Orte des geistigen
Austauschs und kreativer Diskurse, eine Eigenschaft, die sich
bis heute erkennen lässt. Die Stühle sind zur Strasse gerichtet
und laden dazu ein, das Geschehen zu beobachten. Sie sind so
eng aneinandergereiht, dass man unweigerlich das Gespräch
der Nachbar*innen mitverfolgt. Man sitzt im Grunde also als
grosse Gruppe beisammen.

Zwischen Familienbesuchen und langen Nächten mit meinen
Freund*innen schreibe ich in Paris dieses Buch fertig. Der
Schmerz fliesst durch meinen Körper in die Tasten und in diese
Zeilen. Ich schöpfe meine Kraft aus dem Mut, den mir meine
Familie mitgegeben hat und der aus dem Zusammenhalt meines Umfelds wächst. Ich atme wieder tiefer ein und aus. Ich
vermisse auch mein Leben hier. Nicht, dass es in Paris keinen
Rassismus geben würde – aber zumindest habe ich hier nicht
ständig das Gefühl, die Diskussion darum überhaupt erstmal
anstossen zu müssen. Auf dem Rückweg in die Schweiz lese ich
ein Interview mit dem Sozialanthropologen Noel B. Salazar. Er
sagt, dass das Zuhause immer ein Zurückkehren zu etwas sei,
das man kannte oder dachte zu kennen. Es könne Sehnsucht
oder Nostalgie sein. Aber es gebe Menschen, die sich ihr ganzes
Leben lang nie zu Hause gefühlt hätten. Dies liege nicht daran,
dass sie als Individuen unfähig dazu seien; viel eher habe es mit
dem Kontext zu tun, der ihnen das Gefühl gebe, nicht dazuzugehören.[126]

ALLES GUTE FÜR DIE ZUKUNFT

Mein Handy klingelt, es ist der Multimediamensch. Ich zögere einen Moment lang, spüre das Pochen meines Herzens. Meine Intuition meldet sich: Der Anruf will nichts Gutes.

»Ja, hallo. Jetzt komme ich endlich dazu, mich bei dir zu melden. Wie geht es dir?«, fragt der Multimediamensch – vermutlich, ohne die ehrliche Antwort wissen zu wollen.

»Gut, danke, wie geht's dir?«, sage ich, ohne die Antwort wissen zu wollen.

»Kann nicht klagen. Du, hör mal, wir haben diese Sendung lange besprochen, und es sind sich nicht ganz alle einig. Wir können nicht zu politisch unterwegs sein.«

»Mein Konzept ist nicht politischer als alles andere, was ihr macht«, sage ich nüchtern.

»Ja, das mag sein, aber du weisst schon, was ich meine.«

Ja: Mit mir zusammenzuarbeiten, ist für euch politisch. Es ist ein Statement. *Ich* bin ein Statement.

»Ehrlich gesagt, nein.«

»Das Thema um Black Lives Matter ist ja gerade wieder etwas abgeflacht, und die Zuschauer*innen sind etwas müde, ständig darüber zu hören, zu reden …« Der Multimediaensch zögert, es ist ihm unangenehm.

»Es geht hier ja nicht nur um Black Lives Matter, sondern um Repräsentation von und für Menschen, die einen grossen Teil unserer Gesellschaft ausmachen. Es geht darum, dass Menschen wie ich mitreden und mitgestalten können«, sage ich.

»Ja. Ich weiss. Echt, wenn es nach mir ginge, würden wir das sofort machen, aber ich entscheide das nicht allein. Das Konzept passt nun doch nicht so rein. Aber hör mal: Ich habe mich mit dem Diversity-Team ausgetauscht, und die brauchen unbedingt mal wieder eine Weiterbildung. Ich habe dich vorgeschlagen, das wäre doch grossartig?«

»Klar. Sie können mir eine Anfrage schicken.«

»Sehr gut, dann gebe ich das weiter. Weisst du, die können es sich langsam nicht mehr erlauben, in so viele Fettnäpfchen zu treten, da haben wir echt so viel aufzuholen. Du gell, nichts für ungut. Dann wünsche ich dir noch ne Schöne!«

»Ich dir auch, tschüss.«

Alles ist politisch. Wieder und wieder werde ich gebeten, zu schreiben, zu sprechen oder zu arbeiten, ohne dabei politisch zu sein. Doch das ist eine Illusion. Jede Entscheidung, jede Anfrage, jedes Wort ist durch Politik geprägt. Die blosse Tatsache, dass ich angefragt werde, ist politisch. Es ist ein Statement, mich in ein Konzept einzubeziehen – oder eben nicht. Menschen glauben, sie könnten Politik aus dem Alltag heraushalten, als wäre sie ein separater Bereich, der nicht in ihre beruflichen oder persönlichen Sphären eindringen kann. Aber das ist eine falsche Annahme.

Genau hier liegt das Missverständnis: Zu glauben, dass ich ‹zu politisch› sei oder Situationen ‹politisiere›, obwohl diese von Natur aus politisch sind. Die Art und Weise, wie Dinge gehandhabt werden, funktioniert nicht für alle. Ob es daran liegt, dass bestimmte Stimmen nicht gehört werden, Menschenleben gefährdet sind oder der Zugang zu grundlegenden Rechten und Würde eingeschränkt ist – es ist offensichtlich, dass das System nicht für alle funktioniert.

Ich treffe jeden Tag politische Entscheidungen, oft ohne es zu bemerken. Man kann Politik nicht von der Menschlichkeit trennen, weil Politik von und für Menschen gemacht ist. Die grösste Ironie ist, dass diejenigen, die glauben, von Politik unberührt zu sein, oft die politischsten unter uns sind. Wenn du nicht über Politik nachdenken musst, liegt das daran, dass das System bereits zu deinen Gunsten funktioniert. Es ist kein Zufall, dass diejenigen, die mich bitten, ‹nicht politisch› zu sein, von den Strukturen profitieren, die sie nicht infrage stellen wollen.

Alles ist politisch. Selbst die Aufforderung, etwas nicht politisch zu machen, ist politisch. Ich werde nicht so tun, als wäre es anders – weder in meinem Privatleben noch in meiner Arbeit. Aber das sage ich dir nicht.

EPILOG

Durch das alte grüne Gartentor trete ich in einen ruhigen Garten am Stadtrand. Die Pflanzen blühen und werden offensichtlich gut gepflegt. Ich schreite über den sorgfältig angelegten Kiesweg hin zu dem alten Stadthaus. Ich öffne die kleine Tür, die nicht, wie es zunächst wirkt, in einen Gartenschuppen, sondern ins Vorzimmer eines Therapieraums führt. Die Treppe nach oben ist aus poliertem Holz und knarzt sanft unter meinen Schritten. Warmes Licht strömt durch die grossen Fenster und taucht den Raum in ein einladendes Leuchten. Nach kurzer Zeit bittest du mich in den Therapieraum hinein, der lichtdurchflutet und geschmackvoll eingerichtet ist, mit antiken Möbeln und grossen Fenstern, die den Blick auf den blühenden Garten freigeben. An den Wänden hängen vereinzelt Postkarten: Eine zeigt Freud, eine andere eine afrikanische Lehmfigur und eine weitere einen Baum mit Vögeln.

Ich nehme auf dem bequemen Sessel Platz, den du mir anbietest. Du setzt dich schräg hinter mich. Ich weiss nicht, ob ich mich zu dir drehen soll oder nicht. Ich tue es so halb. Du sagst nichts und wartest. Dann atme ich tief ein. Mein Rücken fühlt sich in Ordnung an. Du stellst keine unangebrachten Fragen, du lässt mir viel Zeit – und du scheinst zu verstehen. Ich fühle mich okay. Ich weiss nicht, ob ich wütend oder traurig bin. Ich weiss überhaupt nicht, welche Emotionen ich spüre. Ich weiss bloss, dass ich verletzt bin. Die Suche nach einer Therapeutin war lang und mit vielen Hürden verbunden. Nun bin ich hier und habe das Gefühl, dass es dieses Mal anders sein könnte. Ich sage dir alles, von Anfang an. Erzähle, dass ich mir nicht sicher bin, ob du mich verstehen wirst. Erzähle dir von diesem Buch. Du hörst hauptsächlich zu, es ist eine Psychoanalyse. Du stellst nur wenige Fragen, aber sie scheinen mir die richtigen zu sein.

Das Schreiben bietet mir eine Rückkehr zu mir selbst und ein Gefühl von Zuhause. Es ermöglicht mir, Dinge zu benennen, über die ich selten oder nie gelesen habe. Dieses Buch, diese Zeilen sind Teil einer Aussöhnung mit einem Teil von mir, den ich nie wirklich kennenlernen durfte. Nicht kennenlernen konnte, weil ich zu sehr damit beschäftigt war, *weissen* Personen zu gefallen und dazuzugehören. In uns ruhen Geschichten, die nicht nur uns betreffen, sondern auch die Menschen, die vor uns da waren. Geschichten von Trauer, von Schmerz, aber auch von Widerstand und dem Überleben, von Freude und Glück. Was ich nicht sage, haben bereits so viele Menschen vor mir nicht ausgesprochen. Doch nur weil etwas verschwiegen bleibt, heisst das nicht, dass es nicht da ist oder nicht weitergegeben wird. Ich schreibe es heute auf, weil ich es kann. Weil ich den Kreis des Schweigens brechen will. Dabei stosse ich an meine Grenzen, immer wieder, aber ich wachse auch und trage zum Wachstum bei. Ich befreie nicht nur mich selbst, sondern auch andere. Ich entlade nicht nur meine Last, sondern die vieler Menschen. Befreiung ist immer mit Schmerz verbunden. Ich habe keine Silbertablett-Lösung parat, kein simples Rezept, keine Anleitung, all das gibt es nicht. Der Weg ist viel komplexer. Doch wir können lernen, dies zu akzeptieren – nicht die Tatsache, dass die Welt nun mal so ist, wie sie ist, sondern dass Veränderung so komplex wie notwendig ist. Wir können lernen, unser Bewusstsein zu trainieren. Eine Geschichte der Gewalt hinterlässt als Trauma Spuren bei allen Menschen, wir alle tragen historische Wunden in uns. Mein Schreiben ist das Produkt einer Symbiose von Erfahrungen, seien sie akademisch, journalistisch, persönlich oder anderer Natur. Ihr gemeinsamer Nenner ist mein Leben. Und was ich erlebe, ist Teil einer kollektiven Erfahrung. Diese zu unterschätzen oder nicht als Diskriminierung wahrzunehmen, kann Teil eines Privilegs sein, das Menschen haben, die diese Erfahrungen nicht selbst machen.

In einer Welt, in der niemand zu sehen scheint, dass ich mich ausserhalb befinde, und ich es dennoch täglich spüre, ist mein Schreiben zu meinem Home geworden – zu dem Ort, an den ich zurückkehre und in dem meine ganz eigene Wahrheit verfasst wird. Mich begleitet ständig ein Gefühl von Heimweh, aber es gibt keinen Ort, der es stillen könnte. Wenn ich schreibe, wird es jedoch ruhiger.

Ob ich jetzt geheilt bin? Nein, Heilung ist ein Prozess. Ein Weg. So kitschig es klingt, meine Hoffnung, mein Ziel war es, genau diesen Weg zu finden. Ich habe geweint, geschrien, getanzt, getrunken, gesungen, gebadet, geschwitzt, geatmet, geduscht, gelesen, geschlafen, geredet und: geschrieben. Ich habe Strategien entwickelt, die mir helfen, und ich fasse mir in diesem Moment an den Rücken und kann sagen, dass es ihm besser geht. Ich suche noch immer nach einem Zugang zu meiner Wut, die so tief vergraben liegt, dass ich ganz genau hinein fühlen muss. Ich war und bin wütend darüber, dass ich so vieles selbst in die Hand nehmen muss. Von Anfang an war mir klar, dass es keine Klinik und kein Medikament geben wird, das mich von meinen Rückenschmerzen befreien könnte. Ich wusste, ich muss diesen Weg selbst finden, und dafür war ich bereit, loszulassen und auszusprechen, was ausgesprochen werden muss. Der Psychologe Kenneth V. Hardy schreibt, dass die Wut, die durch racial Trauma entstehen kann, eine Bereitschaft mit sich bringt, buchstäblich oder spirituell zu sterben, um das Leben gegen Würde zu tauschen. Ich habe keine Suizidgedanken, aber ich möchte die Person, die ich über Jahre hinweg verkörpert habe, ein Stück weit loslassen. Ich möchte die Dinge sagen, die Menschen weniger gern hören, und das vielleicht auch auf eine Art, die weniger angenehm ist. Ich möchte weniger reagieren und performen, mich weniger wehren müssen und dafür mehr Raum haben, um zu kreieren und zu träumen.

Ich habe viele dieser Dinge bisher nicht gesagt, weil wir in einer Welt leben, die für *weisse* Menschen und nicht für mich geschaffen wurde. Ich weiss, dass viele Menschen es gut meinen. Dass sie versuchen, gute Menschen zu sein. Doch solange wir nicht mit der persönlichen Veränderung beginnen, wird es auch keine strukturelle geben.

Ich habe jetzt einiges gesagt, aber längst nicht alles. Jeglicher Anspruch auf Vollständigkeit wäre zum Scheitern verurteilt gewesen. Ich meine das Gesagte ‹nicht böse›, auch nicht persönlich. Es geht um ein System, an dem wir alle teilhaben.

Ich danke dir, liebe*r Leser*in, dafür, dass du dieses Buch gekauft, ausgeliehen, weiterempfohlen, gelesen, geteilt oder erwähnt hast. Selbst, wenn du es verbrennen möchtest, muss es zumindest irgendetwas in dir ausgelöst haben.

Was ich in den letzten Jahren oft gesagt habe: Ohne meine Erfahrungen wäre ich heute nicht da, wo ich jetzt bin. So unglaublich viele Menschen unterstützen mich und meine Arbeit, hören mich an, machen mir Platz – und das, obwohl es wahrscheinlich einfacher wäre, es nicht zu tun.

AN DAS MÄDCHEN, DAS ICH MAL WAR

Hallo meine Liebe,

ich habe lange und immer wieder gezögert, all das Niederge-schriebene zu teilen. Ich weiss heute, dass all die Arbeit, die ich getan habe, für dich gewesen ist. Du warst zu jung, um verstehen zu können. Du warst genug, genauso wie du warst. Du hattest Liebe, Zuneigung, Respekt und Chancen verdient, wie jeder andere Mensch auch. Du wurdest aber auch mehr geliebt, als du wissen konntest. Und du warst von jeher stärker, als du dir hättest vorstellen können. Doch du warst zu jung, um stark sein, um verstehen und um heilen zu müssen. Zu klein, um so viel zusammenhalten zu müssen. Ich war und bin es dir schuldig, dir das zu sagen. Und so geht es ganz vielen Kindern auf dieser Welt. Wir arbeiten ein Leben lang an unserer Kindheit. Um das Kind, das wir einmal waren, nicht nur bedingungslos lieben zu lernen, sondern auch zu verstehen, warum es zuvor so schwierig gewesen ist. Das schien mir meine grösste Aufgabe. Zu lernen, dich zu lieben, zu heilen, zu verstehen, warum die Dinge so sind, wie sie sind. Und jetzt, da ich einen Schritt weiter bin, muss ich lernen, wer ich bin, wenn diese Heilung nicht im Zentrum meines Seins steht. Während ich an dich denke, gleitet meine Hand zu meinem unteren Bauch. Ein neues Leben wächst in mir heran, ein Kind, das diese Heilung nicht zum Zentrum seines Lebens machen soll.

DANKE

An dieser Stelle möchte ich meinem Mami Sandra danken. Du hast mich in jeglichen Vorhaben inklusive des Unterfangens dieser Arbeit und des Buches stets unterstützt und angehört und mir erlaubt, Tabus zu brechen und zu sprechen. Danke für dein Vertrauen, die Bereitschaft, immer wieder dazuzulernen, und dein unermüdliches Interesse uns Kindern gegenüber und deine bedingungslose Liebe, die du für uns alle hegst. Ein weiterer besonderer Dank gilt dir, Lucas – mein Leben mit dir zu teilen und gemeinsam neues Leben zu schaffen, ist ein Geschenk. Ich danke dir für dein unendliches Interesse, deine Bereitschaft, mit mir tief in die Themen einzutauchen, über die wir so leidenschaftlich diskutieren, und für das gemeinsame Erkunden dieser komplexen Welt. Deine Unterstützung und Liebe, die gemeinsam kreierte Freiheit dadurch, bedeuten mir alles. Zeliya, Melanie, Stina, Nic, euch, meinen lieben Geschwistern, möchte ich für euer Verständnis dafür danken, dass ich nicht lockerlassen kann und will, und für das Interesse, das ihr mir und meinem Tun gegenüber hegt. Ihr seid meine Kraft, meine besten Freund*innen, mein grösster Stolz. Eure Unterstützung und eure Liebe bedeuten mir unendlich viel. Dir, Papi, möchte ich danken für deinen Willen, Ungerechtigkeiten aufzuzeigen, gegen sie vorzugehen und mir die Freiheit zu lassen, dasselbe auf meine Weise zu tun. Deine Werte und deine Entschlossenheit haben mich geprägt, und ich bin stolz, diesen Weg weiterzuführen. Grossmi, du bist eine starke, kraftvolle Frau in meinem Leben. Danke, dass du mir gezeigt hast, wie Stärke und Mitgefühl Hand in Hand gehen können. Deine Weisheit und Liebe sind eine Inspiration, die mich immer begleiten wird.

Meine Vorfahr*innen, ich möchte euch von Herzen danken. Für die Stärke und den Mut, den ihr aufgebracht habt, um trotz widrigster Umstände euren Weg zu gehen. Für die Weisheit, die ihr von Generation zu Generation weitergegeben habt, selbst wenn es nicht immer möglich war, sie offen auszusprechen. Für die Widerstandskraft, die es mir heute ermöglicht, für Gerechtigkeit und Freiheit einzustehen. Für eure Liebe und eure Träume, die mich tragen und die es mir ermöglichen, meine eigene Stimme zu finden und weiterzugeben. Ihr habt mich geformt, auch wenn ich viele von euch nie kennenlernen durfte. Ich fühle eure Präsenz und euren Einfluss in allem, was ich tue. Danke, dass ihr mich durch eure Geschichten, eure Kämpfe und euren Glauben daran, dass eine bessere Welt möglich ist, inspiriert habt.

Svenja, auch dir danke ich von Herzen. Deine Arbeit an diesem Buch, das ein wahres Puzzle meiner Gedanken darstellt, ist unschätzbar wertvoll. Danke für deine Flexibilität, dein Vertrauen, deine Ehrlichkeit und deine lieben Worte, die mir immer wieder neuen Mut geben. Liebe Meret, danke dir für deine Unterstützung und dein stetiges An-mich-Glauben. Liebe Monta-Family, ihr seid mein Zuhause, danke dafür. Ich liebe euch von ganzem Herzen, nichts von meinem Tun wäre ohne eure Energie möglich.

Liebe Community, liebe Menschen da draussen, ohne euch wäre all das nicht möglich. Danke für eure jahrelange Unterstützung, fürs Lesen, Teilen, Zuhören, Mitfinanzieren und Mitreden. Eure Stimmen haben mir immer wieder gezeigt, dass diese Arbeit wichtig ist – und dafür danke ich euch von Herzen. Und ich möchte **dir** danken. Dafür, dass **du** das hier liest und Teil dieser Reise bist.

Weiterhin möchte ich all denjenigen danken, die den Weg für diese Arbeit – und der Weg war lang – geebnet haben, den Schreiber*innen, Forscher*innen, Aktivist*innen, Künstler*innen, Träumer*innen, Umsetzer*innen. Meine Arbeit ist nur möglich, weil ihr mir zu erkennen gabt, dass sie relevant ist, und weil ihr sie vor, neben und nach mir macht.

Und zu guter Letzt danke ich der Natur für ihre ständige Inspiration, der Musik für ihre Emotionen, Whitney Houston für ihre unvergessliche Stimme und all den Frauen, die Tag für Tag die Welt tragen. Euer Einfluss ist unermesslich und unvergessen.

VERWEISE

1   Kilomba, Grada (11.05.2015): WHILE I WRITE. YouTube: youtube.com/watch?v=UKUaOwfmA9w [letzter Abruf 5.10.2024].

2   *weiss* wird in diesem Buch klein und kursiv geschrieben, um die soziale Konstruktion des Begriffs hervorzuheben. Es handelt sich nicht um eine biologische Eigenschaft oder blosse Hautfarbe, sondern um eine Position im rassistischen System, die mit Privilegien und Macht verbunden ist. *Weiss* zu sein bedeutet, keine negativen Rassismuserfahrungen zu machen und sich nicht mit Rassismus auseinandersetzen zu müssen. Es bringt leichtere Zugänge zu Arbeits- und Wohnungsmarkt, Gesundheitsversorgung und politischer Teilnahme mit sich. Diese Position wird als Norm etabliert und bleibt dadurch häufig unbenannt. *Weiss* zu sein bedeutet jedoch nicht, dass man frei von anderen gesellschaftlichen Diskriminierungsformen wie Ableismus, Sexismus, Cis-hetero-Normativität, Klassismus usw. ist.

3   Hardy V. Kenneth (2023): Racial Trauma. Clinical Strategies and Techniques for Healing invisible wounds. Norton professional books: New York, 294.

4   El-Mafaalani, Aladin (2023): Wozu Rassismus? Von der Erfindung der Menschenrassen bis zum rassismuskritischen Widerstand, Köln: Kiepenhauer & Witsch, 40.

5   Im deutschsprachigen Raum empfehle ich dir als Basislektüre Tupoka Ogettes *exit RACISM*. Zahlreiche weitere Bücher findest du mit einer kleinen Recherche.

6   Hardy V. Kenneth (2023): Racial Trauma. Clinical Strategies

and Techniques for Healing invisible wounds. Norton professional books: New York, 50.

⁷ Baldwin, James: interview 1961, The Negro in American Culture. a group discussion (Baldwin, Hughes, Hansberry, Capouya, Kazin): Youtube: watch?v=jNpitdJSXWY [letzter Abruf 5.10.2024]. Übers. v. ANG: »In diesem Land ein Schwarzer zu sein und relativ bewusst zu leben, bedeutet, fast die ganze Zeit über in einem Zustand der Wut zu sein.«

⁸ Hardy V. Kenneth (2023): Racial Trauma. Clinical Strategies and Techniques for Healing invisible wounds. Norton professional books: New York, 239.

⁹ Kilomba, Grada: Plantation Memories. Episodes of Everyday Racims – Kurzgeschichten in englischer Sprache, Unrast Verlag, Münster 2018, 26. Übers. v. ANG: »Wenn sie sprechen, ist es wissenschaftlich, wenn wir sprechen, ist es unwissenschaftlich; wenn sie sprechen, ist es universell, wenn wir sprechen, ist es spezifisch; wenn sie sprechen, ist es objektiv, wenn wir sprechen, ist es subjektiv; wenn sie sprechen, ist es neutral, wenn wir sprechen, ist es persönlich; wenn sie sprechen, ist es rational, wenn wir sprechen, ist es emotional; wenn sie sprechen, ist es unvoreingenommen, wenn wir sprechen, ist es parteiisch. Sie haben Fakten, wir haben Meinungen; sie haben Wissen, wir haben Erfahrung.«

¹⁰ Mir ist bewusst, dass Rassismus letztlich alle Menschen betrifft, so wie es auch bei anderen Diskriminierungsformen der Fall ist. Allerdings sind nicht alle Menschen direkt und negativ von Rassismus betroffen. In diesem Buch werde ich zur Vereinfachung von ‹rassismusbetroffenen› Menschen sprechen, wenn ich Personen meine, die direkt und negativ

von Rassismus betroffen, also Opfer verschiedener Formen von Rassismus sind.

11 Brown, Brené (2021): Atlas of heart: Mapping meaningful connection and the language of Human Experience. Random House, New York.

12 Abuzahra, Amani (2023): Ein Ort namens Wut. Die emotionale Landkarte der marginalisierten und was Rassismus mit Gefühlen macht, Kremayr und Scheriau, 87.

13 Hardy V. Kenneth (2023) : Racial Trauma. Clinical Strategies and Techniques for Healing invisible wounds. Norton professional books: New York, 241.

14 Hardy, K. V., & Qureshi, M. E. (2012): Devaluation, loss, and rage: A postscript to urban African American youth with substance abuse. Substance Abuse Quarterly, 30(3), S. 326–342.

15 Hardy V. Kenneth (2023) : Racial Trauma. Clinical Strategies and Techniques for Healing invisible wounds. Norton professional books: New York.

16 Definition bei Amnesty International: »BPoC (Black and People of Color) oder BIPoC (Black, Indigenous and People of Color): Diese oft verwendeten Begriffe bezeichnen jene Menschen und Gruppen, die vielfältigen Formen von Rassismus ausgesetzt sind und damit eine gemeinsame Erfahrung teilen. All diese Begriffe sind Selbstbezeichnungen und stehen auch für den Kampf für Gleichstellung«, amnesty.ch/de/ueber-amnesty/inklusive-sprache/glossar#B [letzter Abruf 28.10.2024]

17 Lorde, Audre (1984): Poetry is not a luxury in: Sister Outsider. Essays and Speeches, Berkeley: Crossing Press, 38. Übers. v. ANG: »Die *weissen* Väter sagten uns: Ich denke, also bin ich. Die Schwarze Mutter in jeder von uns – die Poetin – flüstert uns in unseren Träumen zu: Ich fühle, also kann ich frei sein.«

18 Lucía Muriel Im Interview mit Laura Dahmer: Rassismus ist bis heute ein blinder Fleck in der Psychotherapie, 28.08.2020, zeit.de/zett/2020-08/rassismus-ist-bis-heute-ein-blinder-fleck-in-der-psychotherapie [letzter Abruf 05.10.2024].

19 Ethnic inequities in maternal health, british medical journal: bmj.com/content/381/bmj.p1040 [letzter Abruf 05.10.2024].

20 Hardy V. Kenneth (2023) : Racial Trauma. Clinical Strategies and Techniques for Healing invisible wounds. Norton professional books: New York.

21 Kinouani, Guilaine (2021): Living while Black. The essential guide to overcoming racial trauma. Dublin: Penguin Random House, 123.

22 Spörri, Angela (2011): Zartbitter. Freihändler Filmproduktion GmbH, SRF Schweizer Radio und Fernsehen.

23 Ebd., 162. Übers. v. ANG: »Die Vorstellung, dass wir, um als Menschen akzeptiert zu werden, übermenschlich werden müssen, ist immer noch präsent. Die Gesellschaft sagt uns, dass wir ein seltenes und unglaubliches Talent haben müssen, um verdient zu haben, zu leben.«

24 Louchart, Aurélie (2019): Trop Crépues? Lille: Hikari.

25 Associated Press: Gina Torres on ‹Suits› Role: Jessica Has a Man! youtube.com/watch?v=1yKib7f4Yvg [letzter Abruf 05.10.2024].

26 Ebd. Übers. v. ANG: »Sie mag es nicht, schwach zu wirken, möglicherweise, weil es für sie so schwer war, dorthin zu gelangen, wo sie heute ist.«

27 Michel, Aurélia (2020): Un monde en nègre et blanc. Enquête historique sur l'ordre racial. Paris: Editions Points.

28 Anderson, Elijah (1990): Street Wise. Race, class and change in an Urban Community, Chicago: University of Chicago Press, 163. Übers. v. ANG: »Die anonyme Schwarze Person [...], die hart arbeiten muss, damit andere ihrer grundlegenden Sittlichkeit vertrauen.«

29 Parker, Simon (2010): From soft eyes to street lives, The Wire and jargons of authenticity. In: City: Analysis of Urban Trends, Culture, Theory, Policy, Action, 14:5, 545-557, 549.

30 Mulinde-Schmid, Jennifer (2010): Hedi zeigt ihre Schoggiseite. In: Migros Magazin, 9, 18-19.

31 Black Arts Switzerland (2020): blackartistsinswitzerland.noblogs.org/#Deutsch [letzter Abruf 05.10.2024].

32 Vgl. Goffman, Erving (2003): Wir alle spielen Theater. Die Selbstdarstellung im Alltag. München: Piper.

33 Hardy V. Kenneth (2023): Racial Trauma. Clinical Strategies and Techniques for Healing invisible wounds. Norton professional books: New York, 217.

[34] Die Autorin Rafia Zakaria geht in ihrem Buch *Against white Feminism* stark auf historische Zusammenhänge ein.

[35] Pollock, Mica (2004): Colormute. Race Talk Dilemma in an American School. Princeton: Princeton University Press.

[36] Ahmed, Sara (2006): The Nonperformativity of Antiracism. Duke University Press: Meridians, Vol. 7(1), 104-126.

[37] Accardo, Alain (2017): Pour une socioanalye du journalisme. Considéré comme une fraction emblématique de la nouvelle petite bourgeoisie intellectuelle. Marseille: Agone, Cent mille signes.

[38] Kendi, X. Ibram (2019): How to be an antiracist. London: Penguin Random House UK, 19. Übers. v. ANG: »Wir alle haben die Macht, zu diskriminieren. Nur eine exklusive Minderheit hat die Macht, Politik zu gestalten.«

[39] Norval, Aletta (2009): Democracy, Pluralization, and Voice. Ethics and Global Politics 2(4): 297–320.

[40] Hardy V. Kenneth (2023): Racial Trauma. Clinical Strategies and Techniques for Healing invisible wounds. Norton professional books: New York, 40. Übers. v. ANG: «Als ein Akt unpersönlicher Gewalt greift der Prozess des Zum-Schweigen-Bringens die Seele und das Selbstwertgefühl an. Er erzeugt Machtlosigkeit und ein zunehmendes Gefühl der Hilflosigkeit, das oft zu einem Zustand des unfreiwilligen Schweigens führt.»

[41] Morsi, Yassir (2021): Using Auto-Ethnography to write about racism. In: Adams, Tony E./Jones, Stacy Holman/Ellis,

Carolyn (Hg.): Handbook of Autoethnography. New York: Routledge, 505-512.

42 Chimamanda Ngozi Adichie: Arthur Miller Freedom to Write lecture, PEN World Voice Festival 2015: Guardian: theguardian.com/books/2015/may/11/Chimamanda-ngozi-adichie-fear-causing-offence-a-fetish [letzter Abruf 20.06.2022]. Übers. v. ANG: »Sich dazu zu entscheiden, zu schreiben, bedeutet, das Schweigen abzulehnen.«

43 Clark, Kenneth / Clark, Mamie (1947): Racial identification and preference in negro children. Readings in Social Psychologie. New York: Holt.

44 Auf Instagram wird eine Sammlung von Kinder- und Jugendbüchern vorgestellt, in denen Kinder of Color die Hauptrolle spielen: instagram.com/vor.bilder.buecher/?hl=de [letzter Abruf 10.11.2024].

45 Baldwin, James (1963): Stranger in a Village, in: James Baldwin, Notes of a Native Son, Boston: Beacon Press, 159-175.

46 Vgl. Kinouani, Guilaine (2021): Living while Black. The essential guide to overcoming racial trauma. Dublin: Pinguin random house, 102.

47 Roig, Emilia (2021): Why we matter. Das Ende der Unterdrückung. Berlin: Aufbau Verlag, 83.

48 DuBois, W.E.B (1903): The souls of black folk. A.C. McClurg & Co.

49 Vgl. Hardy V. Kenneth (2023): Racial Trauma. Clinical Stra-

tegies and Techniques for Healing invisible wounds. Norton professional books: New York, 151.

50 Morsi, Yassir (2021): Using Auto-Ethnography to write about racism. In: Adams, Tony E./Jones, Stacy Holman/Ellis, Carolyn (Hg.): Handbook of Autoethnography. New York: Routledge, 505–512.

51 Go, Julian (2016): Postcolonial thought and social theory. News York: Oxford University Press, 2. Übers. v. ANG: »Die Soziologie sollte die ‹Wissenschaft› des Sozialen sein und den bestehenden Mächten dienen.«

52 Arndt, Susan und Antje Hornscheidt (Hg.) (2009): Afrika und die deutsche Sprache. Ein kritisches Nachschlagwerk. München: UNRAST-Verlag.

53 Heidegger, Martin (1954): Was heisst denken? Tübingen: Max Niemeyer.

54 »Blackfacing bezeichnet eine Praxis, bei der sich weiße Menschen das Gesicht mit schwarzer Farbe bemalen, um Schwarze Menschen darzustellen. Der Begriff geht auf die ‹Minstrel-Shows› des 18. und 19. Jahrhunderts in den USA zurück, bei denen Schauspieler*innen Schwarze Figuren darstellten, um sich über diese lustig zu machen. Es handelt sich hierbei um eine rassistische Praxis, die nicht nur in den USA, sondern auch in Europa und anderen Teilen der Welt verbreitet ist. [...] Neben Blackfacing gibt es auch Yellowfacing oder das Nachahmen von Indigenen Menschen, was ebenso verletzend ist.« (El Maawi, Rahel und Ozwar, Mani und Bur, Tilo (2022): No to racism. Grundlagen für eine rassismuskritische Schulkutlur, Hep Verlag. notoracism.ch/glossar [letzter Abruf 8.11.2024])

55 Online unter anderem im Blick: blick.ch/wirtschaft/schwei-zer-haendler-im-fokus-sind-diesefasnachtskostueme-se-xistisch-und-rassistisch-id17214023.html [letzter Abruf 2.03.2022].

56 Michel, Noémi / Bel Parnell-Berry (Hg.) (2020): (De-)Facing the Dark Face of Europe; the On-going Struggle against Blackface and Anti-Black Racist Imagery. Darkmatter journal 15, This is a special issue: Online: darkmatter-hub.pub-pub. org /issue-15 [letzter Abruf 20.06.2022].

57 Gmür, Andrea auf Twitter. Der Tweet wurde in diesem Artikel des Onlinemagazins nau diskutiert: www.nau.ch/politik/bundeshaus/andreagmur-mitte-verteidigt-heikle-fasnachts-kostume-66104044 [letzter Abruf 28.10.2024].

58 Martinu, Jérôme (7.02.2022): Rassistisch? Bitte entspannt bleiben. Online Luzernerzeitung: luzernerzeitung.ch/zent-ralschweiz/luzern/kommentar-rassistisch-bitte-entspannt-bleibenld. 2247243 [letzter Abruf 05.10.2024].

59 Adichie, Chimamanda Ngozi, The danger of a single story, Ted Talk: ted.com/talks/chimamanda_ngozi_adichie_the_danger_of_a_single_story [letzter Abruf 15.05.2024]

60 Dushime, Anna (2024): Lachen, in: Eure Heimat ist unser Albtraum, hrsg. v. Fatma Aydemir u. Hengameh Yaghoobi-farah, Berlin: Ullstein.

61 Gümüşay, Kübra (2020): Sprache und Sein, Berlin: Hanser Berlin, 45.

62 Aargauer Zeitung am 08. Februar 2021.

63 Presserat: Nr. 51/2021 Diskriminierung/Berichterstattung. presse-rat.ch/complaints/51_2021/[letzter Abruf 05.10.2024].

64 Hardy V. Kenneth (2023): Racial Trauma. Clinical Strategies and Techniques for Healing invisible wounds. Norton professional books: New York, 7.

65 Der Begriff der Intersektionalität wurde von der US-amerikanischen Anwältin Kimberlé Crenshaw geprägt. Sie argumentiert, dass individuelle Erfahrungen von Diskriminierung nicht isoliert betrachtet werden können, sondern dass verschiedene Formen der Unterdrückung und Benachteiligung miteinander verflochten sind. Dies bedeutet, dass Rassismus, Sexismus, Klassismus und andere Formen von gesellschaftlicher Diskriminierung oft zusammenwirken und sich gegenseitig verstärken können.

66 Foucault, Michel (1971) [1974]: Die Ordnung der Dinge. Eine Archäologie der Humanwissenschaften. Frankfurt/M.: Suhrkamp, 362.

67 Foucault, Michel (1971) [1974]: Die Ordnung der Dinge. Eine Archäologie der Humanwissenschaften. Frankfurt/M.: Suhrkamp, 360.

68 Presserat: Nr. 51/2021 Diskriminierung/Berichterstattung. presse-rat.ch/complaints/51_2021/[letzter Abruf 05.10.2024].

69 Warnke, Ingo H. (Hg.) (2009): Deutsche Sprache und Kolonialismus. Aspekte der nationalen Kommunikation 1884-1919. Berlin: Walter de Gruyter, 3–62.

70 Sobich, Frank Oliver (2006): Schwarze Bestien, rote Gefahr.

Rassismus und Antisozialismus im deutschen Kaiserreich, Frankfurt: Campus Verlag, 30.

[71] Liere, Judith (2015): Interview mit Andreas Zick, Schubladendenker. Nur Ewiggestrige und Pegida-Prolls haben noch rassistische Vorurteile. Wirklich? Der Psychologe Andreas Zick erklärt, warum wir längst nicht so tolerant sind, wie wir glauben. In: NEON. So hält die Liebe! Nr. 6 (2015), 43–46.

[72] Brunner, Claudia (2013): Situiert und seinsverbunden in der ‚Geopolitik des Wissens'. Politisch-episte- mische Überlegungen zur Zukunft der Wissenssoziologie, Zeitschrift für Diskursforschung (3) 2013, 226–245.

[73] Weitere Schwarze Frauen in der Schweizer Öffentlichkeit können im Dissertationsprojekt von Jovita dos Santos Pinto gefunden werden und auf der ihrer Webseite histnoire.ch [letzter Abruf 06.11.2024].

[74] Willson, Nicole (2021): Sartorial insurgencies: Rebel women, headwraps and the revolutionary Black. Atlantic, Atlantic Studies. London: Routledge.

[75] Moreau de Saint-Méry, Médéric Louis Élie (1798) : Description Topographique, Physique et Politique de la Partie Francaise de l'Isle Saint-Domingue. 2 Vols. Philadelphia: [n. pub.].

[76] Willson, Nicole (2021): Sartorial insurgencies: Rebel women, headwraps and the revolutionary Black Atlantic, Atlantic Studies. London: Routledge.

[77] Donahoo, Saran (2021): Why we need a national Crown Act. 10-2 Laws. An Open Access Journal from MDPI, 767.

[78] Okonjo-Iweala, Ngozi (2021): In: Ndukwe, Elenya (2021): How Dr. Ngozi Okonjo -Iwala Style became a global movement. Guardian: guardian.ng/life/how-dr-ngozi-okonjo-iwealas-stylebecame-a-global-movement/ [letzter Abruf 20.06.2022].

[79] Griebel, Helen Bradley (1995): The African-American woman's headwrap: Unwinding the symbols. In M. E. Roach-Higgins, J. B. Eicher, & K.K.P. Johnson(Eds.), Dress and identity. New York: Fairchild Publishing, 445–460.

[80] Strübel, Jessica (2012): Get Your Gele: Nigerian Dress, Diasporic Identity, and Translocalism. In: The Journal of Pan African Studies, vol.4, no.9, January 2012, 25–41.

[81] Mosse, George (1978): Toward the final solution: a history of European racism. London: Dent.

[82] Angelou, Maya (1986): All Gods children need travelling shoes, Little, Brown Book Group, London.

[83] Kinouani, Guilaine (2021): Living while Black. The essential guide to overcoming racial trauma. Dublin: Penguin Random House.

[84] Sanyal, Mithu (2019) in: Eure Heimat ist unser Albtraum, hrsg. v. Fatma Aydemir u. Hengameh Yaghoobifarah, München: Ullstein Taschenbuch, 85.

[85] Wekker, Gloria (2016): White Innocence. Paradoxes of Colonialism and Race. Durham: Duke University Press.

[86] Dos Santos Pinto, Jovita/Ohene-Nyako, Pamela/Pétrémont, Mélanie-Evely/Lavanchy, Anne/Lüthi, Barbara/Purtschert,

Patricia/Skenderovic, Damir (Hg.) (2022): Un/doing race. Rassifizierung in der Schweiz. Zürich/Genf: Seismo.

87 Dos Santos Pinto, Jovita/Ohene-Nyako, Pamela/Pétrémont, Mélanie-Evely/Lavanchy, Anne/Lüthi, Barbara/Purtschert, Patricia/Skenderovic, Damir (Hg.) (2022): Un/doing race. Rassifizierung in der Schweiz. Zürich/Genf: Seismo.

88 Jain, Rohit (2022): Schwarzenbach geht uns alle an! Gedanken zu einer vielstimmigen, antirassistischen Erinnerungspolitik. In: dos Santos Pinto, Jovita/Ohene-Nyako, Pamela/Pétrémont, Mélanie-Evely/Lavanchy, Anne/Lüthi, Barbara/Purtschert, Patricia/Skenderovic, Damir (Hg.): Un/doing race. Rassifizierung in der Schweiz. Zürich/Genf: Seismo, 309-329.

89 Mbembe, Achille (2017): Critique of Black Reason. Translated by Laurent Dubois. Durham, NC: Duke University Press.

90 Hardy V. Kenneth (2023) : Racial Trauma. Clinical Strategies and Techniques for Healing invisible wounds. Norton professional books: New York, 215.

91 Fanon, Frantz (1952): Peau noir, masque blancs. Paris: Édition du Seuil.

92 Mullan, Jennifer (2023): Decolonizing Therapy: Oppression, historicla Trauma, and politicizing your practice, w.w. Norton & Company: London, 4.

93 Ebd., 6.

94 Kluge, Ulrike et al. (2020) : Rassismus und psychische Gesundheit, in : Nervenarzt 91(11)/2020, 1017–1024.

95 Hardy V. Kenneth (2023): Racial Trauma. Clinical Strategies and Techniques for Healing invisible wounds. Norton professional books: New York, 28. Übers. v. ANG: »Bis Therapeut*innen und das gesamte Feld der psychischen Gesundheit dies als eine ethische Verpflichtung anerkennen, wird der Therapieprozess ein Ort bleiben, an dem die Grenze zwischen Hilfe, Heilung und Schaden verschwimmt.«

96 Mbembe 2017, 5f., Mbembe, Achille (2017): Critique of Black Reason. Translated by Laurent Dubois. Durham, NC: Duke University Press.

97 Kinouani, Guilaine (2021): Living while Black. The essential guide to overcoming racial trauma. Dublin: Pinguin random house, 9.

98 Gümüşay, Kübra (2020): Sprache und Sein, Berlin: Hanser Berlin, 53.

99 *Shosholoza* ist ein südafrikanisches Volkslied, dessen Ursprung nicht auf einen einzelnen Urheber zurückgeführt werden kann. Es entstand um die Jahrhundertwende vom 19. ins 20. Jahrhundert und wurde ursprünglich von Ndebele- und Zulu-Arbeiter*innen gesungen, die in den südafrikanischen Minen arbeiteten. Das Lied spiegelt die Erfahrungen und Hoffnungen der Arbeiter*innen wider und ist seither eine Hymne an die Ausdauer und Gemeinschaft.

100 Kinouani, Guilaine (2021): Living while Black. The essential guide to overcoming racial trauma. Dublin: Pinguin random house, 15.

101 Jain, Rohit (2018): Kosmopolitische Pioniere. Transnationale Subjektivierungsprozesse von «Inder_innen der zweiten Ge-

neration» aus der Schweiz zwischen Assimilation, Exotik und globaler Moderne. Bielefeld: transcript.

[102] Lavanchy, Anne/Purtschert, Patricia (2022): »Weissmachen der Nation. Intimität, Race und Geschlecht in der Schweiz.« In: Jovita dos Santos Pinto, Pamela Ohene-Nyako, Mélanie-Evely Pétrémont, Anne Lavanchy, Barbara Lüthi, Patricia Purtschert und Damir Skenderovic (Hrsg.): Un/doing race. Rassifizierung in der Schweiz. Zürich/Genf: Seismo, 101-119. Und Loomba, Ania (1998): Colonialism/Postcolonialism. London: Routledge.

[103] Hall, Stuart (1995): The Whites of Their Eyes: Racist Ideologies and the Media. In: Gail Dines und Jean M. Humez (Hsg.): Gender, Race and Class in Media: A Text-Reader. Thousand Oaks. London/New Delhi: Sage Publications, 18–22.

[104] Hardy V. Kenneth (2023): Racial Trauma. Clinical Strategies and Techniques for Healing invisible wounds. Norton professional books: New York, 154. Übers. v. ANG: »Das Kalibrieren der Diskrepanzen zwischen dem, was man authentisch fühlt und ausdrücken möchte, und dem, was man erwartet, zu fühlen und auszudrücken, erfordert enormen emotionalen und psychologischen Aufwand, Energie und Zurückhaltung.«

[105] Tagesanzeiger: tagesanzeiger.ch/er-starb-nach-tritten-in-die-genitalien-389063126382 [letzter Abruf 05.10.2024].

[106] Wa Baile, Mohamed/O. Dankwa Serena, Naguib, Tarek/Purtschert, Patricia/Schilliger, Sarah (Hg.) (2019): Racial Profiling. Struktureller Rassismus und antirassistischer Widerstand. Bielefeld: transcript, 237.

107 Ansprache von Mohamed Wav Baile am 07. November 2016, festgehalten auf Video von Elisa Banfi, Transkription durch Noémi Michel, in: Santos Pintos 2022 et al., 102.

108 Michel, Noémie (2022): Racial Profiling und die Tabuisierung von «Rasse». In: Jovita dos Santos Pinto, Pamela Ohene-Nyako, Mélanie-Evely Pétrémont, Anne Lavanchy, Barbara Lüthi, Patricia Purtschert und Damir Skenderovic (Hrsg.): Un/doing race. Rassifizierung in der Schweiz. Zürich/Genf: Seismo, 101–119.

109 Mcgldrick, Monica (2019): Homelessness and the spiritual meaning of home. In M. McGoldrick| &K. V Hardy (Eds. Re-visioning family therapy: Addressing diversity in clinical practice. The Guilford Press.

110 Jain, Rohit (2018): Kosmopolitische Pioniere. Transnationale Subjektivierungsprozesse von »Inder_innen der zweiten Generation« aus der Schweiz zwischen Assimilation, Exotik und globaler Moderne. Bielefeld: transcript, 14.

111 Malcolm X and Alex Haley (1965): The autobiography of Malcolm X. New York City: Ballantine books.

112 Bücker, Teresa (2022): Alle_Zeit: Eine Frage von Macht und Freiheit. Wie eine radikal neue, sozial gerechtere Zeitkultur aussehen kann. Berlin: Ullstein.

113 hooks, bell (2001) : Salvation : Black people and love. Harper Perennial, New York.

114 Boston University: bumc.bu.edu/camed/2021/05/24/moderate-use-of-hair-relaxers-does-not-increase-breast-cancer-risk-among-black-women/[letzter Abruf 05.10.2024].

[115] Malcolm X and Alex Haley (1965): The autobiography of Malcolm X. New York City: Ballantine books.

[116] SRF: We, myself and why. Online: SRF: https://www.srf.ch/play/tv/we-myself--why/video/zwei-freundinnen-ein-business?urn=urn:srf:video:76f624a4-2c74-4280-bae0-13f5e-27a488f [letzter Abruf 05.10.2024].

[117] Goffman, Erving (1972): Asyle. Über die soziale Situation psychiatrischer Patienten und anderer Insassen. Frankfurt/M.: Suhrkamp.

[118] Donahoo, Saran (2021): Why we need a national Crown Act. 10-2 Laws. An Open Access Journal from MDPI, 767.

[119] Louchart, Aurélie (2019): Trop Crépues? Lille: Hikari.

[120] SRF Dok: 21. Oktober, 2020, 12:15 Minute, YouTube: youtube.com/watch?v=9t92aFIw3zY [letzter Abruf 05.10.2024].

[121] Public health and toxicology: publichealthtoxicology.com/pdf-146947-73225?filename=Prevalence%20of%20skin.pdf [letzter Abruf 05.10.2024].

[122] Kinouani, Guilaine (2021): Living while Black. The essential guide to overcoming racial trauma. Dublin: Pinguin random house, 155. Übers. v. ANG: «Wir trennen uns von unserem Erbe, indem wir lernen, Scham über das Land, die Bräuche unserer Vorfahr*innen und unsere Geschichten zu internalisieren.»

[123] Fanon, Frantz (1952): Peau noir, masque blancs. Paris: Édition du Seuil.

[124] hooks, bell (2023): Selbstliebe: Über Herkunft und Gerechtigkeit. Übers. von Elisabeth Schmalen, HarperCollins Hardcover.

[125] Sartre in Schüle, Klaus (2003): Paris. Die kulturelle Konstruktion der französischen Metropole, Opladen: Leske und Budrich, 227.

[126] Salazar, Noel B. (2018): HOMInG Interview with Noel B. Salazar von Belloni, Milena (2018): 15.03.2018, academia, 2.

AUTORINNENVITA

Anja Nunyola Glover ist Soziologin, Autorin und Antirassismus-Trainerin. Ihre Identität als Schweizerin und Ghanaerin prägt ihre Arbeit, die sich auf Rassismus, Postkolonialismus und soziale Gerechtigkeit konzentriert. Als Initiatorin des Schweizer Schoggifestivals und Mitbegründerin des fome collectives setzt sie sich aktiv für Diversität und eine gerechte Gesellschaft ein. Mit ihren Podcasts, Vorträgen und Workshops hat sie sowohl in der Schweiz als auch international große Aufmerksamkeit erlangt. Was ich dir nicht sage markiert ihren Einstieg in die Literaturwelt – ein mutiges und kraftvolles Werk, das persönliche Erfahrungen mit tiefgreifenden gesellschaftlichen Analysen verknüpft.

Instagram: @nunyola_